노동학총서 4

한국형 산별노조
보건의료노조의 재도약

고려대학교 노동문제연구소
박 태 주

2019
백산서당

발 간 사

1987년 6월 민중항쟁과 7~9월 노동자 대투쟁은 한국 민주주의와 노동운동사에서 한 획을 긋는 역사적 사건이라고 할 수 있다. 6월 민중 항쟁을 계기로 대통령 직선제 쟁취를 통한 절차적 민주주의 체제로 이행하였으며, 새롭게 열린 정치적 공간에서의 노동자 대투쟁은 개별적 기업 단위에서의 민주노조 조직화로 나타났다. 하지만 개별기업에서의 파업투쟁과 재벌과 맞선 현대중공업, 현대자동차 연대투쟁과정을 거치면서 기업별 노조운동의 한계도 드러나기 시작하였다. 기업별 노조운동은 개별기업 차원에서의 임금인상 투쟁 수준을 크게 벗어나지 못한 채 노조 이기주의의 한계를 드러내었다. 1997년 경제위기를 계기로 IMF 구제금융 지원의 전제조건으로 강요된 신자유주의적 노동시장 유연화 조치는 대규모 실업과 동시에 많은 비정규직 노동자를 양산하였다. 하지만 이들 비정규직 노동자들은 기존 기업별 정규직 노조의 조직대상에서 배제되었으며, 자체 노조 조직화 역량도 부족하여 임금과 노동조건에서의 차별과 고용불안정이라는 이중의 고통을 겪지 않을 수 없었다.

산별노조 논의도 이러한 기업별 노조운동의 한계를 극복하기 위한 노력의 산물이라고 할 수 있다. 한국 산별노조운동의 역사에서 보건의료노조를 빼놓고서는 이야기할 수 없다. 선도적인 대표 산별노조로서 한국 산별노조운동의 현재와 미래를 보여주는 거울이기 때문이다. 1987년의 '뜨거운 여름'에 노동조합의 첫발을 내디딘 이래 병원노동조합협의회(1987)를 거쳐 병원노동조합연맹(1988)으로, 그리고 산별노조의 건설(1998)에서 산별중앙교섭에 이르기까지 보건의료노조는 노동운동의 발전경로에서 쉼 없이 새로운 지평을 열어왔다.

이 연구는 보건의료노조를 대상으로 "노동조합은 과연 연대임금을 실현하고 복지사회를 앞당기는 데 역할을 할 수 있는가, 그리하여 새로운 포용적 성장전략의 주체가 될 수 있는가"라는 질문에서 출발하고 있다. 문재인 정부 들어 새로운 성장 패러다임이 합의의 지평을 넓혀가고 있다. 소득(임금)주도성장론이나 포용적 성장론이 그것이다. 소득(임금)을 늘려 내수로 연결하고 그것을 성장의 엔진으로 삼자는 주장이다.

소득(유효수요)을 늘리기 위해서는 노동소득 분배율을 높이고 임금을 평준화해야 한다. 이 가운데 핵심은 후자, 즉 연대임금의 실현이다. 새로운 성장 패러다임을 현실화시키려면 연대임금, 즉 임금의 평준화가 필요한 이유다. 임금의 평준화에 더해 복지지출의 확대는 내수를 이끄는 또 다른 견인차다. 새로운 성장 담론은 연대임금을 실현하고 복지사회를 구축함으로써 자기 궤도를 형성한다. 이 지점에서 놓치고 있는 주제의 하나가 바로 새로운 성장 담론의 주체가 누구인가 하는 질문이다.

노동조합이 과연 새로운 성장 패러다임의 주체가 될 수 있을까? 만일 노동조합이 새로운 포용적 성장 패러다임의 주체가 될 수 있다면 그 노동조합의 조직형태는 두말할 나위도 없이 산별 노조라고 할 수 있다. 산별노조라는 조직적 토대 위에 산별교섭과 사회적 대화, 그리고 경영참가를 배치한 것이 산별노조체제이다. 노동조합은 산별 체제를 통해 한편으로는 임금 및 근로조건을 개선하고, 다른 한편으로는 산업 및 노동정책에 개입할 수 있게 된다. 노조의 사회적 역할도 기업의 벽을 넘을 때 비로소 자기 전망을 찾게 될 수 있다.

한국사회에서 노조의 사회적 역할도 바뀌어야 한다. 사회적 약자 의식만으로는 노조가 새로운 성장 패러다임의 주체가 되기는 어렵다. 노조는 사회적 주체로서 자기의 정체성을 세우고 필요하다면 거기에 걸맞은 사회적 희생도 감수해야 한다. 이러한 노조의 사회적 역할을 위한 변화의 출발은 바로 주체적 참여라고 할 수 있다. 우리 자신에게 영향을 미치는 의사결정과정에 참여하는 것은 민주주의의 기본 원리이다(Robert Dahl, 1985). 노조의 사회적 참여는 다양한 차원에서 일어난다. 노조 활동에 참여하는 것이 노조 민주주의의 출발점이라면(Fosh, 1993), 단체교섭은 임금 및 근로조건의 결정 과정에 대한 참여를 의미한다. 산별이 갖는 장점의 하나가 산업정책에 개입하는 것이라면 이는 전국이나 산업·업종 차원의 사회적 대화, 각종 정부위원회에 대한 참가로 나타난다. 경영 참여는 기업 차원에서 일어나는 참여의 형태다. 참여가 절차적인 차원에서 민주주의라고 한다면 그것은 실질적인 측면에서의 민주주의, 즉 경제민주주의는 사회적 양극화와 불평등 해소를 위한 연대를 지향하지 않을 수 없다. 이 연구에서 필자는 산별노조체제의 정신은 바로 연대라고 주장하고 있다. 이글에서 연대는 수단이자 지향점이라는 의미를 지닌다. 다른 조직, 다른 세력과 만나 함께 공동의 가치를 추구하는 것이 연대고 그 결과 이뤄지는 사회개혁이 바로 연대의 산물이기 때문이다. 임금 극대화가 아니라 임금 격차를 줄이기 위해, 노동·산업정책에 개입하기 위해, 그리하여 사회를 바꾸고 연대의 가치를 일상화시키기 위해 산별 체제를 만들었다는 것이 이 연구의 핵심 주장이라고 할 수 있다.

끝으로 이 연구는 보건의료노조가 우리 연구소에 의뢰한 산별노조 연구프로젝트의 하나로서 이루어졌다는 점을 밝혀둔다. 이 자리를 빌려 보건의료노조 유지현 전 위원장님과 나순자 현 위원장님 그리고 보건의료노조 관계자 여러분께 감사의 말을 전한다. 무엇보다도 바쁘신 와중에 기꺼이 보건의료노조 연구를 맡아서 수고를 해주신 박태주 박사님께 진심으로 감사의 말씀을 드린다.

고려대학교 노동대학원 원장 겸 노동문제연구소 소장

조 대 엽

차 례

발 간 사 · 3

1. 문제의 제기 ······ 13

2. 보건의료노조의 조직현황 및 과제 ······ 27

    1. 조직률, 노동조합 대표성의 지표 · 28

    2. 보건의료노조 조직현황 · 32

    3. 조직확대 방안 · 39

    4. 민주노총의 대산별전략을 어떻게 볼 것인가 · 47

    5. 소결 · 53

3. 보건의료노조의 조직체계 ······ 55

    1. 노조민주주의와 노조주의 · 56

    2. 조직체계 · 70

    3. 현장강화 · 85

    4. 소결 · 108

4. 산별교섭 전략 ································· 111

    1. 산별교섭의 경과 및 평가 · 117
    2. 산별교섭구조의 형성을 향하여 · 125
    3. 산별연대임금을 향하여 · 148

5. 의료공공성 투쟁 ································· 181

    1. 공공성, 그리고 공공서비스 노조주의 · 182
    2. 의료공공성 투쟁 · 190
    3. 의료공공성을 실현하는 수단 · 205
    4. 소결 · 217

6. 자율적인 노동시간 단축과 인력 충원 ················ 219

    1. 문제의 제기 · 220
    2. 왜 노동시간 단축인가 · 224
    3. 병원의 노동시간 실태 · 235
    4. 소결 · 254

7. 맺음말 ·· 257

    참고문헌 · 265
    찾아보기 · 277

표 차 례

<표 2-1> 사업장 규모별 노조 조직 현황(2015년) ·· 30
<표 2-2> 보건의료노조 조직률 추이(병·의원 대상) ······································ 36
<표 2-3> 특성별 조합원 수 ··· 37
<표 2-4> 보건업 종사자의 종사상 지위별 규모 ·· 38
<표 3-1> 베르디의 조직구조: 수직조직과 수직구조 ······································ 75
<표 3-2> 2015년 일반회계 수입-지출 집행현황(집행금액기준) ····················· 80
<표 3-3> 주요산별노조(연맹)의 재정상황 비교 ··· 81
<표 3-4> 노조 전임자수 비교 ·· 83
<표 3-5> 최근 7년간 조합원 교육 현황 ··· 92
<표 3-6> 연도별 신임 지부장 및 전임간부 교육 ·· 94
<표 3-7> 민주노조진영 6개의 정책연구원의 인력과 예산현황 ······················· 96
<표 3-8> 노조 간부의 성별 구성 ·· 99
<표 3-9> 공공운수노동조합 여성할당제 시행규정 ·· 101
<표 3-10> 노조 여성리더의 노조활동 장애요인 ··· 105
<표 4-1> 보건의료노조 산별교섭 주요 경과(1994~2015) ··························· 122
<표 4-2> 참여정부 인수위원회의「국정과제 T.F 보고서」(2013.2) 내용 ········ 138
<표 4-3> 노조 조직률과 단체협약 적용률 국제비교(2013) ·························· 142
<표 4-4> 특성별 임금실태 ··· 154
<표 4-5> 보건업 고용형태 및 사업체규모별 시간당 임금 (2013년 3월) ······ 156
<표 4-6> 병원특성별·근속연수별 간호사 임금비교(2015) ··························· 157
<표 4-7> 임금체계의 장단점 ·· 162
<표 4-8> 보건업 임금실태(2015년) ·· 167
<표 4-9> 병원 특성 및 고용형태별 직장생활 만족도 ································· 169
<표 4-10> 평가 요소 척도별 점수(보건의료산업) ·· 174
<표 4-11> 병원 종사자의 직무가치 평가 결과 ·· 175

<표 5-1> 정부위원회 참가와 사회적 대화의 비교 ·································· 209
<표 5-2> 산업수준에 머문 보건의료계 사회적 책임 이슈 ························ 215
<표 6-1> 병원특성 및 고용형태별 직장생활 만족도 ······························· 225
<표 6-2> 맞벌이가구의 평균 근로시간 ··· 227
<표 6-3> 맞벌이 상태별 가사노동시간 ··· 227
<표 6-4> 맞벌이 남자와 여자의 노동시간 비교 ···································· 228
<표 6-5> 임신시 초과근로/야간근로 경험 ·· 230
<표 6-6> 병원특성, 고용형태, 직종별 이직 고려 사유(1순위) ················ 232
<표 6-7> 인력부족으로 인한 의료사고 노출 위험성 의견 추이 ·············· 234
<표 6-8> 세부 특성별 일 평균 시간외 근로시간 ··································· 237
<표 6-9> 세부 특성별 식사시간 및 결식 횟수 ······································ 238
<표 6-10> 응답자 특성별 여가시간 활용 비중(1순위) ···························· 239
<표 6-11> 일·가정 양립지원제도 ··· 240
<표 6-12> 간호사/ 간호조무사의 모성권에 대한 인지 및 사용 여부 ········ 242
<표 6-13> 세부 특성별 연평균 연차일 및 연차 사용일 수, 연차 소진율 ····· 245
<표 6-14> 야간고정근무제, 주간 3조 2교대제(사례) ······························ 247
<표 6-15> 유연근무제의 종류 ·· 250

그 림 차 례

<그림 1-1> 산별체제의 구성 ·· 26
<그림 2-1> 보건의료노조의 조합원 추이 ·· 33
<그림 2-2> 보건업 종사자 규모 및 조직률 추이(2010~2015) ············ 35
<그림 2-3> 보건의료노조 미조직 비정규 조직화 사업 과제와 영역 ·········· 41
<그림 2-4> 민주노총 조직재편의 구획과 전망 ··································· 48
<그림 3-1> 영국지방정부(유니손) 단체교섭 절차 ······························· 69
<그림 3-2> 전국공공운수노조 조직도 ·· 74
<그림 3-3> 보건의료노조 조직도(계획) ·· 78
<그림 3-4> 영국노총(TUC)의 대의원대회 일정 ··································· 89
<그림 4-1> 보건의료노조의 연대임금정책(예) ···································· 171
<그림 6-1> 자유로이 임신을 결정할 수 있는지 여부 ······················· 230
<그림 6-2> 인력부족 현상이 환자에게 미치는 영향(%) ··················· 233
<그림 6-3> 인원충원과 노동강도, 서비스의 질, 그리고 의료비 ········ 235

1
문제의 제기

문제의 제기

산별시대에 대한 조심스런 전망

　한국의 노동운동이 갖는 특징의 하나는 노동조합이 기업별 체제로 구성되어 있다는 사실과 더불어 기업별 체제를 벗어나 산별체제를 구축하려는 움직임이 줄곧 이어졌다는 사실이다. 특히 기업별 체제로서는 노동운동이 겪고 있는 위기를 돌파하기가 어렵다는 인식이 번져가면서 노동운동의 미래를 산별체제에 기대는 일도 드물지 않다. 산별노동운동은 한국 노동운동의 비원(悲願)으로 자리를 잡고 있다.

　산별노조에 대한 논의의 역사는 길지만 산별노조의 역사가 긴 것은 아니다. 산별노조를 둘러싼 논의는 민주노총이 설립 당시(1995년) 산별노조의 건설을 강령에 포함시키면서 본격적으로 시작됐다, "산업별 공동교섭, 공동투쟁 체제를 확립하여 산업별 노동조합을 건설한다." 민주노총의 건설이 외연적 연대의 표현이었다면 산별운동은 내부적 연대의 표현이었다. 산별노조는 1998년 보건의료노조의 건설로 가시화되기 시작했다.[1] 이어 금융노조(2000년), 금속노조(2001년)가 차례로 산별노조의 대열에 가세했고 공공운수노조가 뒤를 이었다. 산별노조 시대가 막을 열었다.

산별노조의 역사가 20년을 헤아리지만 산별운동에 대한 회의도 적지 않다. 경제주의와 결합한 기업별 체제의 벽이 그만큼 높은데다 정부와 사용자의 반대를 돌파할 힘도 모자란다는 게 핵심적인 논리다. 산별노조가 일정한 규모를 갖춘 기업의 정규직 노동자를 주된 대상으로 삼다보니 노동시장의 취약계층을 제대로 대변하지 못한다는 비판도 제기됐다(박명준·권혜원 외, 2014). 누구보다도 산별노조를 필요로 하는 비정규 노동자들에게 산별노조는 선반에 얹힌 권리였다면 정규직에게 산별노조는 때때로 '아침 밥하고 국 끓이기'만큼이나 귀찮은 존재였다. 그 결과 지난 20년에 걸친 노력도 앉은뱅이 용쓴 꼴이 되고 말았다는 것이다.

반면에 한국노동운동의 돌파구는 산별체제에서 열릴 것이라는 목소리도 높아지고 있다. 기업별 체제로서는 조합원의 실리 추구라는 한계를 벗어나기 어려운 만큼 노동자의 산업적 단결도, 사회변혁의 추구도 어렵다는 것이다. 노동운동을 재생시키기 위한 다양한 노력이 이뤄지면서 그 중심축으로 등장한 것이 산별체제다. 특히 조선업을 필두로 구조조정의 바람이 불고가면서 산업정책이나 노동정책에 대한 개입의 중요성이 높아지는 데다

---

1) 보건의료노조에 앞서 1994년 4월, 과학기술계 정부출연 연구기관 노조들이 전국과학기술노동조합(과기노조)을 띄웠으며 8월에는 합법성도 쟁취했다. 당시 과기노조는 전문기술노조연맹 소속으로 소산별 형태를 취했지만 기업별 체제에서 산별체제로 이행한 최초의 사례인 것만은 틀림이 없다.

'개혁'정권에 대한 기대까지 더해지면서 산별노조 시대가 안팎으로 힘을 받을 것이라는 조심스런 전망도 나온다.

미완(未完)의 산별체제

그간 산별노조를 논의하는 과정에서나 건설하는 과정에서 다양한 한계를 경험했다. 그 가운데 하나는 노조가 산별노조를 만든다고 해서 산별체제가 자동적으로 따라오지는 않더라는 사실이다. 산별교섭만 해도 그랬다. 정부나 사용자가 완강하게 거부할 경우 노조가 힘으로 쟁취한다는 건 쉽지 않을 뿐 아니라 쟁취하더라도 오래 가지 못했다.

실제로 노조는 힘으로 사용자단체의 구성을 강제했고 사용자는 저항했다. 어렵사리 금속노조와 보건의료노조가 산별중앙교섭을 확립했다(금융노조의 산별중앙교섭은 단절된 전통의 복원이라는 성격이 강하다). 2000년대 초반의 일이었다. 노조가 투쟁을 통해 사측에게 산별교섭을 강요했다는 것은 바꿔 말해 사용자 배제적인 산별추진이 성공했다는 증표였다. 적어도 당시 노조는 '그 정도의 힘'을 갖고 있었다.

노조의 힘으로 강제된 산별교섭구조는 노조의 힘이 빠졌을 때 어떻게 바뀔지에 대해서는 미처 전망하지 못했다. 관행화된 산별교섭구조가 지속될 것인가, 아니면 기업별 체제로 복귀할 것인가. 상황은 나빴다. 산별교섭구조가 관행으로 정착되기도 전에 노조의 약화현상은 뚜렷해지고 산별교섭체제는 흔들리기 시작했다. 산별·업종차원의 사회적 대화나 기업차원의 경영참가는 첫 발조차 떼지 못했다.

산별노조의 역할이 산별교섭에 머무르는 것은 아니다. 사회적 대화 역시 산별노조를 조직적 토대로 한다는 점에서 산별체제의 일환이다. 산별 차원에서 조합원의 의사를 대변하고 합의된 의사를 이행할 수 있는 장치가 산별노조다. 산업·업종 차원의 사회적 대화는 노조가 산업정책이나 노동정책에 개입할 수 있는 창구다.

단체교섭은 기본적으로 노사의 경제적 이해다툼이나 갈등을 해결하는 장이다. 보건의료노조에서 의료의 공공성은 산별정신을 드러내는 대표적인 구호다. 그런데 보건의료노조가 의료의 공공성을 추구할수록 단체교섭이 갖는 한계는 뚜렷해진다. 의료의 공공성을 단체교섭으로 해결하기에는 교섭상대방(사용자)의 권한이 제한적인데다 그 내용이 교섭의 의제를 뛰어넘기가 일쑤기 때문이다. 의료이용의 형평성을 높여 건강격차를 해소하고 국민보건을 향상시키기 위해서는 국가의 의료정책을 통해 의료이용에 장애가 되는 재정적·지리적 장애를 완화해야 한다(박용철·곽상신, 2015). 결국 의료의 공공성을 높이려면 의료정책에 대한 산별노조의 정책적 개입이 요구되며 그것을 실현하는 중추적인 장치가 산업·업종차원의 사회적 대화다.

사회적 대화가 단체교섭이 다루지 못한 정책의제를 다룬다면 경영참가는 단체교섭이 비껴간 인사와 경영권에 대한 노동자의 참가를 보장하는 장치다. 기업차원에서 이뤄지는 경영참가는 산별교섭체제로 인해 공동화(空洞化)된 기업차원의 노조조직과 활동을 메우려는 노력의 일환이기도 하다. 가령 독일의 사업장협의회(works council)는 한편으로는 산별협약의 이행을 감시하거나 기업협정을 체결하고 다른 한편으로는 기업의 의사결정과정에 참여하는 수단이 된다. 기업차원에서 이뤄지는 경영참가('공동결정제도')도 산별노조를 전제로 한다면 이 역시 산별체제의 일환으로 봐야 한다.

의료의 공공성만 하더라도 원칙적으로 기업별 노조가 담당할 수 있는 영역은 아니다. 기업별 노조의 활동영역은 사실상 기업의 내부로 한정되며 그 역할도 기업이라는 울타리 내의 임금이나 근로조건의 개선에 갇힌다. 의료의 공공성을 뒷받침할 수 있는 사회적 대화나 산업정책에 대한 개입은 기본적으로 산별노조의 영역이다. 그렇다고 단위 기업(병원)에서 의료공공성을 위한 노조의 역할이 무시되어도 좋다는 의미는 아니다. 이 지점에서 기업(병원)의 사회적 책임을 감시하고 독려하는 장치로서 경영참가가 의미를 갖는다. 경영참가에 대해서는 의료의 공공성을 추구해 온 보건의료노조는 물론 우리나라 노조들이 대체적으로 관심을 기울이지 않았다.

'산별정신=연대'라는 인식

그간 산별체제에 대한 논의 과정에서 "산별체제 = 산별교섭체제"로 이해함으로써 노조의 역할을 경제적 이해의 실현에 가두

어왔다. 산별노조를 토대로 하는 정책적 개입이나 경영에 대한 참가는 본격적인 논의의 대상조차 되지 못했다. 게다가 산별논의는 "어떤 산별인가?"(조직체계), "어떻게 건설할 것인가?"(이행경로), 나아가 "어떤 교섭구조를 실현할 것인가"(교섭구조)에 대한 논란을 중심으로 전개되었다. "무엇을 위한 산별인가"라는 산별정신이나 역할에 대한 질문은 드물었다.

최근 들어 산별노조의 역할을 둘러싸고 문제의식들이 나타나고 있는 것은 고무적이다. 이철승(2016)이나 정이환(2016)의 글이 대표적이다. 이들은 산별노조의 연대효과에 주목함으로써 산별노조에 대한 논의를 한 단계 끌어올리고 있다. 그러나 유럽식 산별노조의 잣대를 신생의 산별노조에 들이대며 "산별노조로서 연대의 성과를 보여라"고 윽박지르는 건, 우물에서 숭늉을 찾는달까, 성급하다는 느낌이 들게 한다. 게다가 산별노조의 역할이 산별교섭에 제한되는 것도 아니다. 정책이나 경영에 대한 개입, 나아가 사회적 연대('의료공공성')도 산별노조의 성과다. 두 교수는 '산별체제= 산별교섭구조'로 이해함으로써 사회적 대화를 통한 정책개입이나 경영참가, 나아가 노조의 사회운동을 산별논의에서 외면하고 있다.

산별체제의 정신이 연대라면 그것이 노동운동의 노선으로 모습을 드러낸 것이 사회운동 노조주의, 혹은 그것의 공공적 표현인 공공서비스 노조주의(public service unionism)다. 공공서비스 노조주의란 노조가 공공성의 제고를 주요한 목표로 삼아 조합원을 동원하고 사회적 연대를 조직하는 운동노선을 말한다(박태주,

2016). 공공서비스 노조주의는 △공공적 가치의 추구와 △조합원의 동원, 그리고 △사회적 연대의 형성, 그리고 △정치참여를 핵심적인 구성요소로 삼는다.

노조가 공적인 가치를 추구하더라도 그것이 조합원의 경제적 가치와 충돌해서는 지속가능하지 않다. 공공서비스 노조주의는 경제적 실리주의에 대한 반발에서 비롯됐지만 경제적 실리주의를 배제하는 것은 아니다(황현일, 2012). 노동조합이 노동자의 물질적 이익'만'을 추구하는 것을 비판하는 것이지 물질적 이익을 추구하는 것 자체를 비판하는 것은 아니다. 실제로 노동자들의 다수가 자신들의 물질적 이익이 아닌 다른 어떤 것을 위해 투쟁에 나서리라고 기대하는 것은 비현실적이다(달링턴, 2015: 257).

결론적으로 이 글은 기존의 산별 논의를 비판적으로 검토하면서 새로운 전망과 전략을 찾아내기 위한 것이다. 지금 산별노조들이 당면하고 있는 위기는 기존의 흐름을 되돌아보게 만듦으로써 변화를 받아들이는 창문의 역할을 한다('상처는 빛이 들어오는 공간'이라던가?). 그간 산별에 관한 많은 논의들이 석간이 조간 베끼는 수준을 넘지 못했거나 실천적 논의 역시 상층 간부의 수준에 머물렀던 것도 사실이다. 그렇다면 이 글은 한편으로는 지금까지의 산별논의와 실천을 되돌아보고 다른 한편으로는 현장에 바탕을 두고 대안을 모색한다. 구체적으로는 보건의료노조의 경험을 바탕으로 한다.

보건의료노조는 기업별 노조체제에서 산별체제로 옮겨온 대표적인 노동조합이다. 조직의 발전단계에서 '최초'라는 수식어를 달고 있을 만큼 보건의료노조는 산별체제를 선도해 온 경향설정자(trend-setter)였다. 사무전문직 차원에서 협의체(병원노동조합협의회, 1987년)의 첫발을 떼면서 업종회의의 시대를 열었고 최초로 연맹을 결성하고(1988년) 합법성을 쟁취해(1993년) 사무전문직 합법연맹의 시대를 열었던 곳도 전국병원노동조합연맹(병원노련)이었다. 산별노조의 첫걸음을 내딛고(1998년) 산별협약을 체결했는가하면(2004년) 2007년에는 사용자단체와 교섭함으로써 산별중앙교섭을 실현하기도 했다. 비록 실현되지는 못했지만 2004년 '보건의료노사정특별위원회'를 구성하기로 사측과 최초로 합의한 곳도 보건의료노조였다. 숨가쁘게 달려온 시기였다. 임금과 근로조건을 개선하고 노동정책과 보건의료정책에 개입하는 한편 사회변혁의 일환으로 의료의 공공성을 실현하기 위한 여정이었다.

그러나 보건의료노조의 산별교섭체제는 그것이 성립된 직후 안정화의 시기를 즐길 새도 없이 가운데서부터 무너져 내린다. 보건의료노조의 중추조직인 사립대 병원과 국립대 병원들이 산별교섭의 틀에서 빠져나갔다. 산별교섭을 움켜쥐었다고 안도하는 순간 산별교섭은 손가락 사이로 빠져나간 꼴이었다. 사용자단체는 해체되었으며(2009년) 산별교섭의 참가단위도 민간중소병원과 지방의료원, 특수목적 공공병원에 한정되고 있다. 보건의료노조가 산별 건설 20주년(2018년)을 맞아 제2 산별운동을 펼치고 있는 것도 이런 현상과 무관하지 않다. 산별체제를 제자리에 돌려놓는 것은 물론 한 단계 도약을 꿈꾸는 것이다.

이 글의 구성

이 글은 보건의료노조가 산별체제를 형성하기 위한 내적 토대로서 조직현황과 조직체계를 분석하는 데서 출발한다. 조직의 규모와 조직률은 노조의 사회경제적 힘을 나타내는 바로미터다. 아울러 산별노조의 조직체계에서 중앙집중성은 기업별 체제가 갖는 분산성과 파편화를 극복하는 벼리에 해당된다. 노조가 중앙집중성을 추구하면서 중앙의 관료화와 현장의 약화를 가져왔다면 이는 산별체제가 가진 고유한 모순에 해당된다.

유럽에서 이 문제를 풀기 위해 대두된 개념이 노조민주주의(union democracy)였다. 핵심은 조합원의 참가다. 작업장에서 조합원의 참여야말로 산별노조가 풀어야 할 근본적인 문제이자 노동조합을 재생시키는 엔진이다(Fosh, 1993). 단체교섭을 비롯한 노조활동의 분권화가 논의되는 배경도 여기에 있다. 그러나 유럽식 개념을 '개념 없이' 국내에 이식한다는 건 번지수가 다른 집에 우편물을 꽂는 격이다. 노조의 발전단계가 다른 상황에서 기계적인 대입이 능사일 수는 없다. 신생의 산별노조로서 집중성을 놓칠 수 있는 탓이다.

두 번째는 산별체제의 핵심이랄 수 있는 산별교섭구조를 평가하고 대안을 마련한다. 산별교섭구조가 성립될지, 그렇다면 그 틀 거리가 어떤 모습을 띨지는 결국 노사의 선호와 그것을 뒷받침하는 힘의 관계에 달려 있다. 보건의료분야는 공공서비스부문에 속할 뿐 아니라 노사관계에 대한 정부의 개입이 일상적으로 벌어지는 영역이다. 그렇다면 산별교섭체제를 구축하는 과정에서 노사의 선호 못지않게 정부의 선호도 변수가 된다.

보건의료노조가 '한국형 연대임금정책'을 실천할 수 있는가는 향후 한국의 산별노조가 연대의 정신을 내면화할 수 있는가를 가리키는 리트머스 시험지다. 임금격차의 확대를 용인하는 산별교섭은 깃발을 꽂아놓고 반대쪽으로 달려가는 달리기 선수와 다름없다. 보건의료업계에서 연대임금전략은 단기적인 전략과 중장기적인 전략으로 나눌 수 있다. 단기적으로는 대병원의 경우 임금인상보다는 인력충원에 초점을 맞추고 중소병원과 지방의료원에서는 임금인상에 초점을 맞추는 전략을 검토할 수 있다. 중장기적으로는 산별 임금체계에 초점을 맞춘다.

세 번째는 산별체제의 취지가 내부적으로는 산별차원에서 임금수준을 평준화시키고 외부적으로는 사회의 발전을 도모하는 것이라면 의료공공성의 확보는 보건의료노조의 정체성에 해당된다. 의료공공성은 공공성의 개념이 그렇듯 내용과 과정이라는 점으로 나누어 살펴볼 수 있다. 내용이라는 점에서 의료의 공공성은 사회적 약자가 의료서비스에 접근할 수 있는 시스템을 강화하는 것을 말한다. 가난한 사람이 살 수 있으면 모두가 살 수 있다. 의료공공성을 규정짓는 절차적 측면은 노조가 사회적으로나 내부적으로 핵심적인 이해당사자로서 의료정책과 기업경영의 결정과정에 참여하는 것이다.

노조가 참여하는 구체적인 수단으로서 이 글이 관심을 갖는 것은 산업·업종 차원에서의 사회적 대화체제와 기업차원의 경영참가다. 사회적 대화는 정부위원회의 참가와 함께 노조가 산업적 시민권자로서 산업정책에 개입하는 대표적인 통로이지만 보건의료노조가 여전히 뚫지 못하고 있는 통로이기도 하다. 이는 노조가 제도적으로 안정된 정책참가의 수단을 확보하지 못하고 있다는 것을 말한다. 보건의료 노사는 단체협약을 통해 의료노사정위원회를 구성할 것을 정부에 건의했으나 성과를 내지는 못했다.

의료공공성을 실현하는 또 하나의 제도적 장치는 노동조합의 경영참가다. 민주노총도 그 강령에서 "공동결정에 기초한 경영참가를 확대하고 노동현장의 비민주적 요소를 척결한다"고 선언했지만 아무런 진전도 이루지 못한 대표적인 영역이 바로 여기다. 산별체제를 산별교섭과 사회적 대화, 그리고 경영참가로 이뤄진 구조물이라고 할 때 경영참가는 시도조차 이뤄지지 않았던, 이른바 미개척의 땅이었다. 경영참가의 수단으로 설치된 노사협의회는 제 역할을 하지 못한 채 경영의 언저리를 겉돌아 왔다.

경영참가는 종업원이 기업의 핵심적인 이해당사자로서 기업의 의사결정과정에 참가하는 것을 말한다. 이런 점에서 경영참가는 이해당사자주의의 실현이자 경제민주화의 일환이다. 의료의 공공성이 정부의 정책 못지않게 기업(병원)의 사회적 책임을 요구한다면 경영참가는 기업의 사회적 책임을 독려하고 감시하는 역할을 수행한다. 경영참가를 활성화시키려면 전략적 의사결정과정에 대한 참가('노동이사제')와 일상적인 의사결정과정에 대한 참가('사업장협의회')를 제도화시킬 필요가 있다. 이른바 독일식 공동결정제도가 그것이다. 최근 산하 공공기관에 노동이사제를 도입한 서울시의 노력이 주목받는 이유도 여기에 있다.

마지막으로 이 글은 보건의료산업의 인력 충원 방안으로서 노동시간의 단축을 살펴본다. 굳이 임신순번제나 '일과 가정의 갈등'을 들지 않더라도 보건의료부문은 노동력 부족과 장시간·야간 노동이 악순환을 거듭하고 있다. 노동시간 단축은 인력충원을 실현하는 유력한 수단이다.

보건의료부문은 소득수준이 향상되고 고령화가 진전되면서 일자리 창출이 기대되는 대표적인 분야이기도 하다. 보건의료부문에서 일자리의 창출은 보건의료가 사회보장의 핵심이라는 점에서 정부의 지원을 전제로 한다. 간호간병서비스의 통합이나 의료수가제도 및 의료공급체계의 개선, 보건의료인력지원특별법의 제정 등이 그것이다. 병원의 인력을 충원하기 위해서는 정부의 지원이 필요하다고 해서 병원 노사가 천수답(天水畓)이 하늘만 쳐다보듯 정부정책만 쳐다보고 있어도 좋다는 의미는 아니다. 노사가 현재의 환경 속에서 자발적으로 일자리를 만들려는 노력은 그것이 정부정책의 마중물이 될 수 있으며 정부정책이 시행됐을 때 시너지 효과를 낼 수 있는 요인이 된다. 그것은 기업으로서는 사회적 책임의 실현이고 노조로서는 사회적 연대의 표현이다. 노사가 자발적으로 일자리를 만드는 수단으로서 이 글은 노동시간의 단축을 통한 일자리 나누기를 살펴본다.

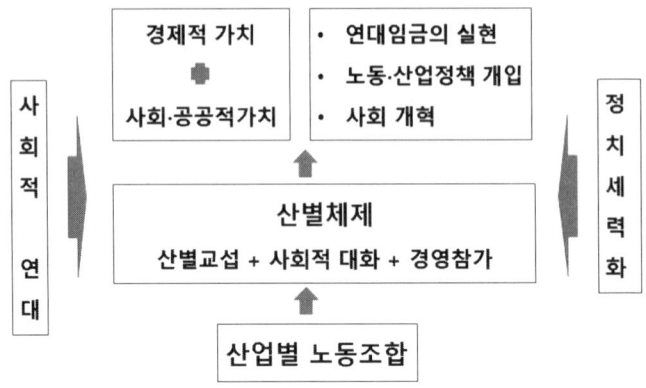

<그림 1-3> 산별체제의 구성

　　결론적으로 이 글은 보건의료노조가 추진하는 제2산별운동에 대한 이론적 전망을 토론한다는 의미를 넘어 산별체제의 재건을 중심축으로 삼아 한국노동운동의 재생(renewal) 내지 재활성화(revitalization) 전략을 토론한다는 의미를 갖는다. 보건의료노조가 견지하는 노동운동의 이념은 노동자의 경제적 삶과 공공성이라는 사회적 가치를 동시에 추구한다는 점에서 공공서비스 노조주의에 해당된다. 그것을 담아내는 장치로서 산별체제는 산별노조의 기반위에 산별교섭체제와 사회적 대화, 그리고 경영참가를 배치한다. 마지막으로는 공공적 가치를 추구하는 사회적 연대와 그 실현을 담보하는 정치세력화가 공공서비스 노조주의의 외곽을 담당한다. 따라서 산별체제를 구축하기 위해서는 조직체계와 운동의 노선, 그리고 환경적 요인들을 종합적으로 분석할 필요가 있다(<그림 1-1> 참조).

2
보건의료노조의 조직현황 및 과제

보건의료노조의 조직현황 및 과제

1. 조직률, 노동조합 대표성의 지표

노조는 조합원에서 출발한다. 조합원이 늘어난다는 것은, 단순하게 말하면, 노조의 조합비(수입) 규모가 늘어난다는 것이고 노조의 교섭력이 늘어난다는 것이며 노조의 사회적·정치적 영향력이 늘어난다는 것이다. 조직률이란 조직 대상 노동자 가운데 조직된 노동자의 비율로 해당 산업의 노동시장에서 차지하는 노조의 독점적인 지위를 말해준다. 조직의 규모와 조직률은 단체교섭은 물론 노조가 산업정책에 개입하는 지렛대다.

노동조합이 생산물 시장의 다수를 조직할 경우 노동조합의 교섭력은 증대된다. 즉 노동조합이 임금을 경쟁으로부터 제외시키는 전략의 하나는 교섭구조를 시장의 범위와 일치시키는 것이다. 교섭구조에서 사용자의 집중성을 달성하기 위해서도 노동조합은 먼저 생산물 시장의 대부분을 조직하는 것이 필수다(Katz et al., 2000).

우리나라 노조의 조직률이 낮다는 지적은 새삼스러울 게 없다. 한국의 노동운동이 위기라고 할 때 제일 먼저 지적되는 것이 낮은 조직률이다. 2015년 노조 조직률은 10.2%. 87년 대투쟁 이전인 86년의 노조조직률이 12.3%이었다면 노동자 대투쟁으로 번 조직률을 원금까지 까먹고 있는 셈이다. 낮은 조직률은 자본과 권력의 탄압에 맞선 노조의 생존을 위협할 뿐 아니라 노조활동의 실탄인 재정위기를 낳기도 한다. 그것이 단체교섭에서 사회정책적 개입에 이르기까지 노조의 영향력을 제한한다는 것은 짐작하기 어렵지 않다.

한국의 노조조직률이 낮은 데는 여러 가지 요인이 있다. 단기적으로는 경기의 불황과 실업률의 증가가 조직률을 낮추는 데 기여했다고 봐야겠지만 구조적인 요인도 간과할 수 없다. 산업구조가 노조결성이 용이한 제조업에서 노조 결성이 상대적으로 어려운 서비스업으로 이동하고 있다. 서비스 부문에서는 노조 가입률이 낮은 여성의 고용이 늘어났다. 제도적인 환경도 노조에 유리하지 않았다. 노조에 대한 자본과 권력의 탄압이 보이게 보이지 않게 벌어지는 상황에서 노동자들이 노조를 결성하거나 노조에 가입한다는 것은 때로는 실존적인 결단을 요구하는 일이었다. 마지막으로 노조가 기업별로 조직되어 있다는 사실도 노조 조직률을 낮추는 데 크게 기여했다.

노조가 기업별로 조직되어 있다는 사실은 '한 다리가 천리'라고 다른 기업의 조직률에 신경을 쓸 유인을 줄인다. 기업별 노조로서는 당연히 '남의 노조'를 조직하는 데 돈과 사람을 투입하는 데 머뭇거릴 수밖에 없다. 이에 반해 산별노조는 산업 전체가 '우리 사업장'이 되는 만큼 너와 나의 구분이 없어진다. 두 번째로 대기업 부문에서 노조의 조직화는 이미 포화상태다. 문제는 중소영세사업장 노동자나 유동하는 비정규 노동자를 조직하는 일이다. 실제로 노동조합의 조직률에서 눈에 띄는 것은 중소영세업체 노동자와 비정규 노동자의 조직률이 매우 낮다는 사실이다(보건의료노조도 예외는 아니다). 2015년 현재 300인 이상 규모의 노조 조직률은 62.9%인 데 반해 300인 미만은 2.1%에 지나지 않으며 비정규직의 조직률은 정규직 조직률 20%의 1/10에도 미치지 못하는 1.8%이다(고용노동부, 2016). 기업별 체제로서는 이들 노동자를 조직하기도 쉽지 않을 뿐더러 조직하더라도 유지하기도 쉽지 않다. 바로 이 지점에서 산별노조가 진가를 발휘한다.

<표 2-1> 사업장 규모별 노조 조직 현황(2015년)

구 분	30명 미만	30~99명	100~299명	300명 이상
임금근로자수	11,319,000	3,783,000	1,913,000	2,472,000
조합원수	14,901	102,228	235,279	1,554,335
조직률	0.1	2.7	12.3	62.9

자료: 고용노동부(2016).

산별노조는 단체교섭은 물론 구조조정이나 유연화의 저지 등 노동시장에 개입함으로써 노동자들의 노조가입 성향을 유지·제고한다(권현지, 1999). 또한 산별노조는 산별차원에서 임금과 근로조건을 결정함으로써, 적어도 이론적으로는, 각 기업의 경쟁조건을 통일시킨다. 기업별 체제에서는 임금협상이 기업단위로 세분화되면서 노조가 있는 기업은 노조가 없는 기업에 비해 임금비용이 증대할 가능성이 커진다. 따라서 노동조합에 대한 기업의 적대감이 높아진다(김영범·박준식, 2011). 그러나 산별체제에서는 임금 및 근로조건이 기업 바깥에서 결정되는 만큼 기업 내 조직에 대해 적대적일 이유가 줄어든다. 산별노조가 조직에 유리한 이유다.

보건의료노조는 노조 조직률의 제고라는 점에서 전체 노동운동의 시험대(test-bed)가 된다. 보건의료노조는 산별노조라는 점에서, 제조업이 아닌 사회서비스 부문에서, 그것도 여성을 주된 조직대상으로 삼고 있다는 점에서 그렇다.

노조의 규모와 조직률은 단체교섭이나 정책의 개입과정에서 노조의 대표성을 결정짓는 요인이다. 조직대상의 적은 비율을 반영하는 노조가 교섭에서 제 목소리를 가질 리도 만무하거니와 그런 노조에 대해 사용자가 적극적으로 교섭에 나설 리도 만무하다. 냉정하리만치 허장성세가 통하지 않는 지표가 조직률이다. 노동조합이 대표성을 높이는 방법은 두 가지다. 하나는 조직률을 높이는 것이며 다른 하나는 다른 노조(가령 공공운수노조 의료연대본부와 한국노총의 의료산업노조연맹)[2]와 연합하여 교섭에 임하는

---

2) 공공운수노조 의료연대본부는 5개 지부 9,200명 수준이며 한국노총의

방법이다(이 글에서 이 부분은 다루지 않는다). 이하에서는 보건의료노조의 조직률에 초점을 맞춰 조직현황과 과제를 살펴본다.

2. 보건의료노조 조직현황

보건의료산업은 일반적으로 고용이 축소되고 있는 제조부문과 달리 급속하게 성장하고 있는 사회서비스 부문이다. 뿐만 아니라 의료장비가 급속히 보급되고 있기는 하나 대인서비스라는 점에서 자동화가 제한적이며 노동집약적인 산업이라는 특징도 아울러 가진다. 소득수준이 높아지고 고령화가 진전되면서 보건의료에 대한 수요는 빠르게 증가하고 있다. 고용정보원의 『중장기 인력수급 전망(2013~23)』에 따르면 보건업 취업자는 2013년의 83만명(전 산업의 3.3%)에서 2023년에는 118만명(4.2%)으로 36만명(43.0%) 증가할 것으로 예상되고 있다(김유선, 2016에서 재인용). 조직이라는 측면에서 보건의료노조가 일구는 밭은 비옥하다.

의료산업연맹은 11개 노조 8,100명 수준이다(유병홍, 2017). 의료연대본부에는 강원대, 경북대, 서울대, 충북대 병원 등 국립대 병원조직이 주류를 차지하고 있으며 서울의료원 노조(제2 노조)도 여기에 포함되어 있다. 한국노총의 의료산업연맹에는 연세의료원, 건국대병원, 인하대병원, 순천향대병원(천안, 구미, 서울, 부천)노조 등이 소속되어 있다.

보건의료노조는 병원노동조합협의회(병노협) 시절부터 전국병원노동조합연맹(병노련)을 거쳐 오늘에 이르기까지 27년의 역사를 기록해왔다. 그간 조합원 수는 병노협 때인 1988년 11월 30일 기준, 2만 5,526명에서 2014년 12월말 현재 4만 5,032명으로 76.4%(1만 9,505명) 증가했다. 한 마디로 보건의료노조의 조합원 수는 꾸준히 증가해 왔다. 그렇다고 증가세가 가팔라 화려하거나 두드러진 진폭을 보인 것도 아니었다.

<그림 2-1> 보건의료노조의 조합원 추이

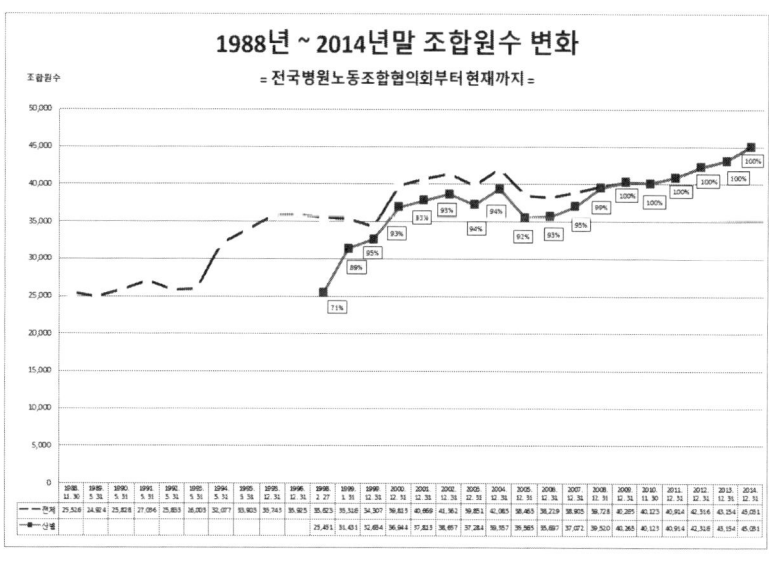

자료: 이주호(2016).

<그림 2-1>에서 보듯 약간의 오르내림을 가지면서도 안정된 오름세를 보이고 있다. 2004년에는 서울대 병원지부를 비롯한

일부 국립대 병원지부 등 3,790명이 이탈하는 경험을 갖기도 했다. 이른바 '산별협약 제10장 제2조 논쟁'이 그것으로 산별협약이 우선적용될 것인가 아니면 산별협약이든 기업별 협약이든 유리한 협약 우선 적용될 것인가를 둘러싼 갈등이었다.3) 이 사건은 지도부가 내부조율능력의 한계를 드러냈다고 평가할 수 있으나(전인 외, 2009) 산별노조를 바라보는 관점의 차이나 헤게모니 쟁탈을 둘러싼 정파 간 갈등을 드러낸 사건이기도 했다(은수미, 2009).4)

보건의료노조의 조직규모는 2015년 현재 4만 6,931명이다. 이 가운데 여성조합원의 비율은 80%를 넘어 보건의료노조가 압도적으로 여성노조임을 보여준다(보건업 취업자 가운데 여성의 비율은 75% 정도다). 보건의료노조가 전체 보건의료업 종사자 가운데서 차지하는 조직률은 6.1% 정도다. 2010년의 조직률은 6.6%이

---

3) 2004년 체결된 산별협약 중 해당 내용('협약의 효력')은 다음과 같다. "1) 산별교섭 합의 내용을 이유로 기존 지부 단체협약과 노동조건을 저하시킬 수 없다. 2) 단 제9장(임금), 제3장(노동시간 단축), … 제6조(생리휴가)는 지부 단체협약 및 취업규칙에 우선하여 효력을 가지며 동 협약 시행과 동시에 지부의 단체협약 및 취업규칙을 개정한다."

4) 역설적이게도 서울대지부 등의 이탈은 보건의료노조의 강화에 도움이 됐다는 진단도 있다. "사울대지부 등 현장과 세력이 이탈하면서 사실상 단일 정파로서 정책수립과 집행의 일관성을 갖춘 것도 (보건의료노조의 산별교섭 성공에) 긍정적인 영향을 미친 것으로 보인다"(조성재, 2009).

었다는 사실에 비춰보면 보건의료노조의 조직률은 점차적으로 하락하고 있다. 2010년 이래 보건의료노조의 조합원수는 꾸준히 증가했지만 그 증가세는 보건의료업 종사자의 증가세를 따라잡지는 못했다. 보건업의 종사자 수는 2010년의 60만 8천명에서 2015년에는 77만 4천명으로 17만명 가까이 늘었다(<그림 2-2> 참고). 통계청의 「사업체노동력조사」를 인용한 결과다.

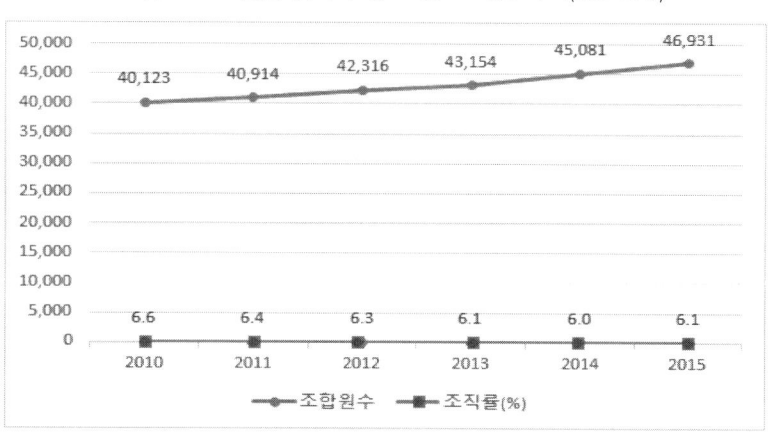

<그림 2-2> 보건업 종사자 규모 및 조직률 추이(2010~2015)

<표 2-2>는 보건의료노조의 조직률 추이를 병·의원을 대상으로 좀 더 구체적으로 살펴본 것이다. 조직대상으로는 병의원 종사자 가운데 의사, 치과의사, 한의사를 제외한 조산사, 간호사, 간호조무사, 의료기사, 의무기록사, 약사를 포함했다. 이에 따르면 보건의료노조의 조직률은 2004년의 16.6%에서 2015년에는 11.4%로 크게 떨어졌다.

<표 2-2> 보건의료노조 조직률 추이(병·의원 대상)

연도	조직대상(명)							조합원	조직률(%)
	조산사	간호사	간호조무사	의료기사	의무기록사	약사	계		
2004	1,231	82,552	91,722	55,910	2,623	2,671	236,709	39,357	16.6
2005	1,200	86,299	90,465	59,704	2,707	2,793	243,168	35,565	14.6
2006	1,160	90,867	93,466	63,964	2,822	2,885	255,164	35,697	14.0
2007	1,170	95,739	97,617	68,166	2,876	3,087	268,655	37,072	13.8
2008	1,116	101,683	102,316	72,840	2,982	3,242	284,179	39,728	14.0
2009	1,130	105,714	105,806	76,447	3,044	3,521	295,662	40,265	13.6
2010	1,048	110,803	109,610	80,535	3,157	3,672	308,825	40,123	13.0
2011	1,010	113,514	113,432	84,091	3,206	4,235	319,488	40,914	12.8
2012	997	115,273	118,848	87,956	3,232	4,358	330,664	42,316	12.8
2013	940	129,446	124,357	93,558	3,460	4,435	356,196	43,154	12.1
2014	896	141,856	132,747	100,420	3,812	4,511	384,242	45,081	11.7
2015	856	152,865	142,029	106,279	3,986	4,710	410,725	46,931	11.4

자료: 보건복지부, 2016에서 필자 작성

보건의료노조의 조직현황은 △지역별·특성별 조직현황, △비정규직 조직현황, △병원규모별 조직현황, △민간·공공병원의 비중 등으로 나눠 살펴볼 수 있다. 이런 자료는 교섭구조나 사회적 대화기구의 설계는 물론 조직화 전략의 기초자료가 된다. 이 글에서는 자료가 허락하는 범위 내에서 특성별 조직과 비정규직 조직 현황에 대해 살펴본다. 특성별 조직이 단체교섭의 진지라면 비정규직 조직화는 한국 노동운동이 당면한 보편적인 과제다.

보건의료노조에서 특성별 조직이 주요 교섭단위로서 역할하고 있는 것이 현실이라면 특성별 지부의 조직률은 단체교섭구조를 설계하는 물적 토대가 된다. 특성별 조직의 규모는 조합비 납부자료를 통해 간접적으로 추계할 수 있다.

<표 2-3> 특성별 조합원 수

		국립대	사립대	지방 의료원	민간 중소	적십자	특수목 적공공	지역 지부	특수 병원	기타	계
월평균 조합원수	2013	3,558	18,330	4,457	4,625	1,666	5,130	602	146	520	39,034
	2014	5,365	20,924	3,672	4,448	1,591	5,684	334	167	551	42,736
	2015	5,078	22,593	3,796	4,599	1,419	5,430	457	178	576	44,126
1인당 평균조합비 (2015)		8,458	9,469	7,496	6,741	5,454	7,796	3,497	4,141	11,386	

출처: 전국보건의료노동조합, 2016b.

<표 2-3>에 따르면 사립대 병원의 조합원이 2만 3천명으로 전체 조합원의 절반을 차지한다. 현재 산별중앙교섭과 특성별 교섭이 이뤄지는 민간중소병원(4,559명)과 지방의료원(3,796명), 특수목적 공공병원(5,430명)의 조합원은 1만 4천명에 못 미친다. 조합원의 1/3을 갓 넘는 수준이다. 국립대 병원의 조합원은 5천명 남짓이다. 특성별 조직률은 해당 특성별 병원에 대한 노조의 영향력을 나타내는 지표로 향후 교섭구조를 설계할 때 기초적인 자료가 된다. 실제로 보건의료노조는 2006년 사측에게 임금인상에 대한 특

성별 논의를 인정하겠다고 제안한 바가 있다(전인 외, 2009).

<표 2-4> 보건업 종사자의 종사상 지위별 규모

	전체 (2015 1/2)	상용 근로자	임시 및 일용 근로자	자영 업자	무급 가족 종사자	파견 종사자	기타 종사자	비정규직 계	근로자 계	비정규직비율 (%)
소계	873,111	774,960	13,532	65,850	500	17,353	915	31,800	806,761	3.9
병원	484,225	458,875	5,442	2,513	1	17,106	287	22,835	481,711	4.7
의원	340,339	274,583	5,261	59,779	499	201	16	5,478	280,061	2.0
공중보건의료업	27,971	26,686	1,251	0	0	34	0	1,285	27,971	4.6
기타 보건업	20,576	14,816	1,578	3,558	0	12	612	2,202	17,018	12.9

자료: 통계청.

보건의료산업에서 비정규직이 차지하는 비중은 그다지 높지 않다. 2015년 현재 보건의료산업에서 상용직은 전체 종사자의 88.8%에 이르며 임시일용직, 1만 3,500명을 포함한 비정규직은 3만 1,800명 규모로 전체 임금근로자의 3.9%에 불과하다(<표 2-4> 참조).[5] 한편 보건의료노조에서 조직된 비정규직의 규모는

---

5) 이 통계의 신뢰성에 대해선 의문이 없지 않다. 보건의료노조의 근로조건 실태조사에서 응답자 가운데 비정규직은 3.7%를 차지한다. 경제활동인구 부가조사를 바탕으로 분석한 김유선(2016)에 의하면 2013년 임시일용직의 규모는 4.6%이다. 따라서 전반적으로 보건의료부문에서 비정규직의 비율은 낮다고 봐도 무리는 없어 보인다. 이는 보건의료노

2,000명 미만으로 전체 조합원에서 차지하는 비율은 3.7%다.

노조의 조직률은 노조의 기본적인 물적 토대이자 사회적으로 대표성의 지표이지만 노조활동의 결과가 노조 조직률로 나타나기도 한다. 즉 조직률은 조직활동의 성적표이지만 노조활동의 성적표이기도 하다. 노조활동의 활성화가 조직률의 제고로 이어진다고 봐야한다. 이런 점에서 보건의료노조의 조직률이 급속히 떨어지고 있다는 사실은 조직활동은 물론 노조활동에서도 새로운 접근을 필요로 한다.

3. 조직확대 방안

조직을 확대하기 위한 전략은 조직 대상을 선정하는 작업에서 시작된다. 다른 하나는 얼마만큼 비중의 인력이나 예산을 조직사업에 투입할 것인가를 결정하는 일이다. 이 중에서도 조직 대상의 우선순위를 정하는 작업은 전략적인 선택에 속한다. 중소영세병원으로 보건의료노조를 뻗쳐낼 것인가, 노조가 조직된 사업장의 미가입자나 비정규직을 조직할 것인가, 아니면 소위 빅 5 병원을 공략할 것인가라는 점들이 그것이다. 새로운 업종, 가령 사회복지서

동자의 절대 다수인 간호사가 정규직인 데 기인한다.

비스업(복지시설 운영 등)으로 진출하는 방안도 있다. 제한된 자원(인력과 예산)을 감안한다면 우선순위를 정할 수밖에 없다.

<그림 2-3>이 보여주듯이 보건의료노조는 다양한 조직대상을 앞에 두고 전략을 고심해 왔다. 그렇지만 사과도 배도 포기하지 못하는 심정이랄까, 다양한 조직대상을 두고 고민도 깊어가는 모양새다. 조직된 사업장의 조직률 제고, 공공 대병원과 빅 5병원에 대한 조직사업에 대한 관심에 더해 노동운동의 관점에서 비정규직이나 요양보호사를 밀쳐두기는 어렵다. 심지어 의료정책에 대한 영향력을 감안하다보니 의사노조까지 관심의 대상이 된다. 노조 간부와의 인터뷰에서도 조직대상에 대한 고민은 사면팔방으로 뻗친다.

미조직 사업을 하는 데 전략사업은 공공(병원)이다. 노조 만들기가 용이하고 규모도 크다. 큰 병원인데도 노조가 없는 데가 꽤 있다. 상대적으로 쉽게 가고 영향력도 크다. 요양보호사, 요양원은 최근 필요성이 급부상하고 있지만 가시밭길이다. 열 개를 만들면 몇 개는 깨진다. 비정규직이나 민간미조직 사업장도 있다. 가야 할 길이라는 내부 동의가 점차 모아지고 있다. 현재의 의료제도에서 직접 영향을 미치는 지점이 있고 노동운동의 관점에서 가야할 축이 있다. 간호대 보건대 학생 예비조직화 사업은 필요성은 많이 제기되지만 여력이 안된다. 노조가 있는 사업장의 조직률을 높이면 노조조직률이 높아진다는 통계도 있다. 현재 지부가 있는 사업장(병원)의 경우 유니온 숍 있는 지부를 제외하면 조직률은 70%가 안 된다. 이 역시 조직 강화의 중요한

꼭지라고 할 수 있다. … 빅 5만 보더라도 그렇다. 삼성병원은 무노조정책으로 노조가 없고 아산병원이나 서울대병원은 간호사가 많이 빠져나가버리고 나머지 직종중심으로 구성돼 있다. 그 외에 세브란스와 CMC가 있다. 빅5 중 2개가 우리 소속인데 큰 투쟁 후유증으로 현장 조직력이 상대적으로 약하다. 여기를 세우는 게 전략적으로 매우 중요하다. 조직화에도 중요하지만 산업정책에 개입하는 측면에서도 매출액 1조원 클럽인 빅 5 병원이 갖는 의미는 매우 크다(인터뷰).

<그림 2-4> 보건의료노조 미조직 비정규 조직화 사업 과제와 영역

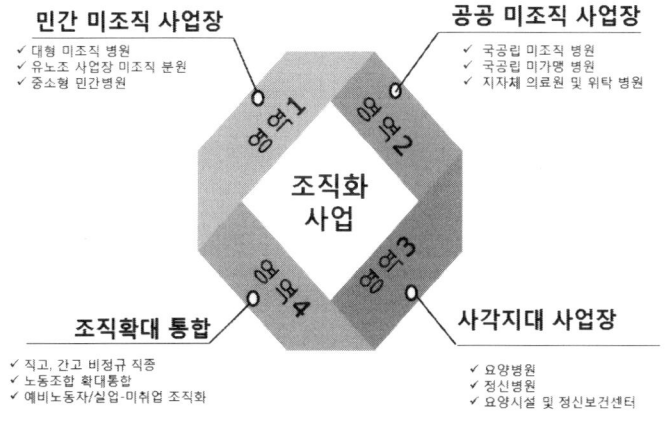

자료: 이주호, 2016.

조직전략의 기본은 조직하는 데 비용이 적게 들면서 효과가 나는 지점을 우선 공략하는 것이다. 이를 통해 조직사업의 근거지를 확보한다. 단체교섭에서 대표성을 확립하고 노조의 사회적 영향력을 높이는 것은 물론 인적·물적 자원을 확보할 수 있기 때문이다. 요컨대 우선은 쉽고 넓은 길을 가서 몸집을 불리라는 것이다. 그 다음에 늘어난 자원과 사회적 영향력을 활용하여 취약 지점을 공략하는 방안이다. 그렇다면 우선적으로 빅 5 병원(삼성의료원, 서울아산병원, 연세의료원, 서울대병원, 서울성모병원)이나 미조직된 공공병원, 대규모 병원을 공략하는 방안을 강구할 필요가 있다. 물론 이러한 진술은 자칫 민간의 영세병원 노동자나 비정규 노동자, 취약노동자를 소외시킬 수 있다는 우려를 낳는다. 모든 자원을 한 곳으로 집중하라는 의미는 아니다. 달걀을 한 바구니에 담지 말라는 것은 주식투자에만 해당되는 금언이 아니다.

비정규 노동자를 조직하는 사업은 당장 성과를 기대하기가 쉽지 않다. 물론 비정규 조직사업은 노동운동의 대의가 걸려 있는 지점이자 안전·생명업무의 외주화 금지와 맞물려 사회적인 공감대를 얻을 수 있는 지점이다. 그런데 비정규직의 조직사업에서는 노조 내부의 어느 단위가 책임을 지는지 나아가 조직된 비정규직을 어떻게 편제하는지가 논란이 된다. 여기서는 기업(병원) 지부가 비정규 조직사업을 포괄하기보다는 본조나 지역본부가 비정규 지부를 설치하여 이들 노동자를 조직하는 방안을 검토할 수 있다.

병원지부가 비정규직에게 문호를 여는 것은 자칫 조직 내부의 이해충돌을 낳을 수 있다. 정규직과 비정규직의 이해가 다를 수 있는 탓이다. 대안의 하나는 산별노조 직할로 비정규직 지부를 설치하여 비정규직 조합원을 포괄하는 것이다. 즉 하청노동자, 임시직, 파트타임직, 파견노동자 등 다양한 비정규 노동자를 별도의 조직단위로 묶는 방안이다. 이 경우 교섭이 초기업단위에서 이뤄지지 않으면 이들은 교섭대상에서 배제된다는 문제를 낳는다. 실제로 인터뷰에 응한 한 노조간부는 비정규직 문제를 결국 본조가 껴안을 수밖에 없는 정황을 토로한다.

　　　예를 들어 청소미화원이 문제다. 전국화하면 규모가 꽤 된다. 기존 지부에 가입할 것인지 독자지부로 갈 것인지 고민이 많았는데 전국지부로 가자는 분위기다. 요양보호사도 마찬가지다. 처우도 나쁘고 대다수가 간접고용 비정규직이다. 병원현장 지부장은 이들을 조직 내로 끌어안는 것을 부담스러워 한다. 그래서 조직사업도 소극적으로 하게 된다. 그렇다면 본조 관할로 하는 게 지부장의 부담도 덜고 조직사업에 좀 더 적극적으로 나서게 할 수 있겠다는 생각이다.

　비정규직을 어떻게 편제하더라도 이들에 대한 조직사업은 본조가 감당해야 하는 전략적인 영역이다. 그런데 보건의료산업에서 비정규직의 비중은 앞에서도 지적했듯이 높지 않다. 따라서 비정규직을 조직하는 일이 조직사업의 우선순위를 차지해야 하는지는 의문이다. 비정규직을 바로 조직하려고 노력하기보다는 비정규직의 정규직 전환과 처우개선에 집중하는, 그리하여 간접적으로 조합가입을 유도하는 방식이 바람직할 수 있다. 비정규직의 규모가 크지 않고 임금격차가 심각하다면 검토할 수 있는 방안이다.6) 보건의료노조는 2007년 '아름다운 합의'를 통해 이런 전략을 시도한 적이 있다.

그 동안은 당위적으로 정규직화 요구를 해왔는데 최근에는 간접고용을 일단 인정하고 고용안정이나 처우개선에 나선다는 현실적인 입장으로 조심스럽게 선회하고 있다. 이 경우 문제는 이들의 임금 및 근로조건을 개선할 수 있는 교섭구조를 어떻게 설계할 것인가라는 점이다. 산별 특성 교섭이 이뤄지지 않는 부문에서 이들은 사실상 단체교섭으로부터 배제될 수밖에 없다(인터뷰).

두 번째로 노조의 조직활동이 노조의 주체적인 노력만으로 가

---

6) "비정규직의 비중이 크지 않지만 정규직과의 임금격차는 심각하다"는 진술은 통계의 뒷받침을 필요로 하지만 통계의 신뢰성이 문제가 된다. 통계청 자료에 따르면 보건의료산업에 종사하는 비정규직의 규모는 그리 크지 않다. 그러나 임금격차의 규모는 통계에 따라 다르다. 가령 경제활동인구 부가조사 결과에 따르면(<표 4-3>) 비정규직의 시간당 임금은 정규직의 71.8%에 이른다. 그러나 보건의료노조의 실태조사에 따르면 비정규직의 임금은 정규직의 58.9%로 바뀐다(<표 4-4>).

능하지 않다는 점이다. 경기의 변동이나 산업구조의 변동은 차치하더라도 법·제도적인 요인도 간과할 수는 없다. 이 지점에서 핵심은 노동을 대하는 권력의 태도다. 권력이 노동을 배제할 때 조직사업은 힘들어진다. 노조에 대한 사회적 지지도 노동조합의 조직률에 영향을 미친다. 노조의 조직활동을 조직부서의 활동만으로 평가하기가 어려운 이유다.

보건의료노조에서 미조직·비정규직의 조직사업은 조직 2실과 미조직노동자 조직위원회에서 담당한다. 담당인원은 4명이다. 2015년, 보건의료노조는 신규지부 6개를 포함하여 총 930명을 가입시키는 데 그쳤다. "기획 조직화 사업은 다수의 현장 사업장이 제기됨에 따라 전혀 진행되지 못했음"(전국보건의료노동조합, 2015)이라는 게 조직사업에 대한 총괄평가다; "미조직기금을 재결의했으나 현장으로부터 미조직사업에 대한 관심과 집행력을 끌어내지는 못했다." 그러나 미조직위원회가 복원되어 조직2실과 일상적인 사업체계로 운영됐다는 점이나 간병·요양보호사 전략조직화 사업단 회의가 운영됐다는 점 등은 성과로 남는다.

2015년에는 8개의 신규지부가 결성되었고 결성과 함께 현안사업장이 되었다. 2014년부터 현안사업장이 된 6개 사업장까지 포함하면 14개의 현안사업장을 책임지는 상황에서 △체불임금 해결 등의 이해분쟁 △부당징계 및 해고에 따른 구제사안 △사용자의 반노동 정서와 노조탄압 △신규노조로서의 조합 활동에 대한 이해 부족 △조합원 내부 또는 조합원, 비조합원 사이의 복잡다단한 인간관계 △연대활동 과정에서 겪는 질곡 등에 집중할 수밖에 없어 공공병원, 요양보호사, 대학병원 비정규직 등 기획조직화 사업이 전혀 진행되지 못했다(전국보건의료노동조합, 2015).

2016년에는 조직사업에서 의미 있는 고비가 마련되기도 했다. 대학병원인 을지병원에서 노조가 조직되어 탄압을 뚫고 승리했는가 하면 그간 노동운동의 무풍지대였던 정신요양병원에서 노조가 조직되기 시작했다. 용인정신병원과 서울시 정신보건증진센터가 그것이다. 그런데 이들 노조는 앞에서도 지적했듯이 노조 결성 자체가 노조 사수투쟁의 출발점이었고 그 과정에서 산별노조가 개입할 수밖에 없었다.

노조의 조직사업은 장기적인 사업으로 현안과제에 매몰되면 성과를 내기가 어려운 과제다. 그런 만큼 조직사업에 대한 집행부의 의지가 중요하다. 보건의료노조는 노조의 조직률이 낮아지고 있다는 사실을 예민하게 받아들여야 한다. 노조의 존재기반이 침식되고 있을 뿐 아니라 노조의 사회적·정치적 영향력이 줄어든다는 사실을 의미하기 때문이다. 후술하는 산별체제를 안착시키기 위해서라도 조직률의 제고는 중요하고도 시급한 과제다.

4. 민주노총의 대산별전략을 어떻게 볼 것인가

보건의료노조의 조직 확대와 관련하여 검토할 지점의 하나는 민주노총의 대산별 전략을 어떻게 볼 것인가라는 점이다. 이는 보건의료 산별체제의 역할과 관련해서도 커다란 의미를 갖는다. 최근 민주노총 정책연구원은 산하 16개 산별노조(연맹)를 3개의 대산별 체제로 재편하는 안을 제시하고 있다. 제조대산별, 서비스산별, 그리고 공공산별이 그것이다(전국민주노동조합총연맹, 2015). 이 안에 따르면 보건의료노조는 공공대산별 노조에 포함된다.

제1차 세계대전을 전후하여 거대단일노조(one big union)운동이 전개된 적이 있었다. 모든 노동자계급은 기업과 성별, 직종과 숙련, 산업을 뛰어넘어 하나의 노조로 단결해야 한다는 것이었다.[7] 그것이야말로 노동자들의 역량을 통일적으로 집중시킬 수 있는 조직형태로서 그렇게 해야 총파업이나 사보타주와 같은 직접행동을 통해 정부와 자본에 맞서 사회개혁을 달성하고 자본주의를 붕괴시킬 수 있다는 논리였다. 한마디로 신디칼리즘(syndicalism)에 바탕을 두고

---

[7] 노동조합은 노동자를 단결시키지만 다른 한편으로는 조직의 경계선을 따라 노동자를 분열시키는 기제다. 그만큼 노동조합은 모순적이다. 노동조합이 처음 출현했을 때 그것은 노동자 계급 전체가 아니라 일부의 조직이었다. 노동조합(trade union)이라는 단어 자체가 원래 특정한 직업(trade)을 가진 노동자들의 조합(union)에서 유래했다.

있었다.8) 민주노총의 대산별 전략에서 철 지난 신디칼리즘의 냄새를 맡는다면 지나치게 예민한 후각일까.

<그림 2-5> 민주노총 조직재편의 구획과 전망

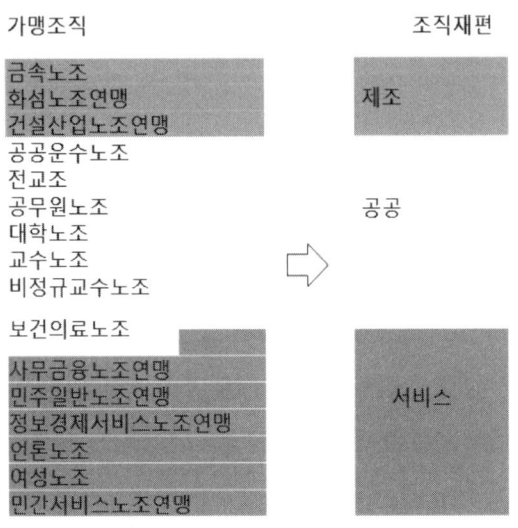

자료: 민주노총(2015).

---

8) 신디칼리즘은 20세기 초, 프랑스(CGT)와 미국(IWW), 스페인(CNT), 그리고 이탈리아(USI) 등지에서 마르크스주의에 반대하여 나타난 혁명적 노동조합주의의 하나다. 이들은 모든 노동자를 아우르는 거대단일 노조를 지향했으며 정치활동보다는 혁명적 산업활동(총파업이나 사보타주)을 통해 자본주의를 종식시키고 노동자통제를 확립할 수 있다고 봤다. 그러나 신디칼리즘 운동이 국제 노동조합운동 안에서 강력하고 영향력 있는 경향으로 생존한 시기는 20세기 초의 약 20년이라는 짧은 기간에 불과했다(달링턴, 2015).

대산별 전략은 일반노조 지향을 넘어 부문별 노조(sector unionism)로 가자는 주장이다. 노동운동이 미세하게 분열된 기업별 체제에 발목이 잡혀 있는 상황에서 어느 나라도 달성하지 못한 초대산별 노조를 구축하려는 시도는 조직형태에서 진자(振子)처럼 극과 극을 달리는 주장이나 다름없다. 산별노조가 잘 되지 않으니 초산별로 가자는 주장은 관념일 뿐이다. "제대로 걷지 못하니 차라리 날아버린다"는 식이다. 기업별노조가 강하지 않으면 산별노조로 이행하기가 어렵듯이 강한 산별노조가 뒷받침하지 않는 초대산별은 모래성에 지나지 않는다.

대산별체제가 가져올 문제들도 적지 않다. 첫째, 조직이 커진다고 힘도 따라서 커질지는 의문이다. 노동운동에서 조직규모보다 조직률이 의미를 갖는 경우가 많다. 대표성의 잣대가 조직률이기 때문이다. 그런데 조직률은 그대로 둔 채 조직규모만 키운다? 조직이 커지고 업종이 다양해질수록 내부의 정체성이나 소속감이 흐려지고 이해의 충돌이 발생할 수 있다. 이해의 이질성을 조정하는 비용도 만만찮을 것이다. 노조를 구획 짓는 기준은 노동의 동질성과 요구의 유사성이며 그것이 단결력의 토대다.

둘째, 대산별노조로 가더라도 단체교섭은 결국 업종이나 산별 단위로 이뤄질 수밖에 없다. 그럼에도 이는 기업별 교섭체제를 극복할 전망을 갖고 있지 못하다는 점에서 여전히 교섭보다는 투쟁에 비중을 두는 신디칼리스트적인 발상을 뛰어넘지 못한다. 셋째 조직운영에서 관료화의 위험이 커지는 것도 문제지만 '위로부터 노동조합을 재구성'할 상층부의 권위와 역량이 있는지도

의문이다. 실제로 민주노총은 내부에서 조직대상이 중복되는 부분조차 해결하지 못한 채 조직 갈등을 방치하고 있는 실정이다. 보건의료노조와 공공운수노조 의료연대 사이의 구획정리9)나 학교비정규직(공무직) 노조 사이의 갈등이 그렇고 사무금융노조와 연맹 사이의 갈등이 그렇다.

이는 결국 아래로부터의 민주적 통제와 위로부터의 관료적 통제를 어떻게 조화시킬 것인가의 문제이자 조합원과 간부의 괴리를 어떻게 극복할 것인가의 문제다. 대산별 전략과 관련하여 하이만(Hyman, 2001)의 진술은 이런 점에서 참고할 만하다.

> 연대란 이익과 목적의 공동성에 대한 인식에서 비롯된다. 그것은 차별적이고 특징적인 상황에 대한 인식으로 나아간다. … 신디칼리스트의 열망인 거대단일노조(one big union)는 꿈으로 남아 있다. 노조를 포괄하는 경계는 다른 한편 다른 노동자를 배제하는 전선이다. 특별한 노조 조합원의 공통된 이해는 바깥 노동자들의 그것과 부분적으로 모순된다. 칸막이된 노동자들 속에

---

9) 2004년 서울대 병원지부 등이 보건의료노조를 집단으로 탈퇴한 사건은 민주노총 2006년 제3차 중앙집행위원회(2006.2.13)에서 다뤄졌다. 당시에 가결된 안은 다음과 같다. "첫째, 민주노총 규약 제4조(목적과 사업) 내용과 민주노총이 지향하고 있는 산별노조건설의 방향에 따라 산별노조의 규약을 위반한 집단탈퇴는 무효이다. 둘째, 본 결정과 관련하여 발생할 현실적인 문제해결을 위해 민주노총과 해당조직이 협의해 나간다."

서 노조는 전통적으로 칸막이된 연대를 가져왔다. … 노조는 편견의 동원을 통해 노동자들이 그들 자신의 개인적이고 집단적인 이해를 정의할 수 있도록 돕는다. 누적적으로 그 결과는 다른 그룹과의 사이에서 이해의 공통성과 갈등의 패턴을 구성함으로써 노동운동 내에서 분파주의와 연대의 동학에 기여한다.

민주노총이 제기하는 거대산별론은 유럽에서는 이미 일반화된 다산업노조(multi-industrial unions) 내지 부문별 노조를 떠올리게 한다. 노조를 둘러싼 환경의 변화가 노조에 유리하지 못한 상황에서 노조로서는 규모의 효과를 살리기 위한 조치였다. 노조 간 통합이 활발하게 이뤄지고 산업과 직업의 경계가 희석되거나 붕괴되고 있다는 것도 부문별 노조를 낳는 요인이 되고 있다(Visser, 2012). 객관적 환경의 변화에 대응하려는 노력이 산별의 경계를 넘나드는 노조의 결성으로 나타난 것이다. 그런데 그들에게 맞는 옷이 우리에게도 맞을 지는 의문이다. 산별노조의 기반조차 갖지 못한 상태에서 부문별노조로 간다는 것은 하늘 보고 주먹질하는 격이랄까, 현실성이 없어 보인다. 우리나라의 노동운동은 부문별 노조로 이행하고 있는 유럽의 노동운동과는 발전단계를 달리 한다.

노동자의 단결과 연대가 중요하다는 것은 새삼스러울 것도 없다. 노동조합은 그것이 태동한 이래 끊임없이 노동자의 힘을 효율적으로 모을 수 있는 조직구조를 고민하고 또 실천해 왔다. 직업별 노조에서 일반노조를 거쳐 산별노조로 이행한 것도, 그리고 최근 유럽에서 부문별 노조가 나타나고 있는 것도 그러한 노력의 결과다. 이것을 상징적으로 보여주는 것이 바로 민주노총의 제조부문이다. 제조업이 쇠퇴하면서 조직대상이 줄어든다는 위기의식과 더불어 기술의 발달로 업종의 경계선이 흐려졌다는 점이 통합에 긍정적인 영향을 미친다. 서비스부문에 비해 상대적으로 근로조건의 격차가 적다는 점도 통합에 유리한 조건을 만든다.

서비스부문은 다르다. 대산별 내지 부문별 노조로 가는 데 결정적인 장애는 그것이 성장산업이라는 사실과 더불어 분야별 임금 및 근로조건의 격차가 크다는 사실이다. 업종의 경계도 뚜렷하다. 더욱이 보건의료부문은 여전히 낮은 조직률과 조직구조의 분열이라는 문제를 안고 있다. 보건의료부문은 민주노총과 한국노총으로 나뉘어져 있으며 민주노총은 다시 보건의료노조와 공공운수노조 의료연대본부로 나뉘어져 있다. 이는 교섭이나 사회적 대화구조의 형성과정에서 노조의 대표성을 낮추고 사회적 영향력을 축소시킨다. 그렇다면 조직의 통합은 뒷 순위로 미루더라도 공동교섭이나 사회적 대화기구에 대한 공동참여, 또는 사안별 공동대응을 검토하는 것이 우선일 것이다. 물론 이러한 움직임이 대산별 체제에 의해 구축되는 것은 아니다. 다음은 노조 간부의 진술이다.

> 조직의 확대 필요성은 아무리 강조해도 지나치지 않지만 보건의료노조는 상대적으로 최적화된 노조활동을 한다고 할 수 있

다. 단일 업종으로 5만 명의 규모라는 것, 중앙의 관장 하에 지역과 특성이 씨줄과 날줄로 엮인 조직체계, 노동정책과 의료정책의 조화, 100% 가까운 조합비 납부율, 중앙과 현장 5:5 조합비 배분 등이 그렇다. 다른 노조나 연맹과 달리 단일 업종으로 구성되어 있다는 것도 장점이다. 보건의료노조는 일종의 자기완결적인 구조를 갖고 있다(인터뷰).

보건의료노조로서는 민주노총이 지향하는 대산별 체제에 대해서는 적극적으로 거리를 유지하며 조직의 정체성을 유지할 수 있는 방안을 모색할 수 있다. 그렇다고 현실에 안주하는 방식이 바람직한 것은 아니다. 조직대상을 같이하는 노조(연맹)와 공동교섭체계를 구축하여 노조의 대표성을 높인다거나 산업차원의 사회적 대화기구에서 발언권을 공유하는 방안을 추진할 수 있다. 공동사업을 바탕으로 통합을 모색할 수도 있겠지만 이는 별도의 과정과 분석을 필요로 한다.

5. 소 결

제2장에서는 노조의 조직현황을 살펴보고 과제를 점검했다. 노조는 조합원이 존재함으로써 존재하며 거기서 힘이 나온다.

그것은 조직의 규모와 조직률로 표현된다. 보건의료노조의 조합원은 지속적으로 늘어나고 있지만 조직률은 떨어지고 있다. 실제로 병·의원을 대상으로 했을 때 보건의료노조의 조직률은 2004년의 16.6%에서 2015년에는 11.4%로 급감하고 있다(같은 기간 동안 조직규모는 4만 2,085명에서 4만 6,931명으로 5천명 못 미치게 늘었다). 이는 조합원수의 증가율이 보건의료업 종사자의 증가율을 따라잡지 못했다는 사실을 의미하는 것으로 사용자는 물론 정부에 대해 노조의 대표성을 약화시키는 요인이 된다.

보건의료노조의 조직률이 떨어지고 있다는 사실은 조직화 캠페인이 시급하다는 것을 말한다. 그간 보건의료노조는 각종 노사갈등에 매달리느라 조직화사업을 제대로 진행하지 못했다. 보건의료노조로서는 자원을 동원하여 공공과 대병원을 우선적인 조직사업의 대상으로 삼되 비정규직이나 취약노동자들에 대한 관심을 유지할 필요가 있다. 특히 비정규직에 대해서는 그 규모가 크지 않고 임금격차가 심각한 만큼 직접적인 조직대상으로 삼기보다는 정규직화와 처우개선을 지원하는 간접적인 접근이 바람직할 것으로 보인다. 마지막으로 민주노총의 대산별 전략에 대해 보건의료노조로서는 보건의료부문의 대표조직으로서 정체성을 유지하는 방안을 강구할 필요가 있어 보인다.

3

보건의료노조의 조직체계

보건의료노조의 조직체계

1. 노조민주주의와 노조주의

1) 노조민주주의

독일 금속노조 모델의 직수입?

한국의 노동운동이 산별노조를 추구하면서 알게 모르게 참고한 모델은 독일의 금속노조였다. 독일 금속노조는 한국의 기업별 체제가 갖지 못한 강력한 중앙집중성을 실현하는 조직체계와 교섭구조를 갖고 있다. 200만명이 넘는 조합원이 하나의 조직으로 뭉쳤을 때 내뿜는 사회정치적 영향력은 상상만으로도 어마무시였다. 결손이 동경으로 이어졌다.

그러나 역설적이게도 독일의 금속노조는 그 특징으로서 첫째, 현장(사업장) 조직구조를 갖고 있지 않다. 조직체계상 최하층 단위는 지역지부다. 대신 사업장 내에는 사업장협의회와 노동이사제라는 공동결정제도가 작동하고 있다. 예를 들어 폴크스바겐만 하더라도 공장 안에는 폴크스바겐 노조도, 폴크스바겐 지부도 없다. 폴크스바겐 사업장협의회만 있을 뿐이다(이는 공식적으로는 노조와 무관하다). 폴크스바겐 본사의 조합원은 볼프스부르크 지역지부에 소속된다.

두 번째로 산별중앙교섭이 아니라 특정지부에서 교섭이 타결되면 그 결과를 다른 지부가 수용하는 패턴교섭이 이뤄지고 있다. 독일 금속노조에서는 주로 바덴-뷔텐베르그(Baden-Wuettenberg) 지부가 이를 담당한다.

세 번째로 독일에서는 사회적 대화기구가 발달하지 못했다. 사회적 대화의 전통이 희박한 독일에서 드물게도 독일 금속노조가 고용창출을 위한 사회적 대화를 시도했지만 그마저 죄초되고 말았다. 1995년 독일 금속노조는 임금동결과 일자리창출을 연결시키는 '일자리를 위한 동맹'(alliance for work)을 제안했지만 노사정 사이의 의견 불일치만 확인했을 뿐이었다.

그렇다면 독일 금속노조의 사례는 공동결정제도는 몰라도 한국에서, 특히 현장강화와 사회적 대화를 강조하고 중앙교섭을 추진하는 보건의료노조가 참조할 사례로서는 적합하지 않을 수 있다.

독일이 작업장 노조주의의 모델이 아니라면 대안은 영국이나 스웨덴에서 찾을 수 있다. 영국의 노동조합은 분권화가 광범위하게 이뤄졌지만 UNISON으로 대표되는 공공서비스노조는 여전히 조직운영과 교섭구조에서 강력한 중앙집중성을 보이고 있다.1) 가령 지방정부의 교섭은 지방정부 대표와 단일화된 노조교섭팀이 모인 전국지방정부평의회(National Joint Council for Local Government Services)에서 이뤄진다(박태주, 2001). 전국교섭과 동시에 UNISON은 현장강화를 위해 '조합원 주도 노조주의'(member-led unionism)를 내세우고 있다. UNISON은 1993년 통합 이후 전략적 검토(Strategic Review)를 통해 조직이 지나치게 중앙집중화되고 관료화되었다고 판단한다. 그리하여 자원과 책임을 아래(지역본부와 기업지부)로 내려 보내는 과감한 분권화 조치를 취했다.

스웨덴에는 전체노동자의 약 80% 정도가 세 개의 노조, 즉 LO(생산직노조총연맹), TCO(사무직 노조총연맹), 그리고 SACO(전문직 노조총연맹)에 소속되어 있다. 따라서 기업단위에는 일반적으로 세 개의 총연맹에 소속된 산별노조의 지부조직이 존재한다. 이 3개의 지부는 조합원 구성이 서로 달라 보통은 평화롭게 공존한다. TCO와 SACO는 사무전문직 교섭카르텔인 PTK를 구성하여 공동으로 집중화된 단체교섭을 실시하며 공공부문에서도 유사한 교섭카르텔인 공공부문 피고용인 협상위원회(OFR/SPO)가 있다.

스웨덴에서는 거의 모든 경제부문에서 산별교섭이 이뤄지며

---

1) UNISON은 지방정부와 의료, 교육, 그리고 전력과 같은 공공사업을 조직하는 노조로서 조합규모는 약 130만명이다. UNISON은 1993년 세 노조, 지방정부 사무직 노조(NALGO)와 지방정부 현업직노조(NUPE) 그리고 의료서비스노조(COHSE)가 통합하여 만들어졌다.

산별협약의 틀 내에서 지부(기업)협약이 체결된다. 기업별 교섭은 보충교섭의 성격이 강했으나 최근 들어 그 중요성이 커지고 있다. 산별교섭이 최저한도의 기준을 정하면 지부교섭에서 그 이상을 얻는 식이다. 이렇듯 스웨덴에서는 산별노조와 지부가 양 차원에서 상호 연계되어 노사관계 시스템의 원활한 운영을 돕는다.

스웨덴에서 기업별 지부가 갖는 또 하나의 특징은 노동이사제를 운영한다는 점이다. 노동이사는 (종업원이 선출하는 독일과 달리) 각 지부가 조합원의 비율에 따라 추천한다. 종업원이 1천명이 넘는 기업은 3명의 이사와 동수의 후보이사(deputy representatives)를, 그 이하(25인 이상 999명)는 2명의 이사와 동수의 후보이사를 임명한다. 후보이사는 다른 이사와 마찬가지로 정보권과 협의권을 갖고 있으며 이사회에 참석하여 발언도 하지만 의결권은 갖지 않는다. 이사는 (독일과 달리) 반드시 직원의 신분을 가져야 하며 일반적으로는 노조간부가 겸임한다.

독일과 스웨덴의 조직 및 교섭구조에서 결정적인 차이는 독일엔 기업별 노조조직이나 교섭이 존재하지 않는 데 비해 스웨덴에서는 기업별 조직이나 교섭이 존재한다는 점이다. 이처럼 각 나라의 노조는 서로 다른 조직체계와 교섭체계를 갖는다. 보건의료노조로서도 현재의 상황에 비춰 조직체계를 설계하는 수밖에 없다. 이 과정에서 노조 민주주의를 활성화시키는 것은 조직의 동맥경화(관료화)를 막고 현장의 참여를 보장한다는 점에서 의미를 갖는다.

유럽식 노조 민주주의의 한계

자발적인 조직으로서 노동조합은 조직이자 동시에 운동이다. 따라서 기업이나 정당과 달리 노동조합의 의사결정과 행동은 조합원의 동의와 행동하려는 의지에 의존한다(Offe et al., 1985). 이 경우 노조 민주주의는 다양한 조합원의 차이를 하나로 묶는 추의 역할을 한다. 현장강화의 문제는 결국 노조 민주주의의 문제로 되돌아간다.

노조 민주주의를 바라보는 시각은 크게 두 가지다. 첫째는 자유주의적 접근방식(Morris et al. 2000)이다. 이는 주로 미국에서 발전한 것으로 자유민주주의 국가의 중앙정부 조직에서 적용되는 민주주의의 개념을 노동조합에 도입하여 평가하는 것이다. 그 결과 이들은 선거의 절차 및 경선의 존재여부, 그리고 정파의 존재에 초점을 맞춘다. 두 번째는 현장 참여주의다. 이는 관료제에 대한 비판에서 비롯된 것으로 대의제에 바탕을 둔 간접민주주의보다 직접민주주의를 선호한다. 그 중심에 조합원의 참여가 존재하며 심지어 노조원의 참여를 노조민주주의를 넘어 노조재생의 길로 연결시키기도 한다(Fosh, 1993). 나아가 현장민주주의는 분권화된 조직구조에서 그 실현가능성이 높다고 주장한다. 이에 따르면 민주주의는 분권화된 단체교섭과 하부로 이양된 의사결정기구와 궁합이 맞아 떨어진다.

보다 역동적이고 참여적인 형태의 노동조합은 노조 외부나 정치적인 그룹, 상부 또는 전국수준으로부터가 아니라 작업장 내부로부터 나와야 한다. 변화의 동력이 외부로부터 올 경우에는 조합원의 이익을 외부에서 결정하는 엘리트주의의 위험이 상존한다 … 활동적이고 민주적인 형태의 노동조합을 위한 기초는 작업장이고 현장조합원이지 다른 어떤 것도 아니다(Fairbrother, 1996: 142).

두 개의 민주주의가 반드시 대립되는 것은 아니다. 민주적인 선거절차가 노조 민주주의에서 중요한 원리라면 선거나 집회에 대한 조합원의 참가도 이에 못지않다. 현실에서는 서로 다른 민주주의 요소가 섞여 상호보완적으로 작용한다. 그런데 우리나라 노조의 경우 상당 부분 절차상의 민주주의를 달성하고 있다는 점이나 산별 이행에 따라 현장이 약화될 수 있다는 우려가 크다는 점에서 현장참여주의가 주된 관심사가 된다. 그러나 단체교섭의 분권화를 경험하고 있는 유럽식 현장참여주의를 액면가대로 수용하는 것은 문제가 있다.

유럽에서 말하는 노조민주주의, 특히 현장참여주의와 관련하여 중요한 논점의 하나는 그들은 '노조민주주의=분권화'로 이해한다는 점이다. 이는 산별노조의 중앙집중성이 강조되면서 관료화의 경향이 강화됐다는 문제의식에서 비롯됐다. 이 문제를 푸는 핵심은 교섭의 분권화, 즉 현장에 교섭권을 부여하는 일이었다. 이처럼 유럽에서 바라보는 노조 민주주의는 권한의 분산(devolution)과 분권(decentralization)을 내포한다(Morris et. al., 2000).

문제는 보건의료노조가 분권화를 지향하는 유럽식 참여민주주의를 본받아야 하는가라는 점이다. 굳이 현장강화와 중앙강화를 대립시킨다면 보건의료노조가 지금 단계에서 취할 전략은 중앙강화 쪽이다. 기업별 체제로 회군할 때가 아니라 산별체제로 건너가야 할 때다. 보건의료노조의 경우 산별중앙교섭은 말할 것도 없고 정부정책에 대한 개입도 중앙정부를 대상으로 하는 만큼 자원의 중앙집중화는 필수적이다. 산별 중앙을 강화하는 쪽으로 깜빡이를 켜놓고 현장강화 쪽으로 핸들을 돌릴 수는 없는 노릇이다. 그렇다고 중앙을 강화한다는 명목으로 독일 금속노조처럼 기업별 지부의 해체를 내세우는 주장이 도움이 될 것으로 보이지도 않는다. 그건 현장약화 내지 공동화를 가속화시킬 뿐이다.

노조 권한을 밑으로 내린다는 것은 노조의 활동을 고용조건이라는 좁은 영역에 가둠으로써 임금 이슈를 뛰어넘는 광범위한 노조 의제의 발전을 가로막는다. 경제주의 내지 직접적인 관심사항에 집중함으로써 의료공공성과 같은 초기업별 이슈에 대한 관심을 줄이는 것이다. 자칫 보건의료노조가 내세우는 의료의 공공성을 기업(병원)단위 경제주의의 포로로 만들 수도 있다.

중앙집중화가 일정 수준에 도달하지도 않았는데 현장의 약화가 나타나고 있다는 점이 우려를 자아내는 것은 사실이다. 그런데 중앙집중화 탓으로 현장조직이 약해졌다는 것은 사실이 아닐 수도 있다. 실제로 산별노조가 아닌 다른 조직에서도 현장약화는 광범위하게 발견된다. 노조의 내부적인 요인보다 노조에 적대적인 환경의 탓이 클 수도 있다. 잘못된 진단은 잘못된 처방을 낳는다. 현장조직의 약화를 산별노조 탓으로 돌리는 것은 현장과 중앙을 제로섬 관계로 파악한다는 것을 의미한다. 여기서 확인할 사실은 중앙의 강화와 현장의 강화가 반드시 모순되는 것은 아니라는 점이다. 중앙과 현장은 서로를 지원하며 자신을 강화한다. 이 글이 중앙이 통제하고 중앙이 주도하는 분권화로서 '조정된 분권화', 또는 조직체계에서 결합(articulation)을 강조하는 이유다. 그것은 구체적으로 '상호결합 노조주의'로 나타난다.

2) 상호결합 노조주의

관료제가 문제다?

정부뿐 아니라 시민단체나 노동조합도 관료제로 운영된다. 조합원이 주체며 조합원에 의한 지배를 강조하지만 노조는 사실상 선출되거나 채용된 간부들을 중심으로 돌아간다. 더욱이 산별노조는 간부들에게 권력을 집중시키는 구조다. 이들은 집중된 권력과 더불어 전문성과 헌신성을 갖추고 있어 결과적으로 소수의 지배가 관철된다. 이런 관료제는 일반적으로 다음과 같은 특징을 갖는다.

모든 직위의 권한과 관할범위는 문서화된 법규에 의해 정해진다. 따라서 합리성을 바탕으로 한 분업체제가 나타나며 법규의 적용에서는 비개인성이 관철된다. 모든 직위는 서열이 분명한 위계질서를 가지며 책임성이 강조된다. 노동조합은 공식적인 조직이며 그것도 규모를 가진 조직이라면 관료제는 불가피하다. 관료제의 본질은 조직운영의 합리성이다. 그렇다면 노조로서도 그것을 기피할 것이 아니라 제대로 된 관료제를 도입할 필요가 있다. 여기까지는 관료제가 문제라고 할 것은 없다. 문제는 그 다음이다. 관료제가 관료주의로 발전하면서 역설적인 상황이 빚어진다. 기술적으로 문제해결능력이 우월한 관료제가 구성원들의 자유를 구속하고 민주주의에 위협이 될 수 있는 탓이다. 심지어 사측과 담합하여 조합원의 투쟁을 막는 등 '노동귀족'으로 행세하기도 한다.

관료주의에 맞서는 대표적인 방법은 현장 조합원들이 노조의 공식기구를 확실하게 통제해서 자신들의 목적에 맞게 조직을 운영하는 것이다. 이를 위해서는 노조 권력의 분산과 대중적 참여를 필요로 한다(노조 민주주의 논쟁이 노조 관료주의에 대한 비판에서 비롯됐다는 점은 흥미롭다. Hyman, 1978 참조). 노조관료들의 배신에 맞서 공장위원회를 조직하고 삵쾡이 파업(wildcat strike)을 주장하는 이유도 여기에 있다.

그러나 우리나라에서 관료주의에 대한 우려는 과도하다는 것이 나의 생각이다. 첫째는 산별체제의 중앙집중성을 관료주의의 근거로 들지만 중앙집중의 수준은 고전적인 유럽의 산별노조에 비해 턱없이 모자란다. 게다가 간부의 선출이나 단체협약의 비준은 조합원이 직접 담당하며 임원의 교체도 잦다. 두 번째로 관료주의를 말할 때 핵심은 선출된 간부라기보다는, 흔히 '노동조합계의 공무원'이라 일컬어지는 채용된 간부들이다. 그들이 '등 따시고 배부른' 지위를 유지하고 권력을 확대하기 위해 그들의 전문성을 활용하여 조합원들의 의존을 이끌어낸다지만 우리나라에서 노조 채용직 간부들이 그런 근로조건이나 상황에 놓여 있는 것은 아니다.

세 번째로 관료주의의 결정적인 문제는 상층간부들이 단체교섭을 통해 사용자측과 담합하고 조합원들의 투쟁에 브레이크 구실을 한다는 점이다. 이는 달리 말해 조합원들이 간부들보다 투쟁적이며 간부들은 보수적이라는 사실이 전제가 된다. 그러나 우리나라에선 간부들이 조합원의 투쟁을 독려하는 것이 현실이다. 결론적으로 "현장강화는 중요하다. 그러나 그것을 신화화하는 것은 곤란하다"는 게 나의 생각이다.

많은 학자들이 노조 재생의 길은 조합원의 참가와 동원을 통하여 가능하다고 말하는 것은 올바른 지적이다. 이는 노조탄압에 맞서는 투쟁이나 단체교섭, 심지어 조직화 전략에서도 마찬가지다. 아래로부터의 동원이 중요하지만 위로부터의 접근도 중요하다. 조합원의 참여도 사실은 전략적인 리더십이 주도한 전략일 수 있다. 노조의 교섭력도 마찬가지다. 조합원의 헌신과 적극적인 참여도 중요하지만 간부의 전략적인 판단도 결정적인 영향을 미친다.

중앙으로 집중된 권력과 현장성의 약화는 산별노조에게는 천연두에 해당된다. 중앙집중적 지도·지휘와 분권화·통제 사이에서 균형을 잡으려는 노력은 산별노조들이 당면한 공통된 딜레마였다. 여기서 선출된 간부의 역할이 중요해진다. 선출된 간부는 주어진 명령과 규정된 절차에 얽매이기보다는 스스로 목적을 정하고 최선의 수단으로 그것을 추구할 책임을 진다. 이 과정에서 조합원의 참가를 의식적으로 유도하는 것이 간부의 역할이다.

제도적인 장치로서 단체교섭구조를 유연하게 만들 수도 있다. 산별중앙교섭에서는 모든 노동자들에 관련된 포괄적인 사안에 대해 기본협약을 맺고, 그 틀 안에서 업종, 지역, 기업별 특수성을 감안한 보충교섭을 배치하는 중층교섭체계가 그것이다. 이러한 움직임은 결국 중앙과 지부가 서로를 통제하고 동시에 강화하는 상호결합 노조주의(박태주, 2001)로 이어진다.

중앙과 지부, 상호 의존의 제도화

상호결합(articulation)이란 조직의 목표를 달성하기 위해 수직적으로 차별화된 조직부문들을 통합시키는 연결망을 의미한다.2) 강력한 전국본조와 역동적인 지역지부를 '서로의 목표를 훼손시키지 않으면서' 공존시키는 것이 그것이다. 일찍이 크라우치(Crouch, 1993)는 상호결합을 "서로 다른 수직적 수준들을 결합시

---

2) articulation의 본래 뜻은 관절이다. 관절의 위아래가 유기적으로 연결되어 움직이듯이 조직의 상하도 상호보완적으로 작용할 필요가 있다는 것이다.

키는 강력한 상호의존관계, 즉 중앙은 하부단위의 동의에 의존하고 하부단위의 자율성은 규약이나 상위단위의 통제에 종속되는 것"이라고 정의하고 있다. 특히 트랙슬러(Traxler, 2003)는 교섭구조에서 하위단위가 상위협약을 보완하고 개선하는 형태로서 교섭수준 간의 조율(coordination)을 강조한다. 그에 따르면 단체교섭의 분권화는 교섭의 파편화가 아니라 중앙의 통제 속에 이뤄짐으로써 조직의 전체적인 통일성을 이룬다.

산별교섭과 지부교섭의 관계만 해도 그렇다. 이들은 상호 배제적인 제로섬(zero-sum) 게임이 아니라 상호 보완하는 플러스섬(plus-sum) 게임을 연출한다. 강한 산별과 강한 지부가 공존하며 서로가 서로에게 기대는 시스템이 그것이다. 강한 기업별 조직이 존재한다는 사실이 산별교섭의 발전에 꼭 걸림돌이 되는 것은 아니다. 기업별 조직은 노동자와 조직이 만나는 접점으로 산별교섭력을 뒷받침하는 힘의 저장고 역할을 한다. 역으로 기업별 조직은 강한 산별조직에 힘입어 교섭력을 키운다.[3]

요컨대 현장중심주의에 얽매이기보다는 중앙의 리더십 아래 집중된 노조의 대응이 효과적일 수 있다. 중앙에서 지부활동을 조정하거나 우선순위를 정하는 일, 장기 목표를 추구하는 일, 분

---

3) 손자병법에 솔연(率然)이란 뱀의 이야기가 나온다. 이 뱀은 머리를 치면 꼬리가 날려들고 꼬리를 건드리면 머리가 달려들었으며 몸통을 치면 머리와 꼬리가 함께 달려들었다고 한다. 중앙과 지부의 상호의존을 말한다고 할 것이다. 그렇다고 꼬리가 머리를 끌고 갈 수는 없다.

파적인 이해를 견제하는 일 등은 본조의 역할에 속한다. 정책을 개발하고 교섭(협의)하고 사회적인 연대를 구축하여 정부에 압력을 가하는 일도 마찬가지다. 그렇다고 현장을 방치하거나 사용자측에게 넘겨주는 일을 바람직하다고 하기는 어렵다. 풀뿌리 작업장은 활기찬 노동운동을 위해서도 필수적이다.

현장조직을 활성화시키는 것은 그것이 중앙으로의 집중을 저해하지 않는 범위 내에서 의미를 갖는다. 현장노조 활성화론은 조직의 분권화를 지렛대로 현장을 활성화시키려고 든다는 점에서 비판의 대상이 된다. 중앙으로의 집중성과 현장성이 공존해야 한다면 중요한 것은 중앙과 현장을 어떻게 결합시킬 것인가라는 점이다.

상호결합의 사례는 영국 지방정부의 단체교섭에 참가하고 있는 UNISON의 경우에서 확인할 수 있다. UNISON에서 전국수준의 교섭과정은 8단계로 구성된다. 교섭위원의 선출, 교섭안의 작성, 교섭, 잠정합의 안에 대한 조합원 비준, 단체행동의 형태 결정, 단체행동을 위한 투표, 그리고 단체행동의 재가 및 단체행동 등이 그것이다. 먼저 교섭위원은 지역위원회에서 선출된다. 둘째 요구안을 작성하기 위해 전국교섭위원회는 조합원 토론을 조직하며, 셋째 교섭과정에서는 수시로 지역기구에 교섭경과를 보고하고 지부 대표들은 자신들의 요구와 의견을 개진한다. 잠정합의안은 조합원 투표에서 결정된다. 만일 잠정합의 안이 부결되면 교섭은 다음 단계, 즉 파업형태의 결정으로 연결되며 이는 개별 조합원의 우편투표로 결정된다. 파업 돌입 여부는 최종적으로 중앙 단체행동위원회의 재가를 받아야 한다. 이러한 사실은 UNISON의 경우 전국수준의 단체교섭에서도 상당한 정도의 상향 통제(upward control)가 일어나고 있다는 사실을 말한다. 즉 상호결합을 통해 공통의 목표를 추구할 수 있다는 사실을 보여준다(박태주, 2000).

<그림 3-1> 영국지방정부(유니손) 단체교섭 절차

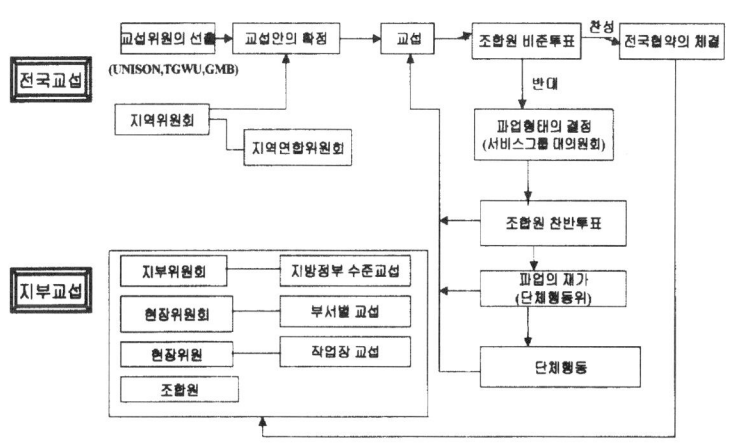

자료: 박태주, 2000.

중앙집중화가 당면한 과제라고 하더라도 그것이 기계적이고 획일적인 중앙강화를 의미하는 것은 아니다. 불확실성과 격화된 경쟁 환경에서 분권화는 기업특수적인 유연한 대응을 이끄는 수단이 될 수 있다. 또한 그것은 아래로부터의 참여와 동의를 일구는 기제가 되기도 한다. 그러나 분권화가 아직도 갈 길이 먼 산별초기조직으로서 중앙 집중성을 훼손할 수 있다면 그것은 제한되는 것이 마땅하다. 중앙의 강화가 급선무인 상황에서 현장강화를 지향한다는 건 자칫 게도 구럭도 잃는 꼴로 나타날 수 있다.

결론적으로 산별노조에서 현장의 강화는 분권화를 통한 현장강화를 주장하는 현장 활성화론과 거리를 갖는다. 그렇다고 현장의 중요성을 무시할 수 없다면 본조가 중앙사업에 대한 현장의 적극적인 참여를 조직하는 중앙 주도의 현장강화와 현장참여를 통한 상향통제의 제도화를 연결하는 상호결합의 개념을 적용할 수 있다.

2. 조직체계

조직체계와 관련해서는 두 가지 측면을 다룬다. 하나는 조직구조의 적절성이고 다른 하나는 조직 운영의 적절성이다. 조직구조의 적절성에서는 다시 두 가지, 지역조직과 업종조직의 관계를 다룬다. 그리고 조직운영에서는 조직의 집중성이라는 측면에서 재정과 인력, 그리고 지부의 교섭권한 등을 살펴본다.

1) 특성별 조직체계의 필요성

산별노조의 조직체계는 중앙집중성을 기본으로 한다. 구슬도 꿰어야 보배라면 이 때 실의 노릇을 하는 것이 통제(규율)이다. 산별노조를 규정하는 조직대상은 이질성(heterogeneity)을 특징으로 한다. 노조는 서로 다른 사업장(병원)에 종사하는 다양한, 때로는 이해관계를 달리하는 노동자를 조직대상으로 삼는다. 따라서 단체교섭이나 단체행동에서 중앙의 통제를 확보하지 못하면 조직은 혼란에 빠지기 마련이다. 물론 통제는 내부의 자발적인 연대와 균형을 맞춰야 한다(Visser, 2012).

보건의료노조의 조직체계에서는 본조와 지부를 매개하는 11개의 지역본부가 존재한다. 지역본부는 본조와 지부 사이의 전달벨트로서 본조의 의결사항을 집행하거나 지부의 의견을 수렴하는 기능을 담당한다. 이외에도 지역본부는 지역차원의 노조탄압에 대응한다거나 지역차원의 사회적 연대(지역공동체 노조주의)와 정치활동의 근거지가 된다. 이에 덧붙여 비정규직이나 미조직노동자의 조직사업도 지역본부가 수행해야하는 역할이다. 문제는 단체교섭에서 지역본부의 역할이 제한적이라는 사실이다.

보건의료노조의 조직체계에는 지역본부만 있을 뿐 특성별 조직은 눈에 띄지 않는다. 지역본부 운영규정에 따르면 "단체교섭에 관한 사항"은 지역본부의 역할이다. 그런데 보건의료노조에서 단체교섭은 특성 차원에서 진행된다. 그 결과 단체교섭은 특성별로 진행되지만 특성별 조직은 없는, 그리하여 본조가 단체교섭에 대한 책임을 된통 뒤집어쓰는 상황이 벌어진다(김수영의 표현을 빌면 "하… 그림자가 없다"다).

노조의 조직체계는 교섭구조와 밀접한 관련을 갖는다(Clegg, 1976). 가령 단체교섭이 산별중앙교섭-지역교섭-지부교섭이라는 구조를 가진다면 현행 조직체계가 교섭구조와 조응한다고 할 수 있다. 그러나 만일 산별중앙교섭-특성별 교섭-지부교섭으로 교섭구조가 갖춰진다면 조직구조와 교섭구조는 각각 '제 갈 길'을 가는 셈이다. 현행 교섭구조가 산별중앙교섭-특성별 교섭으로 이어진다면 단체교섭과 관련하여 지역본부의 역할은 없다. 그렇다고 특성별 교섭을 담당하는 조직체계가 따로 있는 것도 아니다.

"(보건의료노조가) 한국적인 산별노조 및 교섭의 모델을 만들어야 한다는 점에서 산별-지역지부로의 재편이 모델이 되어야 하는지 의문을 갖고 있음(특히 업종별 특수성이 보다 적극적으로 고려되고 반영되어야 한다고 판단함)"이라는 은수미(2008)의 지적은 지금도 유효하다. "지역별 조직형태를 취하면서도 공공부문과 민간부문을 모두 포괄하고 있는 보건의료노조 조직의 특성상 특성별 교섭에 대한 요구가 증가하는 추세이다. 조직구조와 교섭구조의 괴리를 가져올 수 있다."는 것은 같은 산별 10주년 토론회에서 이주희(2008) 교수가 언급한 내용이다.

이 지점에서 특성별 편제를 갖춰 지역본부체제와 함께 이른바 매트릭스 조직으로 갈 수는 없는가라는 의문을 제기할 수 있다. 이 경우 중요한 것은 역할의 분담과 더불어 지역본부와 특성별 조직 사이에 적절한 균형을 유지하는 일이다. 그런데 이에 대한 노조 간부의 인식은 유보적이다.

> 보건의료노조가 특성을 조직체계로 인정할지는 내부적으로 딜레마다. 산별 초기에는 독일 산별노조의 영향으로 다들 죽은 자식처럼 건드리면 안 되는 것으로 여겨 당연히 지역중심으로 갔다. 최근에는 업종이나 특성을 인정하면서 매트릭스조직으로 가는 경향을 보인다. 우리도 처음에는 말도 못 꺼냈는데 산별교섭을 하다 보니 논쟁거리가 된다. 특성 자체가 유효하겠지만 이를 체계로 만들었을 때 복잡해질 수 있다. 무게중심이 특성별로 쏠리는 것도 문제지만 특정 특성별 조직이 주도하고 나머지는 배제되는 현상이 나타날 수도 있다. 따라서 현재는 지역을 중심으로 하되 특성의 역할과 위상을 어떻게 배치할지 고민하면서 산별교섭과 일상 조직활동을 진행하고 있다.

대부분의 노조들은 업종과 지역조직이 서로 얽히는 매트릭스 조직을 갖고 있다. 공공운수노조만 하더라도 지역본부(13개)와 사업본부(1개), 업종협의회(12개)와 업종본부(4개)가 존재한다. 공공운수노조는 이외에도 철도노조와 발전산업노조와 같은 소산별노조를 갖고 있다. 다만 금속노조는 지역지부와 기업지부로 구성될 뿐 업종단위의 조직은 없다. 기업지부도 해소의 대상이다.

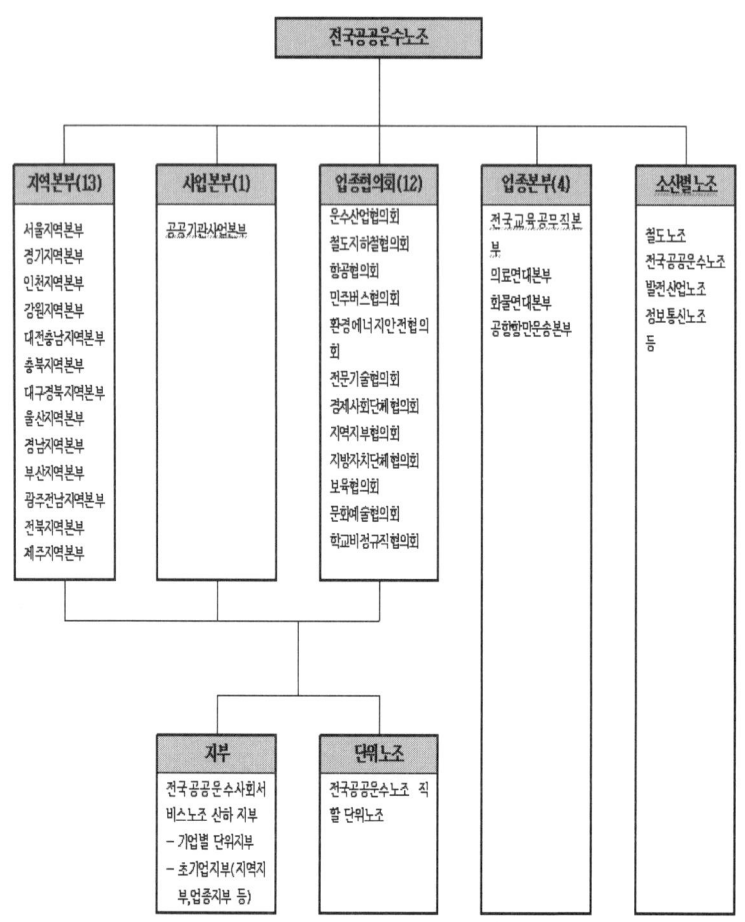

<그림 3-2> 전국공공운수노조 조직도

자료: 전국공공운수노동조합 홈페이지(http://www.kptu.net).

매트릭스 조직형태는 독일 통합서비스노조(ver.di)에서도 관찰된다. 베르디는 수평적으로 공무원부문, 의료부문, 사회보장부문,

언론부문 등 13개의 산업부문(industry departments)으로 구성되고 수직적으로는 11개의 주(州)본부와 85개의 지역지부로 구성된다. 조직체계를 기능 단위와 지역 단위로 구분해 균형을 취하고 있다(이는 영국 UNISON의 경우도 마찬가지다).

<표 3-1> 베르디의 조직구조: 수직조직과 수직구조

지역조직체계(수직구조)			전문영역기구(수평구조)	
연방	전국대의원대회	연방 차원	연방전문영역 대회
	중앙위원회		연방 전문영역 중앙집행위원회
	중앙집행위원회		연방전문영역 지도부
	중앙집행부		
주지구	주지구 대의원대회	주지구 차원	주지구 전문영역 대회
	주지구 집행위원회		주지구 중앙집행위원회
	(주지구 집행부)		주지구 전문영역 대회
지역지구	지역지구 대의원대회	지역지구	지역지구 전문영역대회
	지역지구 집행위원회		지역지구 전문영역 중앙집행위원회
	(지역지구 집행부)		지역지구 전문영역 그룹
현장	소속 조합원 대회	현장/사업장/지회 차원	노조 신임자 회의
	집행위원회		사업장 그룹

자료: 김성규·김성훈, 2010.

특성별 조직을 설치하려면 각 조직기구의 역할을 분명하게 분담해야 한다. 먼저 중앙의 본조는 의료공공성과 관련하여 대정부활동과 더불어 산별중앙교섭을 책임진다. 특성별 교섭이 이뤄지더라도 체결권과 파업권은 중앙이 갖는다. 물론 보건의료노조를 대표하는 대외활동은 물론 전체 조합원을 대상으로 하는 일상 활동 역시 본조의 몫이다. 특성별 조직의 역할은 특성별 단체교섭을 수행하는 일이다. 비록 특성별 조직이 해당 수준의 단체교섭이 수행하더라도 특성 사이의 조율은 본조의 역할이다.

병원별 지부의 교섭은 제한된 범위로 축소될 필요가 있지만 산별교섭의 주체는 특성별 조직이 맡는 게 바람직스럽다. 그렇다면 보건의료노조의 조직체계는 지역본부와 특성별 조직이라는 매트릭스 형태를 띠게 될 것이다. 특성별 조직을 꾸릴 때 섬세하게 다뤄야할 지점의 하나는 지역본부의 역할이다. 지역본부 운영규정에 따르면 지역본부는 8개의 기본 역할에다 "기타 지역의 특수성을 살려야 할 사안에 대한 사항"을 역할로 부여받고 있다.[4]

---

[4] 보건의료노조의 「지역본부 운영규정」에 정해진 지역본부의 활동은 다음과 같다.
    1. 규약에 명시된 사항과 조합의 결의·위임 및 지시사항
    2. 교육·선전활동에 관한 사항
    3. 투쟁지원, 지도 및 쟁의전술 개발에 관한 사항
    4. 단체교섭에 관한 사항
    5. 지역본부 활동에 관련된 조사연구 및 정책수립에 관한 사항
    6. 노동자 문화의 보급 및 조직강화를 위한 문화활동에 관한 사항

지역본부가 본조와 지부 사이에서 소통과 집행을 책임지는 중간허리라는 사실은 어느 조직에서나 마찬가지다. 그 밖에 지역지부가 수행하는 핵심 사업은 투쟁지원과 조직활동, 그리고 정치활동이다. 특히 보건의료노조의 지역본부로서 역할의 하나는 지역차원의 의료공공성 활동이다. 지역차원에서 연대를 통해 사회적인 의료약자에게 접근하는 것은 공동체 노조주의에 해당되겠지만 바로 앞에서 지적한 제반활동을 지원하는 밑거름이 되기도 하다. 단체교섭을 중심에 두고 활동을 평가하는 사고는 그 자체가 경제주의의 표현이다.

<그림 3-3>은 보건의료노조가 전략기획단에서 논의한 앞으로의 조직체계다. 특성별 조직으로서 특성별 회의구조를 설치하고 그 산하에 6개 특성(국립대, 사립대, 지방의료원, 민간중소병원, 특수목적 공공병원, 그리고 정신·재활·요양)을 배치하고 있다.

보건의료노조의 조직체계에서 지역본부의 역할과 함께 특성별 편제의 필요성을 살펴봤다. 지역본부가 지역연대(지역공동체 노조주의)와 지역 정치활동의 중심이자 조직사업의 성채(城砦)라면 특성 조직은 단체교섭을 담당한다. 업종과 지역을 가로세로로 묶는 매트릭스 조직형태를 검토해볼 수는 없을까라는 것이 이 글의 제언이다.

---

7. 미조직노동자의 조직화에 관한 활동사항
8. 지역내 정치세력화와 타 노조와의 연대활동에 관한 사항
9. 기타 지역본부 특수성을 살려야 할 사안에 대한 사항

<그림 3-3> 보건의료노조 조직도(계획)

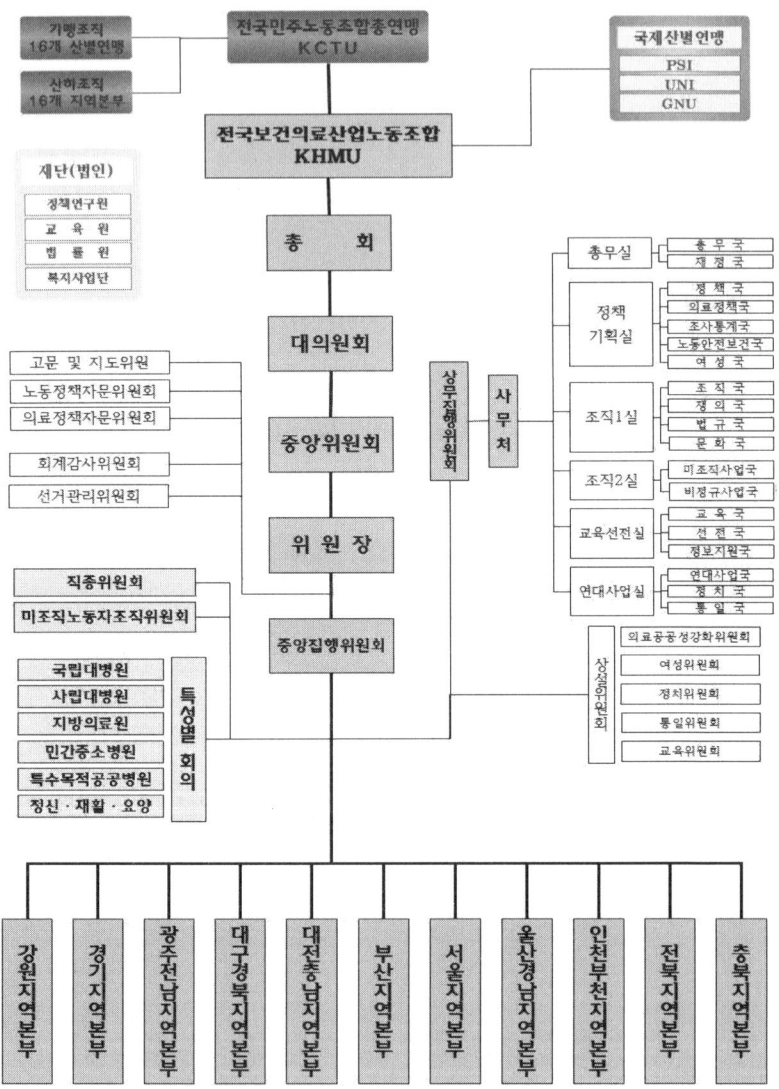

자료: 전국보건의료노동조합 전략기획단, 2017.

2) 조직운영의 중앙집중성

조직은 거칠게 말해 '돈과 사람'이다. 산별노조는 돈과 사람을 중앙으로 집중시키는 구조다. 보건의료노조는 '중앙 39% - 지역본부 11% - 지부 50%'라는 조합비 배분비율에 따라 지역본부와 지부에 교부금을 지급한다. 2015년 보건의료노조 중앙의 일반회계 예산은 46억 6천만 원이었다. 일반회계 이외에도 보건의료노조는 쟁의적립금, 해고자 기금, 미조직기금, 한시적인 의료민영화 저지투쟁기금 등을 특별회계로 운영하고 있다. 2015년말 현재 특별회계의 총잔액은 31억 원이다. 2015년 특별기금 납부액은 14억 5천만 원이었다. 이를 종합하면 보건의료노조 본조는 46억 6천만원의 일반회계와 14억 5천만 원의 특별회계 등 총 60여억 원의 예산을 운영하고 있다.

<표 3-2>에서는 2015년 일반회계 수입-지출 집행현황을 정리했다. 지출부분에서 가장 큰 항목은 인건비로 전체 예산의 32.1%를 차지한다. 민주노총(1인당 1,400원)과 국제가맹단체(PSI: 국제공공노련, UNI: 국제사무직노련)에 대한 의무금이 7억 5천만 원으로 16.4%에 이른다. 교부금은 지부에 대한 교부금이 대부분인데 운영비 다음으로 규모가 크다. 전체적으로 사업비의 비중은 18.9%에 그쳐 고정 지출이 차지하는 비중이 크다는 사실을 알 수 있다.

<표 3-2> 2015년 일반회계 수입·지출 집행현황(집행금액기준)

	예산명		예산액(원)	비중(%)	
수입	조합비		4,477,998,906	98.6	
	잡수입		2,884,545	0.1	
	전년이월금		60,000,000	1.3	
	수입합계		4,540,883,451	100.0	
지출	의무금		747,054,221	16.5	
		민주노총	725,905,400		16.0
		UNI	10,561,362		0.2
		PSI	10,587,459		0.2
	운영비		1,805,439,914	39.8	
		유지비	292,392,378		6.4
		인건비	1,458,539,036		32.1
		판공비	54,508,500		1.2
	사업비		856,112,950	18.9	
	적립금		96,000,000	2.1	
	교부금		969,085,038	21.3	
	차입금상환		67,191,328	1.5	
	지출합계		4,540,883,451	100.0	

자료: 전국보건의료노동조합, 2016c.

한편 조합비 납부 기준은 1998년 산별노조 창립이후 본조에 납부하는 조합비 기준으로 '통상임금의 0.5% + 특별기금 납부방식'을 유지해 왔다. 그런데 지부 간 형평성 문제와 더불어 납부방식에 대한 문제 제기가 있어 2012년부터 총액임금의 0.37%(특별기금 포함)로 기준을 변경하고 납부 방식도 체크오프제(조합비 일괄공제제도)로 바꾸었다. 총액임금을 기준으로 납부하지 않는 지부는 이전처럼 납부한다. 2015년, 1인당 본조 조합비의 평균액은 8,506원이다(전국보건의료노동조합, 2016c.).

<표 3-3> 주요산별노조(연맹)의 재정상황 비교

		보건의료노조	공공노련	공공운수노조	사무금융노조	금속노조
예산	산별중앙예산	46억(일반회계) 20억(특별회계) 총 66억	14억	58억	16억 (2015년 결산기준)	188억
	총조합비	100억	-	(관리하지않음)	32억 (2015년 결산기준)	435억
조합원수(명)		48,000	40,320	169,808	30,234 (2016년 8월 기준)	152,288
조합비	총조합비	100억원	14억	가군: 5,500원 나군: 4,500원 다군: 3,500원	32억 (2015년 결산기준)	435억
	산별조합비	66억원	13억		22억 (2015년 결산기준)	435억
	납부기준	총액 0.74% 이상 (이전 통상임금 1% 이상)	3,000원/인		1인당 6,500원(비정규직, 해고자 4,000원)	통상임금의 1%

보건의료노조의 조합비를 다른 노조와 비교하면 본조의 조합비 비중이 높다는 사실을 알 수 있다. 전체 조합비의 66%(특별회계포함)가 중앙에서 사용된다. 본조 배분액에는 특별회계(조합비

의 20%)와 민주노총 의무금이 포함된다. 한편 금속노조의 경우 중앙에서 사용하는 조합비의 비율은 43% 정도다. 그런데 금속노조의 경우 조합비 배분비율은 기금 18%(투쟁기금, 신분보장기금 등)를 제외한 82%를 본조 16%, 지부 18% 지회 48%의 비율로 나눈다. 기업지부는 본조 28%, 지부/지회 54%의 배분비율을 적용한다. 공공운수노조는 총조합비를 본조에서 관리하는 대신 조합원이 납부하는 조합비와 무관하게 규모에 따라 3,500~5,500원을 본조가 징수한다.

3) 전임자

보건의료노조의 중앙에는 35명의 전임자가 있다. 이 가운데 7명의 임원을 제외하면 중앙사무처에는 28명의 채용직 전임자가 일하고 있다. 지역본부에는 전임자가 31명으로 지역본부장 10명을 제외하면 21명이 채용된 전임자다. 전체 전임활동가 중 선출직 임원들은 근로시간 면제의 대상이다. 채용된 전임자들은 보건의료노조의 조합원 자격을 부여받는다(외국의 경우 채용 전임자들은 다른 노조에 가입하는 것이 일반적이다). 보건의료노조의 경우 조합원수 대비 전임자의 규모는 다른 노조(공공운수노조와 금속노조)에 비해 크다고 할 수 있다. 중앙 전임자 1인당 조합원의 수를 살펴보면 공공운수노조가 2,800명가량이고 금속노조가 3,400명가량인 데 반해 보건의료노조는 1,370명가량이다.

<표 3-4> 노조 전임자수 비교

	보건의료노조	공공노련	공공운수노조	사무금융노조	금속노조
조합원수 (명)	48,000	40,320	169,808	30,234 (2016년 8월 기준)	152,288
전임자수 (중앙기준)	중앙 총 35명 (임원 7 / 중앙 사무처 28명) 지역본부 총 31명 (본부장 10명 / 21명은 사무처간부)	13 (임원 5, 직원 7)	61명 (임원/부설기관 제외)	16(임원 4, 사무처 12(파견변호사 1명 포함)	45

노조 전임자와 관련해서는 이들의 근로조건을 지적할 수 있다. '남들'(조합원)의 근로조건 향상을 위해 자신의 근로조건을 희생한다는 것은 모순이다.

> 낮은 임금과 불투명한 승진 및 미래전망, 선출직의 잦은 교체와 급속한 승진(?), 친구와의 비교, 45세가 넘으면 갈 곳도 없다. 등처가가 되거나 남편에 기댄다. 제때 집에도 못 들어간다. 열정페이를 강요당한다(인터뷰).

근로조건 가운데서도 핵심은 노동시간이다. 이들에게도 "환자는 두 번째다"(슈피겔만 외, 2014). 여가생활과 사회생활, 일과 가정의 양립, 그리고 자기계발의 시간은 전임자들에게도 중요하다. 노조 전임의 일자리를 3D 업종으로 만들어서는 전망이 없다. 병원의 노동시간을 줄이는 것이 시급한 과제라면 전임자의 노동시간부터 줄이는 것이 순서다.

노조 전임자부터 주 40시간제를 확립하는 것도 검토할 수 있다. 휴일근로는 원칙적으로 금지되어야 한다. "좀 조용할 만하면 밀고 들어오는"(인터뷰) 정부와 자본 탓에 시간외 노동이나 주말노동이 불가피할 수도 있겠지만 이 경우 초과노동은 대체휴일로 보상하면 된다. 연차휴가는 소진되어야 하며 미사용 휴가에 대한 금전보상은 그만둬야 한다.

장시간 노동은 여성차별이라는 점도 지적할 수 있다. 여성은 사회적으로 가사와 양육 등 돌봄 노동을 전담하는 경우가 많다(가사노동을 위해 노동시간을 단축한다는 것은 말이 되지 않는다. 그러나 때로는 현실이다). 따라서 여성들은 늦은 시간까지 지속되는 노조활동에 참여하기가 어렵다. 일상화된 장시간 노동, 습관화된 야간노동이 정상일 수는 없다. 노동시간 단축의 출발은 근무시간표를 작성하는 일이다.

"일은 많은데 사람은 없다"는 주장은 사실이 아닌 경우가 많다. 일의 양이 노동시간을 결정짓는 것이 아니라 노동시간이 일의 양을 결정짓는다는 게 나의 생각이다. 노동시간이 줄어들면 사무처 일도 줄여야 하고 업무의 혁신도 불가피하다. 시간을 집중적으로 사용할 수밖에 없다. 장시간 노동이 일상화되면 "저녁 먹고 일을 하면 되니까" 근무시간 중 일의 집중도도 떨어진다. 노동시간을 8시간으로 줄이면(주 40시간) 덜 중요한 일은 안하게 된다. 일이 많다면 일에 우선순위를 매길 일이다(그래도 안 되면 안하면 된다).

보건의료노조 전임자의 임금은 조합원의 중위임금(median) 수준을 지켜야 한다. 당장 그것이 어렵다면 그것을 실현할 수 있는 계획은 세울 수 있다. 다른 곳에서 확보하기 어려운 경험과 지식, 그리고 노동운동을 둘러싸고 다양한 이해당사자와 맺은 인간관계(노동운동은 사람사업이다)는 그 자체가 노조의 자산이다. "돈 보고 노동운동하냐?"고 물으면 "그렇다"는 게 답이다. 돈 없이는 노동운동도 안되듯이 생활 없이 이뤄지는 노동운동은 오래가지 못한다. 그래서 맹자는 항산(恒産)이어야 항심(恒心)이라고 했다. 가진 게 있어야 마음도 변치 않는다.

3. 현장강화

공동화되는 현장?

현장이 공동화되고 있다고들 말한다. 현장 집행부의 충원은 물론이거니와 대의원의 충원도 어렵다는 하소연이 나온다. "산별이 해준 게 뭐가 있느냐"는 질문도, "폼 나는 일은 중앙이 하고 힘 드는 일은 현장으로 내려보낸다"는 비아냥도 들린다. "아무리 산별활동이 자기들 일이라고 해도 먹히지가 않는다. 산별활동을 자기활동으로 느끼지 못하는 탓이다." "게다가 노조 간부를 해봤자 미래의 전망은 흐린데다 근로조건은 열악하고 자기희생만 강요당한다"는 인식도 무시할 수 없다(인터뷰).

현장의 약화가 거론되고 있지만 먼저 확인할 사항은 보건의료노조는 강한 기업별 노조가 있어 산별전환에 성공했다는 사실이다. 기업별 노조가 강하지 못하면 산별노조를 건설하는 것도 어렵다. 기업별 체제가 약하니까 산별로 가야 한다는 주장은 얼핏 그럴싸하게 들려도 현실성이 없다. 노조 자체의 추진동력이 약한 데다 사용자들의 저항도 클 것이기 때문이다. 보건의료노조만 하더라도 초기 산별교섭을 위한 투쟁들이 배치되면서 산별교섭구조를 형성할 수 있었다. 기업별 체제가 강해야 산별노조로 건너갈 수도 있고 또한 산별체제가 정착될 수 있다.

강했던 현장이, 그래서 산별 전환을 이뤄냈던 현장이 약화되고 있다는 지적이다. 그렇다면 먼저 드는 의문은 현장약화의 지표랄까 신호가 과연 무엇일까라는 것이다. 현장약화의 신호가 간부충원의 어려움에서 비롯될까? 현장약화가 회의나 집회참가율이 낮다는 사실과 동의어일까? 조합원이 탈퇴하고 신규직원의 가입이 이뤄지지 않기 때문일까? 복수노조 체제에서 과반수 노조의 지위를 잃는 경우가 나타나고 있는가? 노조탄압 사업장에서 맞서 싸우는 역량이 줄어들었는가?

보건의료노조의 경우 조합원은 꾸준히 증가되고 있으며 조합비 납부율도 100%에 가깝다. 중앙은 안정된 지도력을 유지하고 있으며 정파 간 갈등이 심한 것도 아니다. 산별교섭체제가 흔들린 것은 사실이나 이는 한국노동운동이 공통적으로 당면하고 있는 현실인데다 보건의료노조는 그나마 일부 특성별 교섭체제를 유지하고 있다. 의료공공성으로 대표되는 사회적 연대활동도 진주의료원 폐쇄나 메르스 사태, 그리고 의료민영화 저지 투쟁이나 인력확충 투쟁 등을 통해 사회적 반향을 얻고 있기도 하다.

그 다음 질문은 현장의 약화가 사실이라고 하더라도 그것이 산별체제의 탓인가라는 것이다. 실제로 산별체제가 갖는 약점의 하나는 단체교섭을 포함한 노조활동의 중심이 중앙으로 이동하면서 현장의 공동화를 초래할 수 있다는 점이다. 노조의 힘은 단체교섭이 이뤄지는 곳으로 집중되기 쉽다. 게다가 전략적인 의사결정이 중앙에서 이뤄짐으로써 현장조합원은 배제되고 때로는 대상화된다. 노조 중앙에 대한 의존성이 강화되기도 한다. 그렇지만 강한 산별노조가 되레 약화되고 있는 현장조직의 버팀목이 될 수도 있다는 것은 앞에서 지적한 바와 같다.

현장의 약화가 산별노조의 탓이 아니라고 하더라도 현장의 약화가 산별체제의 밑바탕을 흔들 수 있는 것은 사실이다. 현장을 강화하는 빠른 길은 현장에 권력을 주는 것이다. 여기서 딜레마가 생긴다. 현장을 강화해야 한다는 사실에는 동의하면서도 그것이 기업별 체제로 말머리를 돌리는 것을 의미해서는 안 되기 때문이다. 보건의료노조는 산별노조로서 현장을 강화하면서도 기업별 노조의 잔재(구조, 의식, 행태)를 걷어내야 하는 과제를 안고 있다. 물론 기업별 노조의 잔재를 걷어낸다는 것이 기업별 조직의 해소를 의미하지는 않는다. 현장(기업별) 조직을 없애겠다는 것은 현장을 송두리째 비워두겠다는, 그리하여 현장(노동자들)

을 고스란히 사용자의 통제에 맡기겠다는 발상에 다름 아니다.

현장은 조합원이 노조에 가입하고 참여하는 일차적인 공간이며 조합원을 동원하는 거점이다. 또한 현장은 조합원의 참여를 통해 상급조직의 관료주의를 불식시키는, 노조 민주주의의 보루이기도 하다. 노조가 탄압을 받을 때 일차적인 대응 역시 현장에서 이뤄진다. 따라서 산별중앙의 강화와 더불어 기업차원의 역동성을 어떻게 설계할 것인가가 노조의 관심사항이 된다. 여기서 현장강화와 중앙강화를 상호의존적으로 파악하는 상호결합 노조주의가 의미를 갖는다. 그 출발은 조합원 참가의 제도화다.

조합원 참가의 제도화

작업장 노조주의의 요체가 노조 민주주의라면 그 요체는 조합원의 참가다. 현장 조합원의 참가는 작업장 노조주의(workplace unionism)를 낳고 이는 노조재생의 기반이 된다. 여기서 작업장 노조주의를 실현하는 제반 방안을 검토할 수는 없다. 보건의료노조는 초기부터 이 문제에 집중하여 다양한 해결방안을 내놓고 있다. 조합원 요구와 안건 제안운동이나 현장 위험 신고운동, 교육의 강화 등이 그것이다. 이 글에서는 거기서 빠진 몇 가지 사항을 더하는 데 그친다.

조합원 참가를 제도화시키는 방안의 하나는 대의원대회를 실질적인 최고의사결정기구로 만들면서 조합원을 참가시키는 것이다. (정기) 대의원대회의 역할은 크게 두 가지다. 하나는 지난 12

달 동안의 활동사항을 보고받고 승인여부를 판단하는 일이며 다른 하나는 앞으로 12달 동안의 정책방향을 결정하는 것이다. 대의원 대회에 조합원을 참가시키려면 현장(병원지부 및 지역본부)에 의안발의권을 주면 된다. 동시에 대의원회 의제에 대해 지부의 사전토론을 조직하고 지부대의원은 그 결과에 구속시키는 방안이 있다. 이는 카드투표제도로 가능하다(이정희, 2013). 대의원대회는 최고의결기구이며 그 의결과정에 조합원을 참가시킨다는 것은 이른바 '조합원 주도 노조주의'를 실현시키는 길이기도 하다. 이는 현장간부의 관심과 발언기회를 늘리는 결과를 낳는다.

<그림 3-4> 영국노총(TUC)의 대의원대회 일정

항목	일시	내용	결과
안건 제출	대회 8주 전까지 (올해의 경우, 7월 15일)	- 노조는 최대 2개까지의 안건 제출 - 조합원 100만 명 넘는 노조(UNITE와 UNISON이 해당)는 3개까지 - 사전에 개최되는 특정노동자그룹별 대의원대회 명의로도 안건 제출 가능 - 안건은 250자 초과 안 됨	예비안건 80개 취합
취합 안건 배포	대회 6주 전까지	- 취합한 안건들을 중앙위원회 보고서에서 제시된 5가지 TUC 핵심 사업 분류에 따라 정리됨	예비아젠다라는 제목으로 정리, 인쇄되 노조에 배포 (*홈페이지에서 누구나 회람 가능)
수정안 제출	대회 4주 전까지 (8월 12일)	- 노조별 2개까지 - 조합원 100만 명 초과 노조 3개까지 - 수정안은 50자 초과 안 됨	80개 예비안건에 대한 46개 수정안 취합
최종안 배포		- 취합된 모든 안건과 수정안들이 하나의 문서로 인쇄되어 대의원들에게 배포됨 - 중앙위원회 보고서도 함께 배포됨	최종아젠다 대의원에 배포 (*홈페이지에서 누구나 회람 가능)
통합안 심의	대회 전까지 (올해의 경우 9월 4일까지 심의 종료)	- 비슷한 내용의 안건과 수정안을 제출한 노조들과의 사전 조율을 통해 하나의 통합안으로 정리 - 새로운 단어 추가 안 됨	일반목적위원회 회의를 거쳐 제출된 안건 42개 및 이에 대한 수정안들이 18개의 통합안으로 정리됨
대회	9월 두 번째 월요일부터 나흘 (중앙위 결정에 따라 올해는 일요일 오후에 시작함)	- 8일(일) 오후 4시-7시 - 9일(월) 오전 9시 30분-오후 5시 30분 - 10일(화) 오전 9시 30분-오후 5시 30분 - 11일(수) 오전 9시 30분-12시 45분 (폐회 일에는 오후 4시 전에 끝내야 함)	비고: 점심시간(매일 12시45분-오후 2시 15분)과 회의 종료 후에 다양한 부가 회의들 조직되어 있음

자료: 이정희, 2013.

현장교섭을 강화할 수도 있다. "산별교섭이 현장조직력을 약화시킨다"는 정이환(2016)의 주장을 받아들인다면 현장교섭을 보충교섭으로 배치할 수 있다. 지부교섭은 산별협약의 틀 내에서, 또는 산별협약의 위임을 받아 세부사항이나 구체적인 실현 방안을 논의한다. 산별협약이 다루지 않은 사항을 의제로 삼을 수도 있다. 이처럼 의제를 분리함으로써 산별과 지부차원의 중복교섭을 방지한다.

단체협약의 유연성을 살리려면 개방조항을 도입할 수 있다. 이는 사업장의 특수성으로 인해 산별협약의 적용 예외를 인정하는 것을 말한다. 개방조항의 적용은 산별차원의 승인을 전제로 한다(지부교섭의 체결권도 본조 위원장에게 있다). 중앙의 집중성을 높이는 방안의 하나로 지부의 보충교섭을 인정하되 파업권을 제한하는 것도 검토할 수도 있다. 노동쟁의가 발생하면 노동위원회의 공적 조정을 상급단체에 의한 자율적인 조정(사적 조정제도의 활용)으로 대체하거나 지부파업은 상급단체의 승인을 받아야 가능하도록 하는 방안이다. 이는 조직구조의 집중성을 높이는 방안이자 산별교섭구조의 도입을 용이하게 하는 수단이 된다(자세한 사항은 후술한다).

노동교육의 중요성에 대해서는 지면을 갖고 이야기해야 한다. 한국은 드물게 노동교육이 자리를 잡지 못한 나라다. 먼저 학교에서 경제교육은 있어도 노동교육은 없다. 독일에서는 초등학교에서 모의단체교섭을 한다거나 프랑스에서는 (실업계) 고등학교 1학년 시민사회 과목의 1/3이 단체교섭의 전략과 전술에 할애되어 있다는 건 그야말로 남의 나라 이야기다.

평생교육으로서 시민교육이 노동교육을 담당하는 경우도 찾아보기 어렵다. 자본주의 사회에서, 그것도 국민의 대부분이 노동자 또는 노동자 가족인 사회에서 노동교육이 부재하다는 것은 민주시민으로서의 덕목에 무관심하다는 반증이다. 노동의 가치에 대한 이해와 노동법과 노사관계에 대한 기본적인 지식을 갖춘다는 건 민주시민의 자질이다. 겨우 남아 있는 게 노동조합에 의한 노동교육 정도다.

노동조합에 의한 조합원 교육은 조합원 및 활동가들이 노동조합에서 역할을 수행할 수 있도록 훈련시키고 준비하는 것을 말한다(권양이, 2010). 또한 조합원을 대상으로 노동조합의 정책을 알리고 노조의식과 공동의 가치를 공유하는 한편 구체적인 실무를 익히는 과정이다. 노동교육은 노동조합 내부에서도 제대로 대접을 받지 못한다. 지도부나 간부들은 노동교육이 중요하다고 말은 하면서도 실제로는 당면 투쟁에 바빠 노동교육을 제대로 실시하지 못하는 경우가 많다(권양이, 2010). "교육은 운동을 위한 선전이라는 인식, 운동에 필요할 때만 교육이 이뤄지면 된다는 공감대 위에서 교육은 그 자리를 잃어갔다"(정민승, 2003).

보건의료노조에서 교육 사업은 교육위원회(준)를 중심으로 진행된다. 교육위원회(준)는 11개 지역본부별 임원 및 지부장(전임간부)을 중심으로 구성되며 그 밖에도 참석이 가능한 지부 교육 담당자가 참석한다. 보건의료노조의 교육은 △조합원 하루교육, △지부노동교실, △신임지부장 및 전임간부 교육, 그리고 △지부장 및 전임간부 필수교육과정으로 나누어진다. 그 외에△특별교육과정으로 선전학교나 노동자 국제학교 등이 진행되며 개별지부에서 임원이나 중앙간부가 교육을 진행하는 현장교육이 있다.

교육이 운동의 종속물이 아니라 장기적인 투쟁의 진지를 구축하는 것이라면 보건의료노조의 교육활동은 모범적이다. 해마다 전체 조합원을 대상으로 교육과정을 연다는 것만도 예사롭지 않다. 조합원 하루 교육은 2015년 처음으로 하루 교육을 진행한 충북본부를 비롯해 11개 지역본부에서 진행됐다. 전체 참가자는 1만 2,594명으로 예년보다 1,400여명 적게 참가했지만 이것은 메르스 사태로 인해 일부 지역본부가 교육을 중지했기 때문이다. 다만 참가하는 조합원의 비율은 40%를 넘지 못하고 있으며 그나마 그 비율이 추세적으로 내리막길을 보이는 것에 대해서는 브레이크를 걸 필요가 있다.

<표 3-5> 최근 7년간 조합원 교육 현황

	2009년	2010년	2011년	2012년	2013년	2014년	2015년
상반기	12,635	12,487	11,110	10,115	10,135	13,359	10,557
하반기	1,252	1,729	1,117	1,153	1,624	637	2,037
합계	13,887	14,216	12,227	11,268	11,759	13,996	12,594
조합원 수	39,520	40,262	40,123	40,914	42,316	43,154	45,031
비율	35.1	35.3	30.5	25.5	27.8	32.4	27.9

자료: 전국보건의료노동조합, 2015.

조합원 교육이 중요하지만 굳이 따지자면 간부교육이 우선이다. 이들은 노동운동의 방향타를 쥐고 있다. 간부교육은 조합원 교육보다 한층 더 체계적이고 장기적인 계획과 투자, 한층 역량 있는 전문강사들을 요구한다'(박장현, 2009). 기업 노조 내부에서는 이런 인적 및 물적 자원을 동원하기가 쉽지 않다. 보건의료노조는 교육사업은 간부교육에서도 인상적이다.

> 2015년 교육사업 중 지부 노동 교실 참여 지부와 인원이 크게 늘었음. 2014년은 9개 지부에서 연인원 700명이 참여하였으며, 2015년은 15개 지부 이상에서 진행한다는 계획을 수립하였는데 31개 지부에서 연인원 1,990명이 참여함. 320명 이상의 지부 간부가 노동교실에 참여하였음(2015년 활동보고).

보건의료노조 활동보고(2015)의 내용이다. 당초 2015년 정기대의원대회에서 지부장, 전임간부 필수 의무교육은 상·하반기로 나누어 총 8회를 진행하기로 사업계획을 잡았다. 그러나 여러 가지 일정과 겹치면서 계획대로 추진되지 못하여 상반기는 3회를 진행하였고 하반기는 지부장과 전임간부 교육을 통합하여 지역을 나누어 3회 진행하는 데 그쳤다. 지역프로그램은 하루짜리 프로그램으로 단축하여 진행했다. 지역별 순회 교육에 대한 평가는 좋았으나 전체 참가 현황은 참가 대상의 30~40%만 참석하여 '의무교육'이라는 취지를 살리지 못했다. 한편 강사를 파견하여 이뤄진 현장교육은 연간 총87회 3,784명을 대상으로 이뤄졌다.

<표 3-6> 연도별 신임 지부장 및 전임간부 교육

연도	시기	기간	장소	참석인원
2010년	3/9~10	1박 2일	천안상록리조트	25
2011년	2/8~9	"	천안상록리조트	25
2012년	3/7~9	2박 3일	하이서울유스호스텔	17
2013년	3/6~8	"	하이서울유스호스텔	17
2014년	2/4~6	"	하이서울유스호스텔	28
2015년	2/15~26	1박2일	서울여성플라자	42

자료: 전국보건의료노동조합, 2015.

노동조합은 대학이나 연구소 등과 파트너십을 구축하여 교육프로그램을 개발하거나 위탁교육을 실시하는 방안을 강구할 수 있다. 여기에는 온라인(on-line) 교재의 개발과 교육, 분야별로 다양한 교육과정의 개설 등이 포함된다. 또한 노동조합 교육시설을 확보하고 평생교육원 등록허가를 받으면 정부의 지원을 받을 수 있다. 보건의료노조는 산별 20주년 사업의 일환으로 정책연구원과 교육원의 설립을 준비하고 있다. 정책과 함께 교육이 한 단계 질적인 도약을 이루는 계기가 될 수 있을 것이다. 이때 특히 강조하고 싶은 것은 이들을 집행체계에서 분리시켜 상대적인 독립기구로 만드는 이유를 확인하는 일이다. 자율성이다.

정책역량의 강화

이참에 짚고 넘어갈 지점은 노조의 정책역량이다. 노동조합은 정책행위자(policy-actor)다. 한국의 노동조합은 그간 '투쟁'을 앞세워 조합원의 동원(파업이나 집회)에 비중을 둬 정책생산이나 정책과정에 대해서는 상대적으로 둔감했다. 정책인력의 수도 적고 정책에 대한 재정지출의 비중도 낮았다. 때로는 정책 사업을 정파 간 갈등의 볼모로 삼아 토론과 비판을 질식시키기도 했다. 집행부가 바뀌면서 정책이 갖는 비중이나 기조가 바뀐다는 것은 노조 사유화의 한 표현이다. 그 결과 "상대적으로 운동성에 비해 전문성이 취약했다"(박명준 외, 2013).

산별노조의 역할이 산업정책에 대한 개입을 특징으로 한다면 그 기반은 정책활동이다. 단체교섭은 말할 것도 없지만 사회적 대화나 정부위원회 참가, 심지어 경영참가도 정책이 뒷받침되지 않으면 소리만 요란한 빈 수레에 지나지 않는다. 노조의 교육 선전 조직활동의 인프라(하부구조)가 정책사업이라면 정책사업은 독립적인 조직과 독립적인 예산, 그리고 독립적인 이념을 인프라로 삼는다. 정책부서의 강화 못지않게 정책연구소의 설립이 필요한 이유도 여기에 있다.

정책역량은 세 가지 측면에서 개념지을 수 있다. 첫째는 정책자원으로서 인력과 물적 자원(재정), 그리고 네트워크 등을 말한다. 두 번째는 자원을 동원하고 가동시켜 적절한 내용의 정책을 적절한 시기에 생산해 낼 수 있는 정책조직 능력이다. 셋째는 그런 정책을 현실정치라는 담론의 장에서 효과적으로 실현시킬 수 있는 정책수단이라는 의미다.

<표 3-7> 민주노조진영 6개의 정책연구원의 인력과 예산현황

	총연맹	금속	공공	전교조	공무원	사무금융
상근인력	3	3	3	3	5	1
반상근인력	2	2	3	0	0	1
네트워크 인력	필요에 따라 조직	7	10	70	7	조직 중
평균예산 (2013-15)	약 32백만	약 45백만	약 283백만	약 43백만	약 63백만	약 14백만

*출처: 김영수 외, 2015.
*비고: 공무원의 경우 1명은 행정지원인력이고, 사무금융노조의 경우 2013년과 2014년에는 예산도 빈약해서 거의 연구활동을 할 수 없었다. 그리고 공공의 경우, 대부분의 비용인 연구인력의 인건비로 지출되고 있다.

보건의료노조는 정책을 강조해 온 노조다. 2016년 정책사업비 예산은 7,800만원으로 전체 사업비의 10억 원의 7.8% 수준이다. 이는 <표 3-7>에서 보듯 공공운수노조 정책연구원을 제외한 타 노조 정책연구원의 예산을 뛰어넘는다. 정책실에는 6명이 근무한다. 단체교섭을 축으로 하는 산별체제의 형성은 물론 정부의 정책에 개입하거나 입법과제를 통해 의료의 공공성을 실현시키기 위해서도 정책의 전문성은 중요하다. 이런 점에서 보건의료노조가 정책연구원의 설립을 구상하고 있다는 사실은 고무적이다. 이와 관련하여 몇 가지는 지적하고 지나갈 필요가 있다.

첫째는 그것은 자족적이거나 자기완결적인 구조가 아니라 기본적으로 네트워크조직으로 편성될 필요가 있다. 연구는 기본으로 외부연구자에 용역을 발주하거나 외부연구자와 협업을 바탕으로 한다. 여기에는 국제연대도 포함된다. 노동정책 자문단이나 의료정책 자문단을 일상적으로 결합시켜 의료정책과 노동정책의 결합을 추진하는 방안은 그들의 전문성을 활용한다는 차원을 넘어 보건의료노조를 이해하는 외부전문가 집단을 양성한다는 점에서도 의미를 갖는다.

둘째, 연구의 자율성을 보장하는 일이다. 지도부의 선호나 특정집단의 이해를 반영하는 연구가 아니라 중장기적인 전망을 갖고 자율적인 연구 환경을 보장하는 일은 연구원의 성패가 달린 문제다. 연구원은 정규직원을 원칙으로 해야 한다. 연구소는 정책실의 2중대도 아니고 그 연장도 아니다. 정책실이 단기적인 현안 대응을 주축으로 한다면 연구소는 보다 본질적인 부분을 시간을 갖고 연구하는 단위다.

세 번째로 초기의 인프라 투자(건물이나 집기 등)는 물론이거니와 운영자금을 안정적으로 확보할 필요가 있다. 가령 노조 예산의 일정 비율이나 일정 금액을 일정 기간 동안 연구원 예산으로 투입하는 방안도 있다. 그러나 연구의 자율성을 위해서라도 연구원은 중장기적인 목표를 갖고 재정적인 자립방안을 모색해야 한다. 연구활동과 교육활동, 법률활동 등을 결합시켜 철저하게 수익구조를 지향하는 방안도 그 가운데 하나다. 장기적으로 공익재단(사단법인)으로 발전시킨다는 계획은 연구의 자율성과 연구원 운영의 안정성을 확보한다는 점에서 적극적으로 추진할 필요가 있다. 단 재정적인 자립이 우선되어야 한다는 것은 거듭 강조할 필요가 있다.

마지막으로 정책을 실현시키는 수단에 대한 고민이다. 정책의 형성에서도 네트워킹은 중요하지만 정책실현의 장으로서 네트워킹 역시 간과할 수 없다. △정부와 정책협의회를 활용하는 방안, △정당을 통한 정책실현, △노사정책 파트너십, 그리고 △시민단체와의 연대 형성이 그것이다(박명준 외, 2013). 사회적 대화나 경영참가도 정책을 실현시키는 중요한 통로가 된다.

여성친화적인 조직문화의 형성

2016년 8월 현재, 보건의료노조에는 8명의 임원과 10명의 지역본부장, 그리고 150명의 지부장이 활동하고 있다. 노조의 주요 활동방향과 사업계획을 심의·결정하는 대의원은 233명에 이른다. 대의원은 지부단위로 조합원 300명당 1명을 직접투표로 선출한다. 지부장은 본조 대의원을 겸하며 임기는 3년이다. 전임인력으로는 67명이 있는데 그 절반인 33명(임원 포함)이 본조에서 일하고 있다.

보건의료노조는 여성이나 비정규직 혹은 중소병원 조합원에 대한 할당제를 시행하지는 않는다. 보건의료노조는 여성 간부의 진출이 활발한 터라 굳이 여성할당제를 실시하지 않고 있다고들 말한다(인터뷰). 그러나 여성다수 사업장이라는 사실 자체가 여성할당제의 도입이 필요하다는 것을 말하는 직접적인 근거다. 맥브라이더(McBride, 1998)는 일반적으로 남성들과 경쟁을 통해 선출된 여성간부보다는 여성비례제에 의해 선출된 간부가 여성

관련 활동에서 보다 적극적이라는 사실을 여성다수노조인 UNISON의 연구를 통해 실증적으로 밝히고 있다.

보건의료노조의 경우 여성 조합원의 비율이 80%를 넘고 있으나 간부의 성별 구성을 보면 남성의 비율이 지배적이다. 여성 조합원이 80%를 넘고 있으나 여성은 (병원이 그렇듯이) 과소대표되고 있다. 보건의료노조에서는 임원의 50%, 중앙집행위원의 2/3, 그리고 지부장과 본조 대의원의 60%를 남성이 차지하고 있다. 또한 노조 전임인력의 60%도 남성이다(<표 3-8>). 이는 여성노동자를 노조로 유인하고 노조가 여성노동자들을 대변할 수 있는 가능성을 제한한다(박현미, 2011).

<표 3-8> 노조 간부의 성별 구성

	계(명)	여성(명)	여성비율(%)	비고
임원	8	4	50.0%	
중집위원	24	8	33.3%	* 중집위원은 임원 + 본부장임.
본부장	10	4	40.0%	* 현재 대경본부장 공석
지부장	150	59	39.3%	
본조 대의원	233	94	40.3%	* 대의원 배정은 251명이나 미선출로 인해 18명 공석 * 2016년 2차 임시대의원대회(8. 31.) 기준으로 작성
전임	67	27	40.3%	

자료: 전국보건의료노동조합

금속노조는 10%의 여성할당제 이외에도 5%의 비정규직 할당제를 시행하고 있다. 공공운수노조의 할당비율은 더욱 구체적이다. <표 3-9>에서 보듯이 이는 상급단체 파견 대의원과 중앙위원, 임원 및 조합 대의원 등에 적용되는 데 최소한 여성할당의 비율을 여성조합원 비율에 맞추고 있다는 점에서 여성비례제에 가깝다고 할 수 있다.

영국의 UNISON은 조합원의 70% 이상이 여성이지만 여성의 과소대표를 방지하려고 엄격하게 여성비례대표제(women proportional representation)를 실시하고 있다. 예를 들어 위원장(1인), 부위원장(2인)의 세 사람 가운데 두 사람은 반드시 여성이어야 하며 전국대의원을 비롯하여 지역대의원, 현장위원 등 모든 선출직의 구성에서도 이러한 비례는 준강제되고 있다. 또한 중앙위원의 선출에서도 10만명 미만의 선거구에서는 3명의 중집위원 중 2명, 15~20만명의 선거구에서는 4명 중 3명이, 그리고 20만명 이상에서는 5명중 적어도 3명은 반드시 여성이 차지해야 한다.5) UNISON은 이외에도 자율조직(self-organization)으로서 여성위원회를 운영하고 있다(자세한 것은 Terry, 1996 참고).6)

---

5) UNISON에서 비례성(proportionality)이란 선출직 간부의 구성에서 여성조합원의 비율이 관철되어야 한다는 것이다. 이 원칙은 전국차원의 임원, 중앙상집위원 및 중앙위원회, 그리고 대의원회의 구성은 물론 지역이나 지부차원에서도 강제되고 있다. 흥미로운 것은 지부차원에서 이 비율을 달성하지 못할 경우 대의원회 참가를 막아버리며 대의원 1명만을 선출할 경우 남녀 각 1명씩 공동대의원을 선출한다는 사실이다.
6) 여성위원회는 '여성만의 조직'이며 모든 남성의 출입은 금지된다. 심지어 위원장(사무총장)이 남자라면 여성위원회의 행사에서 축사도 할

<표 3-9> 공공운수노동조합 여성할당제 시행규정

제5조(할당비율) ① 할당비율은 아래와 같다

1. 상급단체 파견 대의원, 중앙위원 : 상급단체의 방침 준용
2. 임원 : 30% 이상 선출
3. 조합 대의원, 지부·본부 대의원 : 아래 표의 배정기준으로 선출

여성조합원비율	배정비율
40%이상 50% 미만	50%
30%이상 40% 미만	40%
20%이상 30% 미만	30%
10%이상 20% 미만	20%
5%이상 10%미만	10%
5%미만	미적용

② 할당비율을 선거구별 선출인원에 따라 인원을 배정할 때에는 배정비율을 반올림하여 적용한다.

여성 다수 사업장에서 임원이나 간부 구성에서 여성이 배제될 경우 박탈감은 더욱 커진다(박태주, 2000 참고). 젠더 민주주의는 여성조합원의 이해 반영, 여성 노조지도자의 양성, 여성 노동자의 조직 확대 및 참여, 나아가 작업장 및 사회 전반에 걸쳐 성평등 확산 등을 통해 민주주의를 확산시키는 것을 목표로 삼는다.7) 노동조합에서 젠더 민주주의는 남성과 여성조합원의 이해

수 없다.
7) 독일에서 공무원, 의료 등을 조직하고 있는 베르디(ver.di)는 '젠더민주주의의 실현'을 노조 목적의 하나로 규정하고 있다.

는 반드시 일치하는 것은 아니며 상이한 이해구조에서 여성조합원의 이해는 여성간부가 보다 잘 반영한다는 인식에서 출발한다. 남성 간부의 태생적인 약점은 여성의 삶에 대한 개인적인 경험이 없다는 사실이다. 여성 경험의 부재는 여성의 배타적인 이해를 대변하는 데 치명적인 한계로 작용한다.

여성의 목소리를 전달하는 데는 여성할당제보다 여성위원회가 더 효과적이라는 연구보고도 있다. UNISON의 여성위원회(전국여성대표자회의)를 연구한 커니손(Cunnison, 1993)은 여성위원회야말로 "여성들로 하여금 그들의 집단적인 아이디어와 강령을 개발할 수 있도록 보장하는 가장 유망한 공간"이라고 말하고 있다.8)

젠더민주주의의 확대라는 관점에서 보건의료노조가 노조의 여성화(feminization)를 보다 강력하게 추진하는 것도 의미가 있어 보인다. 보건의료노조가 여성지배적인 노조라는 사실은 병원이 여성다수 사업장이라는 사실을 반영한다. 그렇다면 병원의 조직문화도 여성친화적일까. 여성 다수 사업장인 병원은 성별로 직종이 분리되어 있는 대표적인 경우다. 그러면서도 전문적인 대인 서비스를 제공하는 사업장으로 남녀차별이 없거나 적다고 말

---

8) UNISON에서 여성위원회는 자율조직의 일환이다. 여성위원회 이외에는 장애인, 동성애자, 그리고 유색인종위원회가 있다. 최근에는 청년위원회와 은퇴노동자위원회가 추가되었으며 명칭도 조합원 그룹(member groups)으로 바뀌었다. 이들 위원회는 대의원대회에 의안발의권을 갖는다.

해진다. 과연 그럴까. 현재 대부분의 차별은 법적으로 금지되어 있으며 공공연한 편견은 더 이상 사회적으로 용인되지 않는다. 그렇다고 차별이 사라진 것은 아니다. 오늘날의 차별은 좀 더 암묵적이거나 정교하게 행해지고 있으며 그것을 찾아내기가 훨씬 더 어렵다. '은폐된 차별'(covert discrimination, Cortina et al., 2008) 이 그것이다.

> (우리 노조에서는) 여성부가 필요한 게 아니라 남성부가 필요하다는 농담이 있을 정도다. 모든 사업에서 여성이 중심이다. 모든 사업에서 여성이 주도하고 조직간부도 여성이 대부분이다. 남자는 소수다. 여성들 입장에서는 굳이 소외되거나 주변화된다고 느끼지 않는다. 사회적 약자, 소수 이미지로서의 여성에 대한 동질감이 크게 없다. 현장은 임신순번제 문제나 모성보호 문제에 심각성을 느끼지만 어쩔수 없는 오랜 관행으로 받아들인다. 그러다 보니 여성 사업에 대해 관심이 떨어진다(남자 간부, 인터뷰)

과연 그럴까. 실제로 차별이 구체적으로 실행되는 구체적인 행태는 동일 노동에 대한 임금의 차등보다는 고용이나 승진기회에서의 불이익으로 나타날 가능성이 높다. 외관상 성중립적인 능력주의만 하더라도 가사와 육아부담을 전제하는 않는다는 점에서 남성중심적이다. 남성중심적으로 조직된 노동시장에서는 여성이 여성으로서의 요구를 드러내는 순간 고용이나 승진에서 탈락할 가능성이 높아진다(김영미, 2016). 게다가 출산과 육아를 지원하는 제도가 제대로 작동하지 못하면 이는 온전히 여성에 대한 차별로 나타난다. 출산과 육아가 장시간 노동이나 경력단절과 같은 장기근속을 막는 요인이 된다면, 그래서 내부노동시장에서 승진의 장애가 되거나 경력단절로 이어진다면 이 역시 차별에 해당된다.

노동조합으로서는 여성친화적인 이슈를 발굴하여 의제로 제시하는 것과 더불어 여성중심의 사업작풍을 만들 필요가 있다. 모성보호나 성차별의 철폐, 노동시간의 단축과 휴가의 소진, (여성) 비정규직에 대한 차별 축소 등이 이에 해당된다. 앞서 말한 노조 전임자에 대한 노동시간의 단축도 핵심적인 의제의 하나다. 여성중심의 사업작풍에는 집회나 교육, 회의문화를 개선하는 것이 포함된다. 가령 각종 회의나 집회는 (원칙적으로) 근무시간 중이거나 여성조합원이 참가하기 쉬운 시간 및 장소를 선택해야 한다. 탁아방을 설치하는 것도 검토의 대상이다. 필요할 경우 여성조합원은 탁아비를 청구할 수 있다. 정시퇴근도 중요한 기준의 하나이다.

<표 3-10>은 여성간부들이 노조활동에서 겪는 어려움을 사례분석을 바탕으로 정리한 내용이다. 이에 따르면 여성간부들은 일과 가정의 양립문제, 성차별주의나 노조의 남성중심 문화, 남성간부들의 시기나 견제 등의 어려움을 토로하고 있다. 예를 들어 야근은 여성들이 소화하기 힘들 뿐 아니라 특히 밤늦도록 이어지는 술자리 회식은 여성들이 참여하기 어렵다는 이유만으로 성차별적이다. 남성중심적인 노조 운영이나 문화를 바꿔 여성친

화적인 노조로 만들어야 하는 과제를 여실히 보여주고 있다(박현미, 2011). 물론 여기에는 여성할당제를 도입함으로써 노조를 남성권력의 요새가 아니라 남녀 공존의 장으로 만드는 것도 포함된다.

<표 3-10> 노조 여성리더의 노조활동 장애요인

A(총연맹 지역본부 여성국장)	B(총연맹 지역지부 의장)	C(연구기관 지부장)	D(산별노조 사무처장)	E(병원노조 위원장)	F(재가관리사 노조 위원장)	G(지역 공공노조 위원장)
· 결혼 · 남성우월주의 · 노조 술문화 · 비조합원신분 · 해고철회투쟁	· 남성간부의 견제와 성차별주의 · 남성들의 끼리끼리 문화 · 노조의 술문화	· 회사의 노조탄압과 왕따시킴 · 주변간부들의 견제 · 여성비하와 편견 · 성희롱 · 육아등	· 일과 가정의 양립 · 성차별주의 · 남녀조합원의 이해관계조율 · 대중 앞에 서는 것	· 일과 가정의 양립 · 성차별주의 · 여성의제제기의 어려움 · 남성간부들의 시기와 견제	· 노조에 대한 조합원의 무관심과 낮은 의식 · 남성중심문화 · 직업에 대한 편견 · 일과 가정의 양립	· 성차별주의 · 적극적인 활동 폄하 · 노조의 남성문화

자료: 박현미, 2011.

문제는 성평등과 근로조건의 개선은 별개의 사안이 아니라는 점이다. 조직 내에서 여성친화적인 문화를 만들어내는 것이 근로조건의 개선으로 연결된다. 보건의료노조가 여성친화적인 병원을 만들려는 노력은 2016년 산별중앙교섭에서 모성정원제의 도입과 더불어 "환자존중, 직원존중, 노동존중 3대 존중병원 만들기"에 대한 합의로 나타났다. 여기에는 환자안전위원회의 구성과 더불어 「폭언, 폭행, 성희롱, 성폭력을 근절하기 위한 매뉴얼」을 시행하기로 합의한 내용도 포함됐다. 이러한 내용이 갖는 의미는 적지 않다고 할 것이나 상응하는 노력이 노조 내부에서도 이뤄지고 있는 지는 의문이다.

여성다수노조로서 노조의 여성화(feminization)는 앞으로도 지속적인 과제로 등장할 것이다. 여기에는 여성친화적인 조직문화의 도입, 여성비례제의 실시 및 여성위원회의 설치뿐 아니라 평등협약의 체결, 나아가 사회·여성단체와의 연대 등이 포함된다. 산업구조가 서비스 중심으로 바뀌고 여성의 사회진출이 늘어날수록 여성주도의 조직문화가 갖는 중요성은 커진다. 이 글에서 여성중심의 집행부 구성 이외에도 여성할당제와 여성위원회의 구성을 제안한 이유도 여기에 있다(할당제의 대상에는 여성 이외에도 비정규직, 민간영세병원, 그리고 장애인이 포함될 수 있다). 이를 바탕으로 노동시간을 단축하고 여성친화적인 이슈를 발굴하는 등 단체교섭의 의제를 여성친화적으로 바꿔나갈 필요가 있다.

마지막으로 직장에서 여성의 지위는 사회에서 여성의 지위와 분리될 수 없다. 그렇다면 여성친화적인 조직문화에는 여성을 위한 사회적 연대도 포함된다.[9] 보건의료노조의 경우 의료의 공공성이나 노동운동과 관련한 사회적 연대활동은 활발하게 진행되고 있다. 그런데 여성운동에 대한 결합 수준은 그다지 높지 않아 보인다. "보건의료노조에서는 의료연대와 노동 연대가 사회

---

9) 보건의료노조의 강령에는 "우리는 여성노동자의 사회정치적 지위향상과 남녀평등을 실현하기 위해 투쟁하다"고 쓰여 있다. '여성'이 아니라 '여성노동자'다.

적 연대의 양대 축을 이뤄왔다. 더 이상의 사업에는 손발이 따라가지 못한다. 관심도 관심이지만 역량이 따라가지 못한다. 여성연대사업은 우선순위가 떨어진다." 노조간부의 지적이다.

보건의료노조는 대표적인 여성노조다. 그렇다면 여성운동과의 연계하여 사회적으로 성평등을 의제로 만드는 것은 보건의료노조가 가진 또 하나의 과제일 수 있다.

> 노조 없는 민주주의란 있을 수 없고 여성의 완전한 참여가 없는 노조란 민주적일 수 없다. 특히 노동조합 운동사에서 노조가 자부심과 함께 지켜온 민주주의는 비로 운동의 중요한 덕목이었다. 그래서 여성과 성평등 이슈는 노조의 중심의제의 통합적인 한 부분이어야 한다.

ICFTU(국제자유노련)가 1994년, 제6차 세계여성대회에서 채택한 선언문의 한 귀절이다. 그럼에도 불구하고 "(여성차별이라는) 유리천장에 금은 갔다. 그러나 깨어진 것은 아니다"라는 지적은 여전히 보이지 않는 차별이 노동조합의 내부에까지 존재하고 있다는 사실을 말한다. 급변하는 환경 속에서 여성이 '노조의 절반'임을 인식하여 그들을 노동조합 내부에서부터 해방시켜 내는 일은 노조가 할 일이다. 강한 민주주의가 강한 시민사회에 뿌리를 내리고 있듯이 강한 산별노조는 강한 현장을 바탕으로 삼는다.

4. 소 결

　제2장이 보건의료노조의 조직구조(structure)를 점검했다면 이 장에서는 조직운영(organization)을 노조 민주주의라는 관점에서 살펴봤다. 노조민주주의의 핵심은 현장조합원의 참가이며 현장강화야말로 행동하는 기구로서 노조가 갖춰야 할 기본적인 덕목이다. 그러나 현장강화가 유럽에서 보이듯 분권화를 기반으로 하는 작업장 노조주의의 활성화를 의미하지는 않는다. 초기단계의 산별조직으로서 중앙집중화의 과제를 앞에 두고 뒷걸음질을 칠 수는 없는 노릇이다. 현장의 강화는 중앙이 주도하는 현장성을 기본으로 한다. 그리하여 현장강화는 중앙을 뒷받침하고 그 역도 마찬가지인, 그리하여 조직의 상하가 유기적으로 상호 보완하는, 상호결합 노조주의로 나타난다.
　조직체계와 관련해서는 두 가지 측면을 살펴봤다. 하나는 조직구조의 적절성이고 다른 하나는 조직 운영의 적절성이다. 조직구조에서는 특히 특성별 조직의 부재를 집중적으로 살펴봤다. 실제로 대부분의 노조들은 지역 단위와 업종 단위로 조직을 편제함으로써 매트릭스 형태를 지향한다. 그런데 보건의료노조의 경우 지역본부만 있을 뿐 단체교섭을 담당하는 특성별 조직을 설치하지 않아 교섭의 부담이 중앙으로 몰리는 현상을 드러낸다. 물론 특성별 조직을 설치할 때 중요한 것은 수평적인 관계로서 지역본부, 그리고 수직적인 관계로서 중앙본조와 역할을 어떻게 분담할 것인가 라는 점이다.

한편 조직운영에서는 조직의 집중성이라는 측면에서 재정과 전임인력의 집중성을 살펴봤다. 보건의료노조는 전반적으로 재정과 인력에서 중앙이 차지하는 비중이 다른 산별노조에 비해 높다는 특징을 드러낸다. 이런 상황에서 현장 공동화의 조짐은 그것이 집중화의 부산물일 수 있다는 점에서 관심의 대상이 된다. 현장 약화 내지 공동화의 지표가 뭣인가도 궁금하지만 현장의 약화가 사실이라고 하더라도 그것이 산별노조의 탓인지도 의문이다. 현장의 약화는 산별·비산별 조직을 가리지 않고 다른 조직에서도 공통적으로 나타나는 현상이다. 그렇다면 하나의 가설로서 노조에 적의를 품고 있는 제도적인 환경에 혐의를 둘 수도 있다.

이런 의문과 무관하게 현장의 강화가 중요한 것이 사실이라면 이 글에서는 조합원의 참가를 제도화하는 수단으로서 의사결정 과정, 특히 정기대의원 대회의 역할 복원과 단체교섭에 대한 참가, 노동교육의 활성화 등을 제시했다. 마지막으로 여성다수 노조로서 여성친화적인 조직문화를 형성하는 일은 조합원의 참가는 물론 조직사업에 결정적인 중요성을 갖는다. 구체적으로 여성의 참여 공간(집행부의 구성에서 중소병원이나 비정규 노동자의 참여, 여성할당제의 실시, 여성위원회의 설치)을 마련한다거나 성평등 의제의 발굴, 그리고 여성의 사회적 지위를 향상시키기 위한 여성연대활동을 제안했다. 마지막으로 정책역량의 강화는 비록 그것이 상투적인 표현이라도 노조 활동의 출발점에 해당된다. 이 경우 지적할 일은 그것이 자족적이거나 자기완결적인 구조가 아니라 네트워크를 기본으로 한다는 점, 그리고 자율성을 가져야 한다는 점이다. 이런 점에서 정책연구소의 신설은 의미를 갖는다.

4
산별 교섭전략

▍산별 교섭전략

산별체제란 노조가 기업이라는 단위를 넘어 초기업별로 구성됐다는 것을 전제로 한다. 동어반복이겠지만 산별체제, 즉 '산별노조가 활동할 수 있는 다양한 틀 거리'의 물적 토대는 산별노조다. 산별노조를 만들었다는 것은 기업별 노조를 하나로 묶어 세웠고 또 기업이라는 벽을 허물어 집중적이고 통일적으로 운영하는 체제를 지향한다는 뜻이다.

기업별노조가 산별노조로 바꿔 탄 것은 "계급적 노동운동의 발전이라는 자신감보다는 기업별 노조로 해결할 수 없는 수세적 상황에 대한 방어적 대응의 일부"(윤진호 외, 2008: 137)였다. 그것은 노조가 절실히 필요로 하지만 기업별 차원에서는 할 수 없거나 하기 어려운 일들을 산별노조가 담당할 수 있다는 믿음에서 출발한다. 단체교섭의 집중화가 하나의 예가 되겠지만 의료정책이나 노동정책에 대한 개입도 마찬가지다. 비정규직 보호만 하더라도 기업별 체제에서는 도덕적·윤리적 측면이 강하고, 그래서 언저리 활동에 그치는 것이 다반사라면, 산별차원에서 비정규직 보호는 핵심적인 조직활동의 하나로 자리매김된다.

그간 '산별체제=산별교섭체제'로 이해한 것이 사실이라면 이는 산별에 대한 편협한 이해이자 경제주의 관점이 지배한 탓이라고 할 수 있다. 단체교섭이란 기본적으로 경제적 이해다툼을 해결하는 장(場)이다. 앞서도 밝혔지만 산별체제는 산별교섭 체제 이외에도 전국 및 산업·업종차원의 사회적 대화와 기업차원의 경영참가를 포함한다. 그렇더라도 교섭구조에 의해 조직구조가 정해진다고 할 만큼 산별노조를 편제하는 중심축은 교섭구조다. "단체협약이 산업이나 전국 차원에서 체결되면 노조 조직은 중앙집중화되고 지역이나 사업장 단위로 맺어지면 분권화된다"는 건 영국에서 노사관계론을 되살린 클레그(Clegg, 1976: 9)의 지적이다.

산별체제를 규정하는 정신이 연대라고 한다면 이는 단체교섭에서도 관철된다. 연대란 공통의 가치를 실현하기 위해 둘 이상의 계급이나 조직, 개인들이 자원을 공유하는 것을 의미한다. 그것은 단순히 도와주는 것을 의미하지는 않는다. 멕시코 사파티스타 원주민 여성이 말했듯이 "연대란 도와주는 것이 아니라 같은 뿌리의 문제를 함께 푸는 것이다"(김태현, 2009). 산별노조운동에서 연대란 내부적으로 "산별 중앙교섭의 내실을 확보함으로써 산별노동시장 내의 임금 및 근로조건의 통일성을 확보"하는 일이라면(윤진호 외, 2008: 151) 외부적으로 그것은 사회개혁투쟁으로 나타난다. 전자가 '한국형 연대임금정책'을 구축하는 작업이라면 후자는 의료공공성 투쟁에서 잘 드러난다.

한국의 기업별 체제는 대기업 노조가 주도하고 있으며 대기업에는 내부노동시장이 발달되어 있다. 내부노동시장에서는 근로조건이 시장원리가 아니라 기업의 내부규칙에 의해 정해진다. 정규직 중심의 승진 사다리와 연공에 따른 임금상승구조가 그것이다. 정규직이 기업바깥의 노동시장 상황과 무관하게 고용안정과 높은 임금수준을 누리는 것도 이런 이유에서다. 이런 점에서 내부노동시장은 불안정한 고용과 낮은 임금, 승진기회의 부족, 여성 등이 특징으로 나타나는 2차 노동시장과 구분되면서 노동시장의 이중구조를 강화하는 기제가 된다. 이처럼 비정규직이나 중소영세기업 노동자들이 받는 불평등한 대우는 개인의 실패를 넘어 노동시장의 구조적인 요인이 작동하고 있다.

문제는 내부노동시장이 기업별 노조체제와 친화력을 갖는다는 사실이다. 고용, 임금, 복지 등이 기업 내에서 해결되는 구조에서 노조가 기업의 울타리 밖으로 나올 이유는 별반 없다. 기업내에서 진행하는 교섭이 중요해지는 탓이다.

> 한국 1차 노동시장의 특징은 기업내부노동시장이라는 점이다. 산업이나 직종 수준이 아니라 기업 수준에서 작동하는 제도나 관행에 의해 노동자들이 외부시장과 구별되는 대우를 받는다. 한국과 마찬가지로 미국과 일본에서도 단체교섭은 주로 기업별로 이루어진다…기업내부노동시장의 고립분산성, 그리고 그 결과 나타나는 기업별/기업규모별 임금격차는 한국 고용체제의 상당히 고유한 특성이라고 보인다. 한국에서 기업규모와 고용형태,

즉 정규직/비정규직 여부 중 어느 것이 임금이나 사회보험 수혜에 더 영향을 미치는가를 분석했는데 고용형태보다는 기업규모가 더 큰 영향을 미치는 것으로 나타났다(정이환, 2007).

기업별 체제에서 노조는 임금 극대화전략을 채택할 가능성이 높다. 어떻게 보면 기업별 노조가 할 수 있는 게 그것밖에 없다. 그들에게 전체 노동시장을 규율하는 협약이나 동일노동 동일임금의 원칙을 우선해주기를 기대한다는 건 그야말로 나무에 올라 물고기를 구하는 격(緣木求魚)이다. 경제적 상황이 나쁠수록 기업별 노조가 임금극대화전략을 취할 가능성은 높아진다. 그리하여 기업별 체제는 노동조건과 임금에서 기업 간 격차를 확대시킨다. 기업 간 수익구조의 양극화가 심화되는 가운데 기업차원의 임금극대화 전략은 이런 양극화 현상에 편승하는 전략이다.[1] 임금격차의 축소, 나아가 한국형 연대임금정책을 실현시킬 수 있는 구조로 산별교섭체계에 주목하는 이유도 아 때문이다.

산별교섭에 관한 논의를 시작하기 전에 용어를 정리해두는 것

---

[1] 1987년 이래 대기업 노조의 선도적인 임금투쟁은 임금인상의 확산을 가져오고 나아가 소득분배의 개선에 이바지했다. 그러나 IMF 위기 이후 양극화가 심화되고 중소기업이나 하청기업의 노조가 약화되면서 임금인상의 확산 고리는 끊어지고 말았다. 심지어 대기업-중소기업, 정규직-비정규직 사이의 분절선이 뚜렷해지면서 대기업·정규직의 임금 인상이 소득분배에 부정적인 영향을 미치기도 한다(신광영, 2013 참조).

이 나을 듯하다. 일반적으로 교섭의 수준에 따른 교섭구조는 기업별 교섭과 산별 교섭, 그리고 전국수준의 교섭으로 나누어진다. 이 경우 용어의 혼란을 가져오는 것은 산별교섭이다. 산업별로 사용자단체가 구성되고 산별노조가 그 사용자단체와 진행하는 교섭을 산별교섭 혹은 산별중앙교섭이라고 부른다. 그렇다면 산별교섭은 노조가 복수의 사용자를 상대로 교섭을 진행하는 다사용자교섭(multi-employer bargaining)과 무엇이 다른가.

이 글에서 산별교섭은 산별차원에서 노사가 맺은 협약이 해당 산업의 전체 노동자에게 적용되어 산업차원에서 임금 및 근로조건을 균등화시키는 경우를 말한다. 그 확산의 고리로서는 노조의 높은 조직률이나 단체협약 효력확장조항을 들 수 있다. 이에 반해 다사용자교섭에서는 그 결과가 교섭에 참가한 노조에게만 적용된다. 산별교섭과 다사용자교섭은 흔히 혼용되지만 이 글에서는 차이를 염두에 두고 산별교섭이라는 용어를 사용한다. 자의적이래도 어쩔 수 없는 것이 한국의 교섭구조가 갖는 특징을 드러내는 방법이 이 수밖에 없다.

보건의료분야에서 체결된 산별 협약은 교섭에 참가한 병원에게만 적용된다. 그렇다면 보건의료분야의 단체교섭은 다사용자교섭으로 보는 것이 올바를 것이다. 고전적인 개념의 산별교섭은 기업 간의 임금깎기 경쟁을 봉쇄함으로써 노조에 대한 사용자의 반대나 탄압을 약화시킨다. 산별로 묶인 노조가 강할 뿐더러 기업내부의 노조조직이 약화되더라도 임금 및 근로조건의 변화와는 무관하기 때문이다. 산별교섭이 단체협약의 확산 메커니

즘으로 인해 포괄적(encompassing)이고 포용적(inclusive)인 형태를 띤다면 다사용자교섭은 그만큼 배타적이고 폐쇄적이다.

　이 글은 보건의료노조에서 진행된 산별교섭의 경과를 살펴보는 데서 출발한다. 이어 산별교섭구조를 구축하는 방안을 검토하고 연대임금의 실현방안을 살펴본다.

1. 산별교섭의 경과 및 평가

　산별교섭의 경과는 자세한 서술이 필요한 지점이지만 이미 여러 사람이 정리한 부분이라 여기서는 뼈대만 짚고 지나간다(이주호, 2016). 보건의료노조가 추구해 온 산별교섭의 역사는 크게 네 단계로 나눌 수 있다. 구분의 기준은 교섭수준과 사용자 단체의 구성 여부다. 제1단계가 교섭권 위임전략을 통한 대각선 교섭의 시대였다면 제2단계는 산별노조를 건설하고 거기에 걸맞는 산별교섭구조를 쟁취한 시기에 해당된다. 제3단계는 사용자단체가 구성되고 적어도 외형적으로는 산별교섭체제가 형성된 시기였다. 마지막 제4단계는 사용자단체가 해체되고 산별교섭이 부분적으로 특성별 교섭으로 대체되면서 중앙산별교섭체제를 '정상화'시키기 위해 노력해 온 시기다.

1) 제 1단계: 병노협에서 산별노조까지(1987 ~ 1997)

이 시기는 산별노조의 전야(前夜)에 해당된다. 탄압을 뚫고 민주노조의 깃발을 세운 시기이기도 하다. 1987년 12월에 결성된 병원노동조합협의회는 최초의 업종협의회로서 업종회의 시대를 연 기폭제였다. 이어 언론노조협의회나 연구전문노조협의회, 건설노조협의회 등이 구성됐다. 1989년 병노협은 병원노련으로 진화했다(합법성은 1993년 5월, 대법원에서 승소하고서야 얻었다). 병원연맹이 취한 전략은 교섭권 위임을 통한 '공동교섭·공동투쟁' 전략으로 기업별 노조의 교섭의 내용과 투쟁의 시기를 집중시키는 것이었다(다른 연맹도 동일한 전략을 취했다). 1994년부터 시작된 교섭권 위임전략은 1998년 보건의료노조가 건설되기 전까지 지속되었다.

공동교섭 전략을 취했다고는 하나 교섭권 위임을 통한 대각선 교섭의 틀을 벗어나지는 못했다. 사측은 중앙교섭은 물론 집단교섭도 거부했다. 연맹의 중앙이 취약한 가운데 대각선 교섭의 폭증은 교섭을 사실상 기업별 교섭으로 환원시키는 역할을 했다. 연맹 중앙은 자원의 부족으로 외곽지원, 예를 들어 정책적·정치적 지원은 물론 교섭이나 투쟁의 지원에서도 한계를 드러냈다. 기업별 체제(연맹은 기업별 노조의 연합체일 뿐이다)는 내부적으로는 인적·물적 자원의 빈곤을 드러냈으며 조직 운영의 집중도도 떨어뜨렸다. 기업별 체제에서 의사의 최종결정권은 연맹이 아니라 기업별 노조에 있다. 따라서 연맹의 방침이 기업별 조직에까지 흔들림 없이 관철되기는 어려운 구조다. 이는 단체교섭에서 기업별 노조 집행부의 성향이나 기업(병원)의 특수한 상황이 교섭결과에 미치는 영향이 크다는 사실을 말한다.

2) 제 2단계: 보건의료노조의 출범과 산별교섭의 추구 (1998 ~ 2003)

이 시기는 1998년, 우리나라 최초로 산별노조를 결성하고 산별중앙교섭을 추구한 시기에 해당된다. 2000년에는 40개 지부, 1만 9,000명이 동시에 파업에 돌입하여 산별교섭 쟁취에 나섰다. 특히 2002년에는 41개 지부가 동시파업에 들어가고 일부 투쟁(CMC, 경희대의료원 파업 등)은 장기화되었다. 산별노조가 주도한 집단행동의 결과 63개 병원이 "노조가 산별교섭을 요구할 시 이에 응한다"는 데 합의했다. 2004년에는 1만명이 참가하는 산별파업을 조직 했다. 이때 '돈보다 생명을!'이라는 슬로건이 시작됐으며 14일간의 산별총파업으로 주 5일제를 얻어냈다.

산별교섭은 2004년에 시작됐다. 2007년에는 사용자단체, 즉 보건의료사용자협의회가 구성됐다. 2004년 보건의료노조의 중앙교섭은 산별협약의 구조를 둘러싼 본조와 지부 간의 권한 다툼과 이에 따른 조직의 분열을 가져오기도 했다. 산별중앙협약을 지부협약에 우선하는 것으로 규정한 산별협약 제10조 2항의 규정에 따라 임금인상률이 중앙협약에서 결정되면서 일부 지부들이 반발하고 나선 것이다. 애초 쟁점은 산별협약이 최저기준만 정할 것인가 아니면 규모별 편차를 줄이기 위해 통일기준을 적용할 것인가에 대한 논쟁으로 출발하였지만 이는 곧 산별노조의 진로를 둘러싼 이념갈등으로 비화됐다. 결국 서울대병원지부 등 9개 지부가 보건의료노조를 탈퇴했다.

3) 제 3단계: 산별교섭 시기(2004 ~ 2008)

제3단계는 사용자단체가 구성되고 사용자단체와 산별노조 사이에 산별교섭이 이뤄진 시기다. 보건의료노조가 산별투쟁의 첫 단계에서는 사용자들을 산별교섭에 참여시키는 것을 목표로 삼았다면 다음 단계에서는 사용자단체의 구성에 초점을 맞췄다. 병원협회를 사용자단체로 삼으려는 초기의 노력이 무산됐지만 노조는 2006년, "사용자는 2006년말까지 대표성이 있는 사용자단체를 구성하고 2007년 산별교섭에서 '보건의료 사용자단체' 명의로 응한다"는 합의를 이끌어냈다. '보건의료산업 사용자협의회'는 2007년 5월 8일, 공식적으로 출범했다.

2007년에는 '아름다운 합의'를 통해 비정규직의 정규직화(2,384명)가 이뤄졌으며 비정규직에게도 정규직과 동일한 임금과 단체협약이 적용되었다. 보건의료노조가 사회연대전략을 자신의 이념으로 확인한 순간이었다. 2009년에는 사용자단체가 해산되었다. 산별교섭구조가 틀을 잡자마자 사용자단체는 해산되었으며 산별교섭구조도 붕괴되고 말았다.

2009년 중단된 산별중앙교섭은 지금까지 완전 복원되지 않고 있다. 민간중소병원, 지방의료원과 특수목적 공공병원 중심의 축소된 산별중앙교섭과 특성별 교섭이 이뤄질 뿐이다. 당연히 이어지는 단계는 산별교섭의 정상화를 활동의 중앙에 놓았다. "돈보다는 생명을"이라는 기치 아래 의료공공성 투쟁이 전면에 나선 것도 이 시기의 특징이었다.

4) 제 4단계: 산별교섭 정상화 투쟁시기(2009 ~)

이 시기는 산별교섭을 정상화시키기 위해 노력해 온 시기이자 특성별 교섭과 대정부 투쟁을 결합시킨 시기였다. 산별의 전략과제로 '보호자 없는 병원'사업을 전면적으로 제기했으며 진주의료원 폐원(2013)을 계기로 지역공공의료를 강화하기 위한 정치투쟁을 전개하기도 했다. 2004년에는 의료민영화 저지투쟁에 나섰고., 2015년에는 메르스 사태에 대응하며 국가방역체계와 공공의료를 사회적 의제로 제시하였다.

교섭에서는 산별중앙교섭을 추진하되 특성별 교섭을 유지·발전시키고 교섭에 참가하지 않는 병원에 대해서는 대각선 교섭을 추진했다. 국립대병원과 사립대 병원이 산별교섭에 불참한 가운데 특수목적병원과 지방의료원, 그리고 민간중소영세병원

차원에서 축소된 산별중앙교섭과 특성별 교섭이 병행 진행되었다. 산별교섭을 정상화시키지는 못했지만 노사공동포럼과 보건의료산업 노사전문가 정책협의체를 구성하는 등 사용자와 접촉면을 넓히면서 공감대를 형성하기 위해 노력해 왔다.

산별교섭에서 전략의 변화를 보이기도 한다. "획일적 산별중앙교섭 방식을 넘어 보다 유연하고 창조적인 교섭전술"을 모색하겠다는 것이다(이주호, 2016). 이는 후술하는 '조정된 분권화'의 흐름과 일치한다. 실질적인 산별중앙교섭이 해체되면서 의료공공성을 정부에 대한 정책적인 활동이나 사회적 대화를 통해 실현시키려는 움직임이 가속화된 것도 변화의 하나다. 보건의료노조의 산별교섭 경과를 정리하면 <표 4-1>과 같다.

<표 4-1> 보건의료노조 산별교섭 주요 경과(1994~2015)

시기		연도	주요교섭 형태와 특징
산별노조 이전	1 단계	1994년~	< 공동교섭 시작 > - 연맹 합법성 쟁취를 적극 활용하여 산별노조 건설을 목표로 연맹으로 교섭권위임을 통한 공동교섭 첫 시도 (45개 노조 참가) - 서울, 인부천 본부, 지의노협 집단교섭 + 대각선교섭 추진 / 서울등 일부 첫 집단교섭 성사
	2 단계	1995년~ 97년	< 공동교섭 강화기 > - 연맹으로 교섭권위임을 통한 공동교섭 강화기 (95년 62개노조 위임, 97년 79개노조 위임) ; 서울(대병원,중소병원 집단교섭), 인부천(3개병원 공동집단교섭), 지의노협(권역별 소집단교섭)등 집단교섭 투쟁 강화 + 대구, 부산지역으로 공동교섭 확산 - 집단교섭+ 대각선교섭 단계별 2단계 교섭방식으로 추진

시기		연도	주요교섭 형태와 특징
산별교섭 추진기 (1기)	3단계	1998년 ~99년	< 산별교섭 정체기 > - 공동교섭투쟁의 성과를 바탕으로 산별노조 건설 (98. 2) - 산별노조 건설 후 지역별 집단교섭방식에서 전면적인 전국중앙교섭 + 대각선교섭 + 교육부,행자부,복지부,노동부등과 대정부 교섭투쟁 병행 본격 추진 - 그러나, 구체적 진전과 성과가 없으면서 갈수록 산별중앙교섭이 약화되고 대각선교섭 위주로 교섭이 흐름 - 산별중앙교섭투쟁 정체기, IMF 이후 구조조정 시기로서 산별교섭 대 병원협회 투쟁 보다 구조조정 저지관련 대정부투쟁을 강화한 시기
	4단계	2000년 -2001	< 산별교섭 새로운 모색기 > - 새로운 각오와 결단으로 보다 강화된 대 병협 전국 중앙교섭투쟁 + 대각선교섭 투쟁 전개 - 1단계 교섭전술(산별교섭과 대각선교섭 동시진행)으로 산별중앙교섭에 목적의식적으로 힘을 집중, 국립대, 지방의료원 특성별 집단교섭 시도 - 양대 노총은 넘어 금속, 전교조, 금융 등 5개 산별노조 공대위 결성, 대정부 면담 투쟁, 산별 정책토론회 개최 등 산별교섭 쟁취를 위한 공동사업, 공동투쟁 적극 전개 - 병원협회 점거농성, 상경 투쟁 등 전개, 6차례 교섭 요구 후 교섭 결렬로 5/8 중노위 조정신청 --> 2차례 조정회의 후 기각됨, 투쟁과정에서 산별교섭 목적의식적으로 사회쟁점화 노력 - 5/4 병협 총회에서 노조가 요구한 사용자단체로서 위상 확립을 위한 정관 개정안을 안건으로 상정했으나 부결됨 - 병원협회와 처음으로 기본 대화 창구 개설, 간담회개최, 유연한 전술 (회장, 사무총장) - 민주노총 산별교섭대책위와 산별 법제도개선투쟁 전개
	5단계	2002년~ 2003	<현장으로부터 산별교섭 재추진기 > - 그동안 산별 중앙 투쟁의 현실적인 한계와 병협이 사용자단체로서 제 역할을 하기가 어렵다는 평가에 기초해서 현장 병원 사용자를 직접 상대로 한 산별교섭 쟁취투쟁 돌입 - 2002년 : 현장 지부 단협 공동투쟁을 통해 산별교섭 참가 합의를 이끌어 냄 (2002년 '노조가 요청 할 시 산별교섭에 참가한다'는 문구를 63개 지부가

시기		연도	주요교섭 형태와 특징
산별교섭시작 (2기)	6단계	2004년~2013년현재	노사 합의함, 2003년까지 93개) - 2003년 : 지부 단협 합의를 근거로 아래로부터 산별교섭 쟁취투쟁 전개, 중앙 차원에서는 다양한 형태의 특성별 집단 노사간담회 진행, 6/10 45개 병원 노사공동성명서 채택(2004년 산별교섭 준비), 11/18 사립대병원노사 합의서이후 12/2 병원노사대토론회 개최 등으로 산별교섭 돌파구 마련 < 산별교섭 시대 개막 - 우여곡절을 거듭하면서 한국형 산별교섭으로 가기위한 도전> - 2004년 1년차 산별교섭 : 14일간의 산별총파업투쟁을 통해 사측 처음으로 대표단 구성하면서 첫 산별합의서 쟁취, 산별교섭 시대 개막, 주 5일제 실시, 산별협약 10장 2조 논쟁 (104 개 병원이 산별교섭 참가) - 2005년 2년차 산별교섭 : 직권중재로 인해 산별교섭 중단, 노사자율타결을 통한 산별협약 체결 실패, 서울대병원 등 일부 지부 탈퇴 (3일 파업) (93개 병원이 산별교섭 참가) - 2006년 3년차 산별교섭 : 산별교섭에서 사용자단체 구성등 산별 5대 협약이 담긴 산별협약서 체결. 임금에 한해 처음으로 특성별 협의방식 시도(1일 파업), 노정교섭, 미조직교섭, 의료노사정 교섭 등 중층적 교섭구조 본격 추진 (103개 병원이 산별교섭 참가) - 2007년 4년차 산별교섭 : 정식 사용자단체 출범, 비정규직 문제해결을 위한 산별합의, 각종 산별노사공동위원회 구성 합의, 의료법 개악저지투쟁 (간부파업) (102개 병원이 산별교섭참가) - 2008년 5년차 산별교섭 : 사용자단체 2기, 다양한 산별교섭구조 추진, 필수유지업무제도 도입 첫 해. 파업권 봉쇄, 광우병 우려 미국산 쇠고기 병원급식 금지 106개 병원 합의, 미국산 쇠고기 수입과 의료 민영화반대를 위한 촛불시위 (산별순환파업, 집중타격투쟁) (103개 병원이 산별교섭참가) - 2009년 6년차 산별교섭 : 노사간 치열한 공방 끝에 산별교섭 중단과 사용자단체 해산 - 2010년 7년차 산별교섭 : 산별교섭 추진, 사측 거부로 전면무산 (타임오프 도입에 따른 정세 등으로 현장교섭중심으로 진행) - 2011년 8년차 산별교섭 : 산별교섭 새로운 시도, 유연한 접근, 특성교섭 추진 (민간중소병원, 지방의료원) + 대정부 교섭 강화

시기	연도	주요교섭 형태와 특징
		- 2012년 9년차 산별교섭 : 산별교섭 정상화로 가는 교두보 확보 (민간중소병원, 지방의료원, 특수목적공동 총 73개 사업장 산별합의) + 대정부, 대국회 교섭 강화, 총선, 대선 후보와 정책협약식
- 2013년 10년차 산별교섭 : 진주의료원 폐업철회 투쟁 + 산별교섭 조정신청 없이 첫 자율타결 + 산별 노사공동포럼 정례화 병행
- 2014년 11년차 산별교섭 : 의료 민영화 투쟁 등 대정부 대국회 투쟁 중심 + 지방선거 후보와 정책협약식 + 통상임금 공동대응 + 산별교섭 약화, 산별타결 규율 약화, 교섭의 기본원칙 약화
- 2015년 12년차 산별교섭 : 메르스 사태가 던진 과제 - 안전한 병원 만들기, 환자존중, 직원존중, 노동존중 3대 캠페인 산별중앙교섭 +산별특성교섭 초기업 합의 성과, 불참병원 시기집중 동시파업투쟁, 산별대각선교섭

자료: 이주호, 2016.

2. 산별교섭구조의 형성을 향하여

1) 교섭구조, 노사 간 힘과 선호의 타협

산별교섭이 노조의 힘만으로 성립되는 것은 아니지만 노조의 힘과 투쟁 없이 성립되는 것도 아니다. "역사적으로 사용자 단체는 노동조합이 강력해져 노동시장에서 단체행동에 대한 대응이 사용자 전략에서 피할 수 없는 요소가 된 이후에 나타나기 시작했다"는 건 트랙슬러(Traxler, 2004)의 말이다.

산별체제는 투쟁과 타협의 산물이다. 이 둘 사이의 무게중심은 노사의 힘 관계나 주변 정세에 따라 바뀐다. 가령 2000년대 초반만 하더라도 보건의료노조나 금속노조 등은 투쟁에 힘을 실었다. 그러나 노사 간 힘의 균형이 사용자측으로 기울어진 상황에서 노조의 힘만으로 산별교섭구조를 정착시키기란 쉽지 않게 되었다.

산별교섭구조는 다양한 요인에 의해 결정된다. 외부적인 제도나 환경이 미치는 영향도 적지 않지만 그것은 궁극적으로 교섭구조에 대한 노사의 선호나 힘 관계라는 프리즘을 거쳐 결정된다. "만약 산별교섭이 노사 어느 한쪽에서만 이익이 되었다면 노사의 역관계가 바뀌는 계기를 맞아 재생산되고 유지될 수 없었을 것이다." 배규식(2008)의 지적이다. "자본주의 경제에서 단체교섭구조와 관련해서 노동조합보다 실질적으로 사용자들이 더욱 막강한 영향력을 가지고 있다고 한다면 이들의 선호나 선택을 무시하고 있다는 것은 결정적인 한계에 속한다"는 정주연(2008)의 지적도 같은 취지다. 사측의 선호를 감안하면서 교섭구조에 대해 타협하는 것은 교섭체제의 성립은 물론 그 체제의 지속가능성을 높이는 방안이다. 노조의 권력자원이 약화되는 상황에서 상호이익의 제도화는 불가피한 측면을 지닌다. 실제로 보건의료노조는 산별교섭을 둘러싸고 제기된 노사 간의 쟁점에 대해 적극적으로 고민해 왔다(이주호, 2016).

① 산별교섭 평가에서 주어진 노사간 쟁점 해소(이중교섭, 이중

파업 금지, 외부 노무사에 교섭권 위임 인정, 정치적 요구사항 지양, 개별병원 집중타격투쟁 지양, 노사 상호존중 및 신뢰회복 → 지난 5,9 산별 노사대토론회에서 제기된 사측 요청사항)
② 교섭방식(중앙, 특성, 현장간 역할 배분, 중층적 교섭단위 확대)과 교섭 주기 조율(1년 → 2년 격년제로)
③ 산별교섭 의제 합의(보건의료정책 중심이냐? 일자리 교섭이냐? 임금과 통일 단협 중심이냐?)
④ 교섭비용 절감과 교섭의 효율성 향상 방안(눈치보기, 경쟁적 교섭 지양)

2) 사용자가 단체교섭을 수용하는 이유

사용자가 산별교섭을 수용하는 이유는 몇 가지로 나눌 수 있다. 첫째로 산업평화에 대한 기대다. 이를 위해 노조는 평화의무조항을 수용하는가 하면 노사 내부적으로 갈등조정체계(사적 조정 포함)를 구축하기도 한다. 노조 또한 산별노조로서 규모가 큰 만큼 파업 자체가 용이하지 않을 뿐더러 그것이 국민경제나 사회에 미치는 영향을 고려하지 않을 수 없어 파업에 대해 신중해진다.

두 번째는 교섭비용을 줄이는 것이다. 이 경우 이중교섭과 이중파업이 논란의 대상이다. 산별교섭이 기업별 교섭을 대체하지 못하고 기업별 교섭에 추가되는 형태가 된다면 교섭비용의 증가는 불가피하다. 교섭비용을 절감시키는 일은 노조로서도 중요한 과제다. 따라서 교섭수준별로 의제를 배분하여 교섭의제가 중복되지 않도록 설계할 필요가 있다. 단체협약의 유효기간을 연장하는 것도 비용을 줄이는 방안의 하나다. 정책적 요구사항을 비롯해 사용자의 권한을 뛰어넘거나 경영과 관련된 의제는 산업·업종차원의 사회적 대화나 정부위원회에서 다루거나 경영참가를 활용하는 방안을 찾을 수 있다.

세 번째로 병원 사용자들은 산별교섭을 통해 임금 수준을 평준화시킴으로써 임금경쟁에서 벗어날 수 있다. 그 결과 제품의 품질이나 서비스를 기반으로 경쟁할 수 있는 토대가 마련된다. 물론 이는 노사의 조직률이 높거나 단체협약 확장조항이 있는 경우에 해당된다.

마지막으로 경제적 노사갈등을 외부에서 해결함으로써 병원 내부는 노사협력의 공간으로 만들 수 있다. 노사관계가 외부화되어 사용자로서는 직접 노조를 상대할 필요가 없어진다. 노조의 관점에서 보면 산별교섭으로 인해 노사관계가 외부화됨으로써 비로소 경영참가의 장(場)이 만들어진다고 할 수 있다.

산별 교섭이 가져오는 산업평화효과에 대해서는 좀 더 설명이 필요할 듯하다. 우리나라 노사관계가 대립적인 성격이 강하다고 한다면 이는 기업별 교섭체제와 밀접한 연관을 갖는다. 기업별 체제는 산별체제가 갖는 갈등조정기능을 갖지 못한 탓이다. 산별교섭구조가 산업평화를 확보하는 방안으로서는 △지부파업권에 대한 중앙의 승인, △평화의무조항의 도입, 그리고 △상급단체에 의한 사적조정제도의 활성화 등을 들 수 있다.

먼저 산별노조는 원칙적으로 현장파업권을 봉쇄하되 지부(병원)수준의 파업은 중앙(본조)의 승인사항으로 묶어둔다. 두 번째는 평화의무조항의 도입이다. 평화의무(peace obligation)란 협약당사자가 단체협약의 유효기간 중에 당해 단체협약 사항의 개폐를 목적으로 한 쟁의행위를 하지 않을 의무를 말한다. 협약유효기간 중에 차기협약을 맺기 위해 쟁의행위를 하거나 단체협약의 이행과 관련하여 쟁의행위를 하는 것은 평화의무와 무관하다. 단체협약에 규정되지 않은 사항도 마찬가지다.[2]

산업평화를 확보하는 또 다른 수단은 상급단체에 의한 조정을 활용하는 것이다. 노동위원회에 의한 공적 조정제도는 사적 조정제도에 의해 보완되거나 대체될 수 있다. 이런 예는 스웨덴이나 독일에서도 발견된다. 스웨덴에서는 사적 조정이 조정법(Mediation Act)에 바탕을 둔 공적 조정을 대신하고 있다(Elvander, 2002). 총연맹 수준에서 노사로 구성되는 산업위원회(Industry

---

[2] 판례에 따르면 평화의무를 위반하여 이루어진 쟁의행위는 노사관계를 평화적·자주적으로 규율하기 위한 단체협약의 본질적 기능을 해치는 것일 뿐 아니라 노사관계에서 요구되는 신의성실의 원칙에도 반하는 것이므로 정당성이 없다고 판단하고 있다(대법원 1994.9.30 선고, 94다4042 판결). 이에 반해 행정해석은 유효기간 전에 노동조합의 단체협약 갱신 교섭요구에 사용자측이 응하여 교섭하는 것과 별개로 쟁의행위는 유효기간 만료 후에 해야 한다는 입장을 유지하고 있다(노조 68107-1035, 2001.9.7.).

Committee) 산하에 노사갈등을 조정할 8명의 불편부당한 인사(impartial chairs)를 임명하여 조정에 투입한다. 그 결과 산하 조직들에 대한 SAF와 LO의 조정권한이 강화되어 노사관계의 중앙집권성이 강화되었고 쟁의의 발생은 줄어들었다(신정완, 2010).

독일에서도 공적 조정제도가 있으나 노사관계에서 자율성이 존중되면서 거의 활용되지 않는다. 대신 사적인 갈등조정기구가 이를 대신하고 있다(Teague, 2009). 조정제도는 노사가 합의하여 둘 수 있는데 이는 교섭이 결렬됐을 때 쟁의행위에 돌입하기에 앞서 합리적인 해결책을 모색하기 위한 것이다. 통상적으로 조정절차가 마무리되기 전에는 쟁의행위에 돌입할 수 없다. 평화의무를 조정절차가 종료될 때까지 연장시킨다고 볼 수 있다(박종희, 2002).

우리나라에서도 산별 차원에서 외부 전문가로 구성된 사적조정위원회를 설치하여 공적 조정(노동위원회)을 대체하는 방안을 강구할 수 있다.3) 사적 조정이란 노동위원회에 소속된 공익위원이 아닌 제3자가 집단적 이익분쟁을 조정하는 것을 말한다. 사적 조정은 노사가 합의한 사람이 조정을 담당한다는 점에서 노사자율의 전통에 더욱 잘 어울린다. 사적 조정이 갖는 장점으로

---

3) 2016년 8월에서 9월에 걸쳐 노사정 서울모델협의회는 성과연봉제와 관련하여 서울시 공기업 5개사 노사가 집단교섭을 진행하면서 사적조정제도를 도입한 바가 있다. 이때 조정위원으로서는 노사정서울모델협의회의 공익위원이 선임됐다.

는 다음과 같은 사실을 들 수 있다. 첫째, 사적 조정은 노동위원회를 통한 공적 조정과 달리 노사 당사자의 해결의지와 몰입도가 높아 분쟁의 해결가능성이 높다. 두 번째로 노사는 해당 산업이나 사업장의 노사관계와 경영상황에 대해 전문적인 지식을 가지고 있는 자를 선정함으로써 분쟁의 해결은 물론 예방적 조정이나 사후조정이 가능하다는 장점을 갖는다. 세 번째로 노사는 스스로의 비용과 판단에 의해 조정인을 선정함으로써 조정인에 대한 신뢰가 높으며 또한 성실히 조정에 임하게 된다. 그 결과 사적 조정제도는 소모적인 분쟁을 예방하고 또한 분쟁해결능력을 높인다.4)

결론적으로 산별교섭구조는 노조의 일방적인 선호에 의해 결정된다기보다는 노사의 선호와 그것을 뒷받침하는 힘 관계를 통해 결정된다. 특히 사용자의 동의는 교섭구조의 성립은 물론 지속가능성을 확보하기 위해서도 중요하다. 사용자들로서는 산별교섭을 통해 △산업평화효과를 높이고, △교섭비용을 절감하며, △임금의 평준화를 통해 사용자들 사이의 임금경쟁을 회피할 수 있다는 장점을 갖는다. 또한 산별교섭은 △노사관계의 외부화를

---

4) 2007.7.1.부터는 개정된 노동조합및노동관계조정법이 발효됨으로써 사적조정·중재를 활성화시키는 법률적인 기초가 마련됐다(2006.12.30. 개정). "노동관계 당사자는 쌍방의 합의 또는 단체협약이 정하는 바에 따라 각각 다른 조정 또는 중재방법에 의하여 노동쟁의를 해결하는 것을 방해하지 아니한다"(제52조 1항)는 것이 그것이다(노조법 제52조 제5항 본문).

통해 사업장을 노사협력의 공간으로 만드는 효과를 갖는다.

3) 사용자 단체의 구성

산별교섭구조를 설계하는 과정에서 사용자를 산별교섭에 참여시키는 것 못지않게 중요한 것은 사용자단체를 구성하는 일이다. 2007년 사용자단체가 결성되고 2009년 해산되기까지의 과정에서 두드러진 것은 사용자측의 소극적인 태도와 기회주의적인 접근방식이었다.

사용자 단체(employer association)는 배타적으로 노동시장에서 사용자의 이익을 추구하는 단체로 병원협회와 같은 사업자 단체(business association)와 구분된다. 노조법 제2조 제3호는 사용자단체는 "노동관계에 관하여 그 구성원인 사용자에 대하여 조정 또는 규제할 수 있는 권한을 가진 사용자 단체를 말한다"고 규정하고 있다. 그런데 사용자 단체의 힘을 나타내는 대표적인 지표는 사용자 조직률(employer density)이다. 이는 두 가지 방법으로 측정된다. 하나는 해당산업(업종)의 전체 사용자, 혹은 규약에 규정된 가입대상 사용자 대비 실제로 가입한 사용자의 비중이라면 다른 하나는 해당 사업 전체 노동자 대비 가입 사용자에 고용된 노동자의 비중이다. 일반적으로는 후자가 선호된다(Traxler, 2003).

보건의료산업의 경우 노조 조직률이 낮은데다 산별교섭 참가율도 낮아 이 지표는 별 의미가 없어 보인다. 실제로 노조의 조직률이 높으면 사용자 단체의 조직률도 높아지는 경향을 보인다. 보건의료산업에서 노사의 조직률이 낮다는 사실은 보건의료산업에서 이뤄진 산별교섭이 사실은 다사용자 교섭에 지나지 않는다는 것을 보여주는 지표다.

사용자단체의 역할도 관심의 대상이다. 일반적으로 사용자 단체는 산별단체교섭에서 당사자로 역할하거나 개별 단체교섭에서 사용자를 지원한다. 노조의 단체행동에 대해 사용자를 보호하고 특히 노조가 개별기업을 선정하여 집중적으로 공략하는 집중타격투쟁(whipsawing)에 대해서는 공동대응방안을 마련한다. 정책적으로 사용자단체는 노사관계나 단체교섭 정책을 수립하고 가맹 사용자를 교육하거나 통계 등 기초자료를 제공하여 개별기업의 정책수립을 돕는다. 대정부활동도 간과할 수 없다. 산업정책에 대한 참여 등 대정부 활동을 하는가 하면 특히 사용자 단체가 어려울 때 그들은 단체교섭 기능보다는 정치적 로비 기능을 강화하는 경향을 보인다.

우리나라에서 사용자 단체의 특성은 정상조직(peak organization)이라고 부를 만한 사용자 단체가 없다는 점이다. 한국경영자총협회(경총)가 있다고는 하나 산별 사용자단체의 상급조직은 아니다. 보건의료노조가 정상조직인 민주노총에 가맹되어 있는 것과는 달리 보건의료산업 사용자 단체는 경총의 산하가 아닌, 독립적인 기구다. 이러한 사실은 기업별 노조체제에서 사용자단체가 발달하지 못했다는 걸 우회적으로 보여준다.

보건의료산업 사용자단체는 2009년 해산된다. 결성된 지 불과

3년만이다. 왜 이런 일이 벌어졌을까. 문제는 사용자들이 사용자 단체를 떠나거나 활동을 잠정 중단한 것이 아니라 사용자 단체 자체를 해산했다는 점이다. 회비를 줄이거나 활동을 축소시키는 조치도 취하지 않았다! 활동기간이 원체 짧다보니 외부의 부정적인 환경에 버틸 수 있는 경로의존성(path-dependency)을 가질 만큼의 제도적인 기반도 갖추지 못했다.

보건의료산업에서 사용자 단체가 설립되었다가 해산된 배경에 대해서는 좀 더 살펴볼 필요가 있다. 이는 산별중앙교섭의 정상화를 위해서도 필수적인 과제다. 보건의료부문에서 산별교섭이 이어지지 못한 배경에는 사측의 버티기와 정부의 미온적인 태도가 작용했지만 산별교섭을 둘러싼 노조 내부의 미묘한 갈등도 싹트고 있었다.

다른 산별조직에서도 흔히 나타나는 일이지만 '파업을 하며 산별중앙교섭에 복무한 노조'는 그렇지 않은 노조에 대해 불만이나 불신을 가질 수 있다. "요구수준은 높으면서 파업은 안 하고, 그러면서도 자기네가 생각한 정도의 임금인상안으로 타결되지 않으면 산별교섭을 안 하겠다고 주장하는 걸 보면 불신이 안 생길 수 없죠"(인터뷰). 어차피 조직력의 편차가 있는 상황에서 무임승차자(free-rider)는 생기기 마련이다. 그러나 해마다 파업에 돌입한 지부의 조합원들로선 산별교섭에 대해 불신 못지않게 불만도 높아간다. 결국 "서로의 불신만 커지면서 새로운 전환을 모색하기 위해 산별중앙교섭을 현장교섭으로 전환했다"는 표현이 나올 만큼 산별교섭을 일방적으로 끌고 가기 어려운 상황에까지 이른다. 보건의료노조에서 산별중앙교섭이 멈춰선 것이 반드시 사용자의 의도나 정부의 입김만은 아니라는 말이다.

> 산별교섭의 중단과 관련해서는 2008년부터 내부적으로 현장교섭으로 전환하자는 요구가 점차 높아졌다. 2004, 2005년 산별파업 이후로 파업투쟁을 하는 곳만 하게 되니까 그 조직들의 피로감이 높아져서 전국적으로 투쟁동력이 약화됐다. 그러다보니 사용자의 버티기 수준은 갈수록 심해지고 이에 대응하기 위해서는 현장교섭으로 전환해 조합원들의 투쟁력을 회복해야 한다는 것이었다. 산별중앙교섭으로 조합원의 무관심이 커졌다는 것이다. 치열한 토론 과정에서 국·사립대병원의 핵심 사업장과 민간중소병원, 지방의료원 지부들이 반대해서 (산별중앙교섭을) 유지했지만 2009년도에 들어 사측의 버티기가 극에 달해 결국 산별교섭은 중단하고 현장교섭으로 전환했다. 산별중앙교섭이 2009년도에 갑자기 중단된 게 아니라는 얘기다. 왜 산별중앙교섭이 중단됐는지에 대해 얘기하고 그 원인들에 대한 해결방안을 마련하지 않는다면 다시 산별교섭이 성사되더라도 또 똑같은 상황이 반복될 것이다(인터뷰).

사용자 단체의 버티기도 산별중앙교섭의 중단에 한 몫을 했다. 사측이 사용자단체를 해산시켜 버린 것이다. 여기서 주목할 사실은 그것이 외적 압력, 가령 산별교섭을 바라보는 정부의 선호가 반영된 것이라기보다는 노사 양측의 갈등이 빚은 산물이었다는 점이다. "공식적인 멘트는 이명박 정부의 반노동정책 때문에 산별교섭이 깨졌다고 말하지만 어떻게 보면 노사 간의 내부적인 요인도 일부 작용했다"(인터뷰).

2008년 임금인상안에 대해서는 중앙노동위원회의 조정이 있었다. 사측으로선 노조가 양보하지 않으면 산별중앙교섭을 깰 수도 있다는 입장이었다. 산별교섭에 매달려온 노조에 대한 협박이었다. 노조도 협박으로 맞섰다. 사용자가 갖는 최대의 우려를 이중교섭으로 보고 현장교섭으로 전환할 수 있다고 나선 것이다. 임금인상을 둘러싼 갈등이 자존심 싸움으로 바뀌면서 묘하게도 합의는 현장교섭으로 수렴되고 있었다. 노조로선 제대로 산별교섭을 지속하려면 한번쯤은 깰 필요가 있다는 내부 의견도 있었다. 그래서 임금교섭을 현장으로 내리니까 사측은 보란 듯이 사용자단체를 해산해 버렸다. 보건의료노조의 아킬레스건을 건드린, 일종의 감정적인 보복이었다.

산별교섭이 외부 요인만으로 중단된 것이 아니라는 사실은 노조 내부에서도 중대한 과제를 남긴다. "지부 간 조직력의 편차를 어떻게 극복할 것인가", "산별중앙교섭이 낳는 현장 조합원의 무관심을 어떻게 극복할 것인가"라는 과제가 그것이다. 이런 과제들에 대한 방안이 마련되지 않은 채 산별중앙교섭이 복원된다면 같은 전철을 밟을 수도 있다. 이것은 보건의료노조가 산별교섭을 정상화시키는 과정에서 풀고 지나가야 할 숙제다.

4) 정부의 선호와 법적 뒷받침

산별교섭구조를 만들려면 정부의 태도도 무시할 수 없다. 실제로 산별교섭구조를 형성하기 위해서는 법·제도적 조건을 갖추는 것 못지않게 정부의 정책적 지원을 확보하는 것도 중요하다. 금속노조나 보건의료노조의 산별교섭은 참여정부 시절에 이루어졌다. 금속노조의 경우 완성차 대공장의 산별교섭 결합은 합의서까지 끌어냈지만 정권이 바뀌면서 휴지조각이 되고 말았다(박태주, 2009 참조).

정부의 태도가 중요하다는 사실은 보건의료노조의 경우도 예외는 아니다. "사용자단체의 결성에 영향을 미친 대표적인 변수는 외적, 제도적 도전이었다. 특히 보건의료산업에서 과거에 비해 노무현 정부의 친노동적 중재과정은 보건의료 사용자들의 산별교섭 참여와 사용자단체 결성에 긍정적 역할을 하였다."전인외(2009)의 지적이다. 공공병원은 산별교섭을 바라보는 정부의 태도에 대해서 동물적인 감각(animal spirit)을 갖고 있다.

사용자단체를 바라보는 관점은 특성별로도 달랐다. 2000년대 초반 보건의료노조가 산별교섭에 참가하기를 압박했을 때 중소병원은 재정적인 어려움으로 인해 산별노조의 집단행동에 강경하게 대응하기가 힘들었다. 대학병원보다 임금 및 근로조건이 나쁜데다 노사관계에 대응할 역량도 모자랐던 탓이다. 그리하여 중소병원은 산별교섭구조를 수용했으며 그것은 지금까지도 유지되고 있다.

공공병원은 직접적으로 정부의 정책에 노출되어 있어 논외라 치더라도 문제는 사립대병원이었다. 그들은 달랐다. 그들은 기업별 교섭을 선호한 반면 산별교섭과 사용자단체의 구성에 대해서는 부정적이었다. 이들은 산별교섭이 특성별·규모별 차이에 따른 병원 간 이해 조율이 어렵고 이중교섭과 이중파업의 위협으로 노조 영향력만 높일 것이라고 주장했다(전인 외, 2009). 상대적으로 유리한 물적 토대와 노사관계에 대응할 수 있는 역량을 갖춘 만큼 기업별 노조를 상대하는 게 유리하다고 본 것이다.

보건의료산업에서 산별교섭이 성립된 건 참여정부 시절이었다. 2003년 취임한 노무현 정권은 산별교섭에 대해 긍정적이었다. <표 4-2>에서 보듯이 참여정부 인수위원회에서는 중점추진과제의 하나로 산별교섭구조의 형성을 들고 이를 위해 노동관계법의 개선과 사용자단체의 구성을 유도한다는 정책과제를 추진할 계획을 세워두고 있었다. 산별교섭구조를 형성할 우선적인 대상의 하나가 병원이었다.

<표 4-2> 참여정부 인수위원회의 「국정과제 T.F 보고서」(2013.2) 내용

※ 중층적 교섭구조의 점진적 정착 　○ 중층적 교섭체제(업종별·지역별·산업별 교섭구조와 기업별 교섭구조의 병존)가 점진적으로 확산되도록 유인 　　- 조건이 갖추어진 민간부문(예: 병원, 금속 및 금융기관 등)과 공공부문(예: 정부출연연구기관)에서 우선 유도

> - 민간부문의 경우 강제하기보다는 여건을 조성함.
> ○ 중층적 교섭구조의 효율적 정착을 위해 기업별 교섭을 전제로 하고 있는 노동관계법의 정비
> ○ 조건이 갖춰진 업종에 대해 사용자단체의 구성 유도 및 중층적 교섭구조 운영매뉴얼 개발의 지원

참여정부시절, 정부(중앙노동위원회)는 노사갈등을 직권중재에 일방 회부하는 대신 합법파업의 공간을 열어줌으로써 간접적으로 산별교섭에 대한 사용자의 태도변화를 촉구하였다. 2004년이었다. 단체교섭은 보건의료노조의 산별 5대 요구안과 사측의 요구안이 충돌하면서 중노위에 대한 쟁의조정신청으로 이어졌다. 그런데 사측의 예상이나 관행과 달리 중노위는 직권중재 결정을 보류해 보건의료노조가 합법적으로 파업할 수 있는 길을 열었다. 2005년 중노위는 강제중재를 통해 노측의 양보안보다 불리한 내용을 사측에게 제시하기도 했다. 예상치 못한 조치였다. 사측으로선 당혹스러울 수밖에 없었다. 정부가 스스로의 입장을 사측이 알아차릴 수 있도록 충분하게 신호를 전달한 것이었다. 보건의료산업에서 산별교섭이 형성되고 사용자 단체가 구성된 배경에는 이처럼 정부의 정책적 선호가 있었다고 할 수 있다.

산별교섭구조를 형성하는 과정에서 법률적인 쟁점도 논란이 되어왔다. 산별교섭의 법제화와 단체협약 효력확장조항의 도입이 대표적이다. 먼저 산별교섭을 법제화하자는 주장은 사립학교의 연합교섭을 규정하고 있는 교원노조법 제6조 1항에 주목한

다. 노조가 다수의 사용자에게 교섭을 요청하면 사용자는 "연합하여 교섭에 응하여야 한다"는 조항이 그것이다.

오늘날 노동운동이 낳는 부작용의 상당부문이 기업별 노조체제에서 비롯된 것이 사실이라면, 그리고 노동운동이 자체적인 노력으로 산별체제로 이행할 전망이 희박하다면, 사회의 공기(公器)로서 노동운동을 제 위치에 놓는 것도 사회적인 역할에 속한다. 산별교섭을 법으로 강제하는 방안을 검토해 볼 필요가 있다는 의미다. 이런 주장은 외국 학자의 글에서도 발견된다.

> 산별차원의 단체협상을 강제하기 위한 방법으로 고려해 볼 만한 튼튼한 도구로서 모든 기업들이 단일한 사용자단체에 의무적으로 가입하게 만드는 것을 들 수 있다. 각 부문에서 획일적 임금을 강제하게 되면 노동시장이 노동자들을 착취하는 장이 아니라 기업들끼리 평등하게 경쟁하는 장을 마련하게 되며 이는 공공재에 해당된다. 모든 기업들에게 똑같은 임금수준을 강제한다면 경영자들은 임금 착취를 단념하고 대신에 신제품을 개발하거나 고객관리를 개선하거나 생산과정의 개선 도입하는 데 노력을 쏟게 될 것이다. 따라서 기업의 사용자 단체가입을 의무화하는 것이 사용자들 측이 일관된 입장을 가지도록 보장하는 정당한 방법이다(둘리엔 외, 2012).

이 주장에 동의하기는 쉽지 않다. 교원노조법의 규정에도 불구하고 사립학교에서 단체교섭이 이뤄지지 않는 게 사실이라면 그것이 왜 그리 됐는지도 검토할 필요가 있다.5) 사용자 단체의 구성을 강요하는 것이 결사의 자유에 위배된다는 지적도 있다. 노동조합이 스스로의 역할까지 법률에 의존하는 것도 문제지만 이 조항이 도입되면 사립학교의 교섭에서 보듯 그 성사 역시 상당수가 사법적인 판단에 의존하게 될 것이다. 법으로 인해 기울어진 운동장에서 법에 매달리는 것도 역설적이지만 이러다간 '변호사가 노동운동을 대행하는 상황'이 벌어질 수도 있다. 다른 나라의 사례를 보더라도 교섭방식은 법률보다 관행의 문제로 정착됐다(노동전문가 33인, 2013). 산별교섭의 법제화보다는 단체협약의 효력확장에 초점을 맞춰야 한다는 것이 이 글의 주장이다.

우리나라가 단체교섭구조의 중앙집중화를 통해 임금소득의 불평등을 완화한다고 하더라도 그 효과가 그리 크지는 않을 것이다. 임금격차가 심각한 데다 노조의 조직률이 원체 낮기 때문이다. 노동조합의 임금평준화 효과를 증대시키기 위해서라도 단체협약의 효력을 확장시키는 제도적 장치를 모색할 수 있다(조용

---

5) 교원노조법 제6조 1항, 즉 노조가 단체교섭을 요청할 경우 "사립학교는 사립학교 설립경영자가 전국 또는 시도단위로 연합하여 교섭에 응하여야 한다"는 조항에 의해 단체교섭은 단 한 차례 이뤄졌을 뿐이다. 전교조 대전지부의 사례가 그것으로 2002년 4월 29일 단체교섭 요구서를 발송한 이래 1,939일만인 2007년 8월 20일에야 단체협약을 체결했다. 지방노동위원회, 중앙노동위원회, 행정소송, 공농법원 항소에 이어 대법원까지 간 소송의 연속이었다. 이에 대해 자세한 것은 박태주 외(2013)를 참고할 수 있다.

만 외, 2006). 현재 우리나라에서 단체협약의 효력 확장은 사업장 단위와 지역단위에 한정되어 적용범위가 좁을 뿐 아니라 적용요건도 지나치게 엄격하여 사실상 사문화되어 있다.6)

<표 4-3> 노조 조직률과 단체협약 적용률 국제비교(2013)

나라	노조조직률(%)	단체협약 적용률(%)
미국	10.7	11.9
일본	17.6	17.1
캐나다	26.4	29.0
영국	25.1	29.5
독일	18.1	57.6
스페인	16.9	77.6
이탈리아	37.3	80.0
스웨덴	67.3	89.0
프랑스	7.7	98.0

자료: Newstex Global Business Blogs(Sep. 06, 2016).

단체협약의 효력확장은 산별교섭의 법제화에 비해 논란이 적

---

6) 노동조합 및 노동관계조정법 제36조(지역적 구속력) ①하나의 지역에 있어서 종업하는 동종의 근로자 3분의 2 이상이 하나의 단체협약의 적용을 받게 된 때에는 행정관청은 당해 단체협약의 당사자의 쌍방 또는 일방의 신청에 의하거나 그 직권으로 노동위원회의 의결을 얻어 당해 지역에서 종업하는 다른 동종의 근로자와 그 사용자에 대하여도 당해 단체협약을 적용한다는 결정을 할 수 있다.

을 뿐 아니라 유럽의 각 나라에서 폭넓게 실시되고 있다는 점에서 적극적인 고려의 대상이 된다. <표 4-3>에서 보듯 프랑스는 OECD 국가 가운데 가장 낮은 노조 조직률(7.7%)을 보이고 있지만 단체협약의 적용률은 OECD에서 가장 높은 98%에 이른다. 18%의 조직률을 가진 독일이 60%에 가까운 협약 적용률을 보인다거나 스페인이 17%의 조직률에도 불구하고 80%에 가까운 협약적용률을 가질 수 있는 것은 단체협약의 효력이 비조합원에게도 적용되는 장치를 갖고 있기 때문이다.

단체협약의 효력 확장은 국제노동기구(ILO)의 관심사항이기도 하다. ILO는 제98호 협약(단결권 및 단체교섭권 원칙에 관한 협약, 1949년)과 제154호 협약(단체교섭 촉진에 관한 협약, 1951년), 그리고 제91호 권고(단체교섭 촉진에 관한 권고)를 통해 단체협약 효력 확장 조항의 도입을 촉구하고 있다. 제91호 권고는 "적절한 경우에는 이미 확립된 교섭관행을 고려한 후 단체협약의 산업적·지역적 적용범위에 해당되는 모든 사용자와 근로자들에게 그 협약의 전부 혹은 일부 규정의 적용을 확장하기 위하여 국내법령에 의해 결정되고 국내 사정에 적합한 조치를 취하여야 한다"고 규정하고 있다(제5항 제1문).

단체협약 효력확장 조항은 조직률이 낮고 그마나 기업별 체제로 조직되어 있는 상황에서 임금 및 근로조건을 평준화시키고 산별교섭을 촉진하는 유인이 된다(Traxler, 2003). 사용자들은 자기 사업장에까지 단체협약의 효력이 확장될 것이며 그것이 구속력을 가질 것이라는 사실을 안다면 그 결과에 영향을 미치기 위해 사용자단체에 가입하고 교섭과정에 참여하려는 인센티브를 가질 것이다.

결론적으로 산별교섭구조를 형성하는 과정에서 정부의 영향력을 무시하긴 어렵다. 보건의료노조만 하더라도 산별중앙교섭이 성립된 것은 노조의 투쟁 이외에도 산별교섭에 대한 정부의 긍정적인 태도와 중앙노동위원회의 직권중재 보류 등에 크게 힘입었다. 산별교섭구조를 형성하기 위한 법적인 조치로서는 산별교섭의 법제화(사용자 단체 구성의 의무화)나 단체협약 효력확장 조항의 도입을 들 수 있다. 그런데 산별교섭의 법제화는 법리논쟁을 비롯해 다양한 쟁점을 남긴다. 노사관계의 사법화가 우려되기도 한다. 단체협약 효력확장 조항은 산업차원에서 임금과 근로조건을 평준화시킬 뿐 아니라 기업이 산별교섭에 참가하려는 인센티브를 높인다는 점에서 적극적으로 도입을 검토할 필요가 있다. 단체교섭 과정에서 창구 단일화 조항을 삭제할 수 없다면 단일화 대상에서 산별노조를 제외시키는 방안도 검토의 대상이다.

그렇다면 사용자단체가 해산되고 단체교섭도 특성별 교섭으로 축소된 상황에서 산별교섭구조를 복원시키는 방안은 무엇일까. 개혁정권이 들어서면 산별교섭구조가 형성될까. 이하에서는 이를 '조정된 분권화'라는 관점에서 살펴본다.

5) 산별중심의 '조정된 분권화'

산별교섭구조는 다양한 요소로 구성된다. 교섭의 수준이나 협약의 적용범위, 본조와 지부와의 관계, 교섭의 의제 등이 그것이다. 이 가운데 물론 핵심은 교섭의 수준과 사용자 단체의 구성이다.

산별교섭구조를 설계하려면 최근 유럽에서 일어나고 있는 교섭구조의 분권화 경향을 살펴볼 필요가 있다. 산별교섭에서 임금이나 근로조건은 원칙적으로 초기업 수준에서 결정됨으로써 기업 간 경쟁의 요소에서 제외된다. 기업의 지불능력과 무관하게 일률적으로 결정되는 것이다. 인적자원의 육성이나 활용에 대해서는 기업 간 경쟁이 가능하다. 교육훈련을 통한 생산성의 향상이나 전환배치와 같은 유연화가 대표적이다.

최근 기술의 발달속도가 빨라지고 경기의 불확실성이 높아지면서 교섭의 분권화에 대한 사용자의 압력도 증대되고 있다. 기업의 특수성에 바탕을 둔 기업차원의 경쟁전략이 중요성을 더해가면서 나타나는 현상이다. 유럽에서도 분권화가 다사용자교섭을 유지하는 가운데 이뤄지는 것은 사실이지만 기업별 교섭의 중요성이 커지는 것도 사실이다(Marginson, 2015). 획일적인 산별중앙교섭구조에 대한 문제제기라고 봐도 좋다. 노조로서도 고용을 유지하는 조건으로 임금이나 노동시간, 작업조직의 재편을 양보하는 경우가 발생하기도 한다. 대표적인 사례가 고용안정협정이라 불리는 "고용과 경쟁력 제고를 위한 기업협정"(pacts for employment and competitiveness)이다(Zagelmeyer, 2000)이다. 이를 노조의 힘이 예전만 못하다는 것으로 이해한다면 그것도 사실이다.

이와 관련하여 주목되는 것은 '조정된 교섭 구조'(coordinated bargaining arrangement)다. 시슨 등(Sisson et al., 2002)은 조정된 교섭을 분리된 교섭에서 같거나 유사한 결과를 얻으려는 시도라고 정의한다. 즉 중앙으로 집중된 하나의 교섭단위를 고집하기보다는 다양한 교섭단위를 인정하면서도 중앙의 조정에 의해 동일한 결과를 얻으려는 시도로 이해할 수 있다. 조정된 분권화의 핵심은 기업차원의 경쟁전략이 중요해지면서 기업차원에서 결정할 수 있는 내용의 폭을 넓혔다는 점이다. 일정 부분 교섭의 분권화를 수용하되 분권화의 과정과 내용을 중앙에서 통제하는 것이다. 교섭구조가 중층적인 모습을 띠나 협약내용에서는 큰 차이가 없다.

조정된 분권화의 형태는 다양하다. 중앙교섭구조를 유지하면서도 권한이나 의제를 상당부분 하부로 이양하는 형태가 일반적이다. 기업차원에서 교섭할 수 있는 범위를 설정해 주거나 기준만 설정하고 세부 실행방안은 기업차원으로 넘기는 경우도 있다(박태주, 2009). 패턴 교섭이 나타나기도 한다. 유형설정자(pattern setter)에 해당되는 업종(기업)이 단체협약을 타결하면 다른 교섭단위도 그 결과를 수용하는 것이 그것이다(Traxler, 2003). 이러한 과정이 반드시 공식적이고 제도적으로 설정될 필요는 없다. 비공식적으로 이뤄지는 경우도 많다. 협약의 유연화도 분권화의 일환이다. 독일의 경우에서 보듯 교섭의 상대방이 인정할 경우 협약의 준수의무를 면제해주거나(hardship clauses) 협약의 준수여부를 기업의 판단에 맡기는 개방조항(open clauses)을 두는 경우가 대표적이다(이승협, 2008). 이처럼 산별교섭체제는 분권화와 유연화를 통해 변화되는 환경에 적응해 왔다. 비서(Visser, 2013)는 산별협약은 그것을 규정하는 특징들의 대부분을 부정함으로써 비로소 살아남았다고 말한다.

산별교섭의 패러다임은 연대임금이다. 우리나라에서는 한 산업 내에서도 임금격차는 심각하다. 산별교섭을 이뤘지만 임금평준화는 변죽만 울렸을 뿐, 제대로 접근조차 하지 못하고 있다. 따라서 산별 중앙교섭만을 고집하고 협약의 경직적인 이행을 강제하기보다는 교섭의 분권화와 협약의 유연화를 검토할 필요가 있다(임상훈, 2013). 우리나라는 기업별 교섭의 전통이 경로의존적(path-dependent)이라고 할 만큼 강하게 남아 있다는 사실도 조정된 분권화를 고려하게 만드는 요인이다. 경로의존성이란 해왔던 관행대로 별다른 문제의식 없이 따라가고 또한 그러한 관행을 유지하려는 성질을 말한다. 기업별 교섭이 기업별 조직의 활력을 보장하는 에너지원이라면 기업별 교섭을 적대적으로 간주할 것이 아니라 산별교섭을 보완하는 단위로 활용할 수 있다.

결론적으로 보건의료노조가 추구하는 산별교섭의 형태는 경직적이고 기계적인 중앙집중화를 추구하기보다는 강화된 기업의 경쟁 환경에 유연하게 대응할 수 있는 형태를 지향할 필요가 있다. 교섭단위의 분권화와 협약의 유연화를 인정하면서도 중앙의 조정에 의해 통일성을 유지하는 '조정된 교섭구조'가 그것이다. 이는 기업별 교섭의 전통이 강하게 남아 있는 우리나라의 상황에도 부합될 수 있을 것이다.

3. 산별연대임금을 향하여

1) '동일가치노동 동일임금의 원칙'

"한국형 연대임금정책은 가능한가?" 이 질문은 "왜 산별노조를 만들었가"라는 질문이기도 하다. 산별체제는 임금의 극대화가 아닌 임금격차의 해소, 나아가 연대임금정책의 실현을 목표로 한다. 연대임금은 기업의 규모와 수익, 산업 등에 상관없이 같은 내용의 일을 하는 노동자라면 같은 임금을 지급하는 것을 말한다. 동일가치노동 동일임금의 원칙을 바탕으로 직무가치에 따라 임금을 결정하는 방식이다. 이는 산별교섭을 통해 저임금 기업의 임금 상승을 촉진하고 고임금 기업의 임금상승을 억제하여 임금격차를 줄이는 방식으로 구체화된다(노동자의 임금을 깎아서 살아남으려는 기업은 차라리 문을 닫으라는 것이다). 이는 다시 "그간 산별체제가 구체적으로 노동시장의 불평등 완화라는 점에서 어떤 성과를 냈는가"라는 질문으로 발전한다.

이와 관련하여 학계의 평가는 그다지 긍정적이지 않다. "보건의료노조가 노동시장 불평등 완화를 위해 노력한 것은 사실이지만 기대만큼의 큰 성과는 없다"는 정이환(2016)의 진술이 대표적이다. 이철승(2016)은 더 비관적이다. 산업 내의 불평등 감소라는 산별노조의 목표는 "이제껏 실패했고 앞으로도 난망할 것"이라는 게 그의 주장이다. 대안으로 그는 (조금은 뜬금없이) 사회안전망의 확대와 보편화를 제안한다. 과연 그럴까.7) 산별노조가 노동시장의 불평등을 완화하는 데 기대만큼의 성과를 내지 못했다면 그럴 이유가 있는 것은 아닐까. 산별차원에서 임금불평등은 그것을 뒷받침하는 연대의식의 실종과 그것의 구체적인 표현으로서 산별임금체계에 대한 관심의 부재에서 비롯된다는 것이 이 글의 주장이다. 물론 연대임금정책이 '정규직 양보론'으로 비칠 경우 조합원의 동의와 참가를 얻기는 쉽지 않을 것이다. 한 노조 간부의 전언이다.

정규직 양보론은 조합원들에게 설득이 안 된다. 이는 높은 의식

---

7) 사회안전망의 확대, 나아가 복지체제의 구축은 산별체제가 지향하는 핵심적인 가치의 하나다. 보건의료노조는 복지의 공급자라는 점에서 복지체제의 구축은 근로조건의 개선과 밀접한 관련을 갖는다. 그러나 사회안전망의 확대가 일차적인 임금불평등의 축소로 이어지는 것은 아니며 그 효과가 보건의료부문에 국한되는 것도 아니다. 그렇다면 보건의료노조로서는 사회적 임금을 통한 불평등 해소에 초점을 맞추더라도 단체교섭을 통해 불평등을 해소하는 것은 여전히 중요하다.

을 요구하는 것인데 현재 조합원의 수준으로는 그걸 받아들이기가 어렵다. 해당되는 조합원으로선 반발할 수 있다. 특히 대병원에서의 양보가 중소병원 노동자들의 임금향상과 노동조건 개선으로 간다는 아무런 인과성이 없다. 오히려 대병원에서 낮은 인상률로 타결지으면 중소병원에서는 더 낮은 임금인상으로 귀결될 것이다(인터뷰).

정규직 양보론은 달리 사회연대전략으로 표현되어 왔다. 사회연대전략[8])이란 고소득·정규직 노동자들이 임금이나 복지의 일부를 양보해 일자리를 늘리거나 비정규직 등 사회적 약자의 처우를 개선하자는 제안이다. 이는 단순히 노동자들 사이의 분배를 넘어 정규직 노동자의 양보를 자본과 권력의 양보를 끌어내는 마중물로 활용하자는 주장으로 발전한다. 그렇다면 사회연대전략은 사회적 약자와 연대를 구축함으로써 투쟁의 주체를 재구성하고 사회적 공감대를 확보하기 위한 노력이라고도 할 수 있다. 사회연대전략을 계급형성전략이라고 부르는 이유도 여기에 있다(오건호, 2008). 사회경제적인 양극화가 연대성의 위기를 초래하고 있다면 사회연대전략은 분절된 노동

---

8) 사회연대전략이란 말은 2007년 민주노동당이 '국민연금보험료 지원사업'을 제기하면서 비롯됐다. 즉 기존 국민연금 가입자(정규직)의 보험료를 일부 인상함으로써 미가입자(비정규직)들의 연금 혜택을 확대하자는 내용이었다. 그러나 이 사업은 진보진영 내부의 뜨거운 논란만 불러온 채 좌초되고 말았다(자세한 내용은 이상호, 2011).

세력을 잇는 가교이자 사회적으로 노동운동의 고립성을 벗어나려는 노력이다.

사회연대전략이 조합원들에게 먹혀들지 않는다는 건 한국형 연대임금정책은 가능하지 않을 수도 있다는 뼈아픈 현실인식이다. 이철승(2016)도 이 점에서는 동일한 인식을 드러낸다. "산별노조운동의 가장 중요한 목표는 산업별 단체임금교섭을 통한 동일노동 동일임금을 달성하는 것"이지만 한국의 산별교섭은 오히려 불평등을 증대시키고 있다는 게 그의 주장이다.

실제로 보건의료노조가 건설된 이래 임금을 평준화시키려는 노력은 부분적으로 이뤄졌을 뿐이며 임금격차를 축소시키는 데도 별다른 성과를 거두지 못했다는 것은 사실일 수 있다. 그러나 보건의료노조가 임금불평등 해소에 소극적이었고 성과가 미미했다는 진단을 산별무용론이나 산별실패론으로 연결짓기에는 몇 가지 유보조건이 따른다. 산별노조들은 척박한 토양에서 살아남는 것만도 버거운 처지였다. 메마른 사막에서 모래바람까지 맞아가며 버텨내야만 했다. 막무가내로 치고 들어오는 사용자에 맞서 단위조직을 지켜내는 일이 급선무인 곳도 그치지 않았다. 연대라는 이름으로 임금격차를 축소하라지만 그것을 담아낼 교섭구조는 늘상 불안정했다. 보건의료노조가 만들어진 건 1998년이고 산별교섭이 형성된 것은 2004년이었다. 2007년에야 사용자단체가 구성되었는가 하면 그마저 2009년에는 해산되면서 산별교섭구조도 흐트러지고 말았다. 5년에 불과한 산별교섭의 시기는 산별교섭의 시대였다기보다 산별교섭구조를 만들다 만 기간이었다. 신생의 조직한테 과도한 기대를 건 셈이었다.

산별노조의 경험이 짧다는 것은 기업별 노조체제에서 임금극대화를 추구한 기억이 강하게 남아 있다는 사실을 말한다. 보건의료노조로선 대병원 위주의 조직구조에서 조직의 안정성을 확보하기 위해서라도 가맹조직에게 성과를 보여줄 필요가 있었다. 이런 상태에서 보건의료노조로서도 임금극대화를 지향하는 일이 일정부분 불가피했을 것이다. 로스(Ross, 1948)가 말하는 '강제적 비교의 궤적'(the orbit of coercive comparison)에서 보건의료노조도 자유롭다고 보기는 어렵다. 임금인상률이 조직의 성과로 등치되면서 다른 조직의 임금인상률과 비교당할 수밖에 없었다.

보건의료노조는 비록 대병원의 상당부분을 조직하고 있으나 전체 조직률은 10%를 갓 넘는다. 특히 <표 2-2>에서 보듯 민간 중소병원의 낮은 조직률은 산별교섭 성과의 확산을 막는 차단제 역할을 한다. 또한 단체협약의 효력확장조항이 없는 가운데 낮은 조직률로 인해 보건의료노조의 단체협약이 산업전체의 임금격차에 영향을 미치기에는 역부족이었을 것이다. 보건의료산업에서 임금의 평준화효과가 떨어지는 또 다른 요인은 산별최저임금의 영향률이 낮다는 사실과 연관된다. 산별최저임금의 액수가 법정최저임금 수준을 간신히 넘는 데다 낮은 조직률로 높은 영향률을 확보하기란 쉽지 않았다.

스웨덴처럼 조직이 안정된 상태에서도 연대임금정책을 통한 고임금부분의 임금억제는 해당 부분의 반발을 낳았고 궁극적으로 연대임금정책의 폐지를 가져왔다(신정완, 2010; 안재홍, 2003).

이런 상황에서 산별연대임금이 실현되지 않고 있다고 해서 앞으로도 그러할 것이라는 지적은 노동운동의 동학(dynamics)을 간과하고 있다고 할 수 있다. 게다가 두 교수는 '산별체제= 산별교섭구조'로 이해함으로써 사회적 대화를 통한 정책개입이나 경영참가, 나아가 노조의 사회운동('의료공공성 투쟁')을 산별의 성과에 포함시키지 못하고 있다.

학자의 눈으로 볼 때 불만족스럽겠지만 보건의료노조가 임금평준화정책에서 실패했다고 단정적으로 말하는 것도 때 이른 지적이다. 노동시장에서 평준화 정책은 일의적(一義的)인 것이 아니며 단박에 달성되는 것도 아니다. 보건의료노조의 경우 노동시장을 평준화시키려는 다양한 시도가 있었고 부분적으로 성공을 거둔 것도 사실이다. 예를 들어 △상후하박정책을 통한 임금의 평준화, △근로조건의 평준화(가령 주5일제 시행), △산별최저임금의 제정, △비정규직의 정규직화와 처우개선, △사회적 임금의 확대, 그리고 △정부의 정책적·제도적 개입을 통한 평준화 노력 등이 그것이다. 평준화정책도 종합적인 청사진을 바탕으로 일사분란하게 추진되는 것이 아니라 현실에서는 시행착오를 거치면서 '만들어가는 것'이라고 봐야 한다. 지금은 산별체제 그 자체를 '만들어가는 과정'에 있다. 그러면 보건의료부문에서 임금의 격차는 구체적으로 어떻게 나타날까.

2) 병원의 임금격차

병원에서 임금 및 근로조건의 격차를 살펴볼 때 먼저 눈에 띄는 것은 특성별 격차보다는 규모별 격차가 더욱 심각하다는 사실이다.

<표 4-4> 특성별 임금실태

병원 특성 및 고용형태			2014년		2015년	
			연간임금 총액	월임금 총액	연간임금 총액	월임금 총액
병원특성	공공	특수목적공공	4297.1	358.1	4291.3	357.6
		국립대	4365.3	363.8	4333.3	361.1
		지방의료원	3703.6	308.6	3651.6	304.3
	민간	사립대	441.7	370.1	4555.4	379.6
		민간중소	3602.3	300.2	3418	284.8
고용형태		정규직	4324.5	360.4	4368.4	364
		무기계약직	2687.7	224	2741.4	228.4
		비정규직	2545.8	212.1	2275.2	189.6
합계			4267.4	355.6	4284	357

자료: 전국보건의료노동조합, 2016a.

<표 4-4>에 의하면 사립대와 국립대, 그리고 특수목적 공공병원은 비슷한 임금수준을 보이고 있다. 지방의료원과 민간중소병원은 얼마간 낮은 수준을 형성하고 있다. 특성별 임금격차는 그

다지 심각한 것으로 보이지는 않는다. 2015년의 임금수준을 살펴보면 사립대병원(4,555만원), 국립대병원(4,333만원), 특수목적 공공병원(4,291만원)의 임금이 4,300~4,500만 원대로 높고, 이어 지방의료원(3,651만원)과 민간중소병원(3,418만원)이 3,400~3,600만 원대를 기록하고 있다.

기업(병원) 규모별로 임금수준을 살펴보면 상황은 반전된다. 300인 이상 보건업의 정규직 임금을 100으로 봤을 때 1~4인 규모는 48에 지나지 않는다. 10~29인 규모는 55.4, 30~99명 규모는 61.7을 나타내고 100~299명 규모도 81.6에 머문다. 정규직과 비정규직 사이의 임금격차는 300인 이상 사업장에서 61.2로 크게 나타나나 나머지 규모에서는 80이 넘어 규모별 임금격차에 미치지는 못하다. 그리하여 대규모 사업장 비정규직의 임금이 99인 이하 사업장의 정규직 임금을 웃돌 만큼 기업규모별 임금격차는 심각하다.9) 법정 최저임금 미달자도 1~4인 규모에서는 정규직이 5.2%, 비정규직이 21.2%에 이른다. 전체 규모로 봤을 때 정규직의 2.2%, 비정규직의 11.1%가 법정 최저임금에도 미치지 못하는 임금을 받고 있다(김유선, 2016).

---

9) 이 수치는 보건의료노조가 가맹 사업장을 대상으로 조사한 <표3-3>의 결과와 다르다. 이 표에 따르면 비정규직의 임금은 월 212만원으로 정규직 임금의 58.9%에 지나지 않는다. 무기계약직은 비록 고용은 안정되었으나 임금수준은 월 223만원으로 비정규직과 큰 차이가 없다. 그러나 이 조사는 보건의료노조 가맹사업장만을 대상으로 할 뿐 아니라 병원의 규모와 근속연수를 감안하지 않고 있다.

<표 4-5> 보건업 고용형태 및 사업체규모별 시간당 임금 (2013년 3월)

	시간당임금(원)			임금격차1(%) 300인이상 정규직=100		임금격차2(%) 각 규모별 정규직=100	
	정규직	비정규직	노동자	정규직	비정규직	정규직	비정규직
1-4인	9,288	7,592	8,782	48.0	39.2	100.0	81.7
5-9인	9,928	7,341	8,982	51.3	37.9	100.0	73.9
10-29인	10,070	8,839	9,713	52.0	45.7	100.0	87.8
30-99인	11,816	10,184	11,248	61.0	52.6	100.0	86.2
100-299인	15,700	12,726	14,832	81.1	65.7	100.0	81.1
300인이상	19,359	11,841	18,103	100.0	61.2	100.0	61.2
전규모	13,316	9,567	12,235	68.8	49.4	100.0	71.8

출처: 통계청, 경제활동인구조사 부가조사(2013년 3월), 김유선(2016)에서 재인용.

<표 4-6>은 병원의 대표 직종이라고 할 수 있는 간호사의 임금을 병원 특성별·근속연수별로 비교한 것이다. 이에 따르면 평균임금에서 특수목적 공공병원(4,236만원)과 국립대병원(4,179만원), 그리고 사립대병원(4,279만원) 사이에는 현격한 격차는 없다. 반면 민간중소병원은 3,426만원으로 크게 떨어진다. 또한 근속연수별로 보면 국립대병원의 임금상승속도가 가파르다는 것을 확인할 수 있다. 이 역시 앞서 말한 규모별 임금격차를 확인시켜 준다.

연대임금의 실현과 관련해서는 다양한 의문이 제기된다. 산별교섭의 목표가 임금격차의 축소('동일노동 동일임금 원칙'의 실현)라면 그게 가능할까. 정규직 노동자들이 반발하지 않을까. 제도

적인 접근(보건의료산업의 수가정책과 의료전달체계의 개선)을 통한 임금격차 축소방안은 없는가. 이를 좀 더 구체적으로 살펴보면 내부적으로 산별임금체계에 대한 논의가 실종됐다는 사실을 확인할 수 있다.

<표 4-6> 병원특성별·근속연수별 간호사 임금비교(2015)

특성	근속	연간총액	월총액	특성	근속	연간총액	월총액
특수목적공공병원	3년미만	3,525.8	293.8	사립대병원	3년미만	3,511.4	292.6
	3-6년 미만	3,980.9	331.7		3-6년 미만	3,966.3	330.5
	6-9년 미만	4,757.5	396.5		6-9년 미만	4,275.4	356.3
	9-12년 미만	4,679.4	389.9		9-12년 미만	4,541.4	378.4
	12-15년 미만	4,975.4	414.6		12-15년 미만	4,917.2	409.8
	15-19년 미만	5,566.7	463.9		15-19년 미만	5,338.6	444.9
	19년 이상	6,209.4	517.5		19년 이상	5,979.8	498.3
	계	4,236.5	353		계	4,278.7	356.6
국립대병원	3년미만	3,154.3	262.9	민간중소병원	3년미만	3,012.5	251
	3-6년 미만	3,801.3	316.8		3-6년 미만	3,283.5	273.6
	6-9년 미만	4,324.6	360.4		6-9년 미만	3,585.5	298.8
	9-12년 미만	4,826	402.2		9-12년 미만	3,780.4	315
	12-15년 미만	5,306.8	442.2		12-15년 미만	4,104.5	342
	15-19년 미만	5,919.1	493.3		15-19년 미만	4,191.6	349.3
	19년 이상	6,644.2	553.7		19년 이상	4,893.6	407.8
	계	4,179.4	348.3		계	3,425.8	285.5

자료: 전국보건의료노동조합, 2016a.

2) 산별 임금체계 논의의 실종

산별교섭은 초기업별·산업별 접근을 통해 산별 노동자 전체의 이해를 대변하는 시스템이다. 산별교섭이 임금격차를 완화한다는 연구결과는 많다. OECD(2004)가 지적하듯이 노동조합 조직률과 단체협약 적용률이 높을수록 임금소득의 불평등은 낮아지는 경향을 보인다. 특히 정규직-비정규직 사이의 임금격차를 해소하고 추가적인 비정규직화를 막기 위해서는 기존의 직무를 재평가하고 새로운 임금구조를 마련해야 한다는 의견이 늘어가고 있다. 이게 전통적인 산별노조의 중요한 역할이기도 했다(이주희, 2008). 그렇다면 산별노조가 추구하는 임금정책의 목표는 무엇일까. 정동관(2015)의 글을 인용하는 데서 출발한다.

> 산별임금의 원칙은 임금의 극대화가 아니라 임금의 표준화다. 산업 내 표준적인 임금수준을 달성하기 위한 임금조정방식으론 무엇이 있는가? … 영국 산별노조의 목적이 조합원들의 임금을 산별 평균임금, 즉 시장임금에 맞추는 것이지 그보다 더 높은 임금을 요구하기 위해서 임금협상을 하는 것은 아니다. 즉 노동자들 사이에 비합리적인 임금격차를 최소화하여 업종, 직종 혹은 지역노동시장에서 가급적 평등주의적 임금구조를 만들려는 임금표준화가 목적인 것이다. 임금극대화가 아니다.

산별체계가 노동자 내부의 연대를 바탕으로 임금과 근로조건의 통일을 꾀할 때 등장하는 중요한 의제는 임금체계다. 임금체계는 기본급(임금)이 결정되는 방식을 말한다. 임금체계의 변경은 뜨거운 감자 정도가 아니라 잘못 다루면 터지는 수류탄과 같다. 조합원의 이해가 날카롭게 엇갈리기 때문이다. 물론 연공급이 갖는 장점도 많다. 나이가 들어가면서 생활비 요구가 늘어남에 따라 임금도 자동적으로 인상된다는 점이나, 근속연수라는 평가의 단순함과 그것이 갖는 객관성과 수용성도 장점이지만 근속연수가 늘어남에 따라 축적되는 숙련에 대한 보상을 포함하고 있다는 점도 긍정적으로 작용한다. 그러나 연공제가 갖는 문제도 적지 않다.

먼저 연공급은 내부노동시장을 전제로 하는 임금체계이며 이는 기본적으로 기업별 체제와 친화적이다. 다른 말로는 산별체제와 어울리지 않는, 임금을 통해 노동자들을 기업별로 갈라치는 임금체계라고 할 수 있다. 정규직 노동자의 임금을 올려줌으로써 정규직과 비정규직 사이의 동일한 이해관계라는 연대의 물적 토대를 파괴시켜 버리기도 한다(박태주, 2013). 대형병원과 중소병원 노동자 사이의 임금격차도 같은 논리로 설명할 수 있다. 연공급은 기업의 수익논리에 종속당함으로써 임금의 양극화를 부추긴 요인이었다는 사실도 인정해야 한다. 연공급이 앞으로도 임금인상을 가져오는 수단이 될 수 있을 지도 의문이다. 저성장·양극화체제에서 연공급은 더 이상 임금인상의 화수분이 아닐뿐더러 노조가 정부 및 사용자로부터 밀려오는 압박을 내칠 능력이 있는지도 의문이다. 생산성 증가와 무관하게 근속연수에 따라 임금이 늘어나는 임금체계를 사용자들이 수용하기는 어려울 것이다. 사실 연공급은 고성장 시대의 임금체계였다. 임금보다 고용이 중요한 시기가 왔다면 노조로서도 회사의 경쟁력을 고민의 목록(list)에 담아야 한다. 더욱이 산별체제를 지향한다면 거기에 걸맞는 임금체계를 갖출 필요가 있다.

임금이 노동자 사이에서 공정해야 한다면 그것은 기업 내부에서는 물론 기업 바깥, 최소한 동종 산업의 노동시장에서 형평성을 가져야 한다. 노동자들 사이에서 임금격차를 극복하려는 의식적인 노력이 연대임금전략이고 임금체계의 개편작업이다. 그리고 그것이 가능한 노조가 산별노조다. 기업별 내부노동시장이 기업별 체제에 친화적이라면 그것을 규정짓는 핵심적인 요인은 연공급(호봉급)이다. 기업별 체제의 근간 위에 산별체제를 구축하는 것은 모래사장에 건물을 올리는 만큼이나 쉽지 않은 일이다.

임금체계에 관한 논의는 연공급(호봉제)에 대한 정부와 자본의 공세에서 비롯됐다. 이는 기본적으로 저성장체제의 고착화에서 비롯된다. 저성장체제는 기업에 대해 대표적으로 관리가 가능한 비용, 즉 인건비의 절감을 강요한다. 이는 두 가지 방식에 의해 실현될 수 있다. 첫째는 과잉인원에 대한 해고(구조조정)다. 일정 정도의 성장을 예상하고 뽑았던 인력이나 호황 당시의 인력규모를 줄일 필요가 있으며 이는 유연성에 대한 요구로 나타난다. 두 번째는 임금체계를 바꾸는 일이다. 인구의 고령화가 진행되고 정년이 늘어나면서 연공급은 기업에서 감당하기가 어려운 임금체계로 바뀌고 있다. 최근 정부가 공공기관을 대상으로 성과연봉제와 '쉬운 해고'(저성과자 퇴출제)를 도입하려는 이유다.

임금체계 개편에 대한 정부와 사용자측의 공세에 대해 노동조합들은 모르쇠로 일관해 왔다. 연봉제가 폭넓게 도입되고 기존의 연공급 체계가 귀퉁이에서 무너져 나가는 와중에도 노동조합은 연공급 지키기에 몰두해 왔다. 그러는 사이에 기존의 연공(호봉)에 바탕을 둔 임금체계는 자본과 권력의 공세 앞에서 '조용히' 무너지고 있었다. 연공제(호봉제)를 밀치고 연봉제가 도입되기 시작했으며 그것은 성과주의와 결합하면서 노동자들 사이에 새로운 경쟁체제를 만들고 있다.

노조로서도 임금체계의 개편은 불가피해 보인다. "기존의 연공제가 최선의 임금체계인가? 그리고 그것이 지속가능하다고 믿는가?"라는 질문에 긍정적으로 답할 수 없다면 노조도 임금체계 개편을 외면하고 지나갈 일은 아니다. 노동조합이 임금체계에 대해 침묵으로 일관한 것은 대안적인 임금체계가 없었던 탓이기도 하다. 심지어 산별체계를 지향하면서도 산별에 조응하는 임금체계 개편은 논의하지 않았다. 다시 말해 산별체제에서 노동자의 단결·연대를 실현시킬 수 있는 임금체계가 의제에 오르지 못한 것이었다. "무엇을 위한 산별체제인가"라는 질문이 제대로 제기된 적이 없었던 탓이다. 물론 임금체계는 그것이 갖는 민감성이나 폭발성 탓에 쉽게 접근할 수 있는 의제도 아니었다.

<표 4-7> 임금체계의 장단점

구분	장점	단점
연공급 (호봉제)	- 연공에 의한 인력확보 용이 - 승진욕구동기부여 - 직장의 안정성 - 장기근속가능 - 순환보직 등으로 경력관리 용이	- 승진 및 인사적체 - 장기근속으로 인건비 상승 - 능력이나 성과무관의 승진 - 동기부여 미비 및 매너리즘 유도
직무급	- 직무에 의한 인사관리 가능 - 동일가치·동일임금으로 공정성 확보 - 성과주의 인사관리 기능	- 직무 간 이동이 어려움 - 직무에 대한 평가의 합리성 결여가능 - 능력개발미흡 - 승진에 의한 동기저하
성과급 (성과연봉제 포함)	- 성과에 의한 차등보상으로 동기부여 - 성과목표달성 용이	- 성과평가의 불공정성 제기가능 - 성과보상의 차등에 대한 형평성 결여 및 불안가중 - 성과달성의 조기직원 속출

자료: HM & Company(2016).

연대라는 산별정신에 직접적으로 조응하는 임금체계는 직무급이다. 동일가치노동 동일임금 원칙을 실현시키기에는 가장 적합한 임금체계가 그것이다. '동일가치노동'이란 노동수행에서 요구되는 기술, 노력, 책임 및 작업조건 등의 기준에서 볼 때 서로 비교되는 노동이 동일하거나 거의 같은 성질인 노동 또는 두 업무가 다소 다르더라도 직무평가 등의 방법에 의해 본질적으로 동일한 가치가 있다고 인정되는 노동을 말한다(남녀고용평등업무처리규정, 개정 2010. 6.22, 예규 제622호).

직무급은 개별기업이 아닌 산업차원에서 직무가치(성격)에 따라 임금이 결정되기 때문에 임금격차를 해소하는 유효한 수단이 된다. 단체교섭이나 사회적 합의를 통해 초기업 차원에서 직무에 대한 가치를 평가하여 구체적인 임금수준을 정하면 가능할 것으로 보인다. 전산업을 대상으로 한꺼번에 시행하기가 어렵다면 특정산업을 대상으로 시범적으로 도입할 수도 있다. 직능급도 고려의 대상이다. 특히 기업의 생산성을 높인다는 측면에서 인적자원의 개발을 촉진시키고 개인으로서는 고용의 안정성(employability)을 높이는 방안으로서 숙련에 대한 관심이 증대되는 탓이다. 혼합된 임금체계를 검토할 수도 있다. 연공급과 직무급과 직능급을 배합하는 방안이다. 결국은 개별기업의 상황에 맞게 유연하게 접근할 필요가 있다(김동배 외, 2005).

대안적인 임금체계의 부재는 임금체계에 대한 노조의 대응을 수세적으로 만들었다. 이는 노조가 담론투쟁에서 대항담론(counter-discourse)을 발굴하지 못했다는 사실을 의미한다. 대항담론의 부재는 노조가 사회적인 지지를 동원하는 데 한계로 작용함으로써 노조의 무력화를 가속시켰다. 산별의 정신은 연대고 그 형태는 연대임금, 즉 동일노동 동일임금의 실현으로 나타난다. 그렇다면 보건의료부문에서 동일노동 동일임금의 원칙에 바탕을 둔 산별임금체계는 어떻게 설계할 수 있을까.

4) '한국적' 연대임금정책에 실현을 위하여

임금격차를 해소하는 방법으로는 두 가지를 생각할 수 있다. 노사가 자율적으로 단체교섭을 통해 격차를 줄이는 방법이 하나라면 다른 하나는 제도적으로 해결하는 방법이다. 일반적으로는 두 가지 방법은 상호보완적으로 작용한다. 그런데 연대임금정책이라고 하면 노사가 자발적으로 임금격차를 완화하려는 노력을 일컫는다. 사회연대전략에 바탕을 둔 하후상박식 임금배분, 비정규직에 대한 보호, 그리고 산별임금표준의 마련 등이 여기에 해당된다.

제도적인 접근으로는 우선 노동정책의 측면에서는 최저임금의 인상이나 비정규직의 보호, 사회적 임금의 인상 등이 있고 보건의료측면에서는 보건의료 전달체계의 혁신이나 간호수가 등급제의 재정비 등이 포함된다. 이러한 제도적 수단은 산업정책에 대한 노조의 개입과 그 구체적인 수단으로서 사회적 대화나 정부위원회 참가, 국회활동 등을 전제로 한다. 때로 보건의료산업에서 임금 및 근로조건을 개선하는 데는 단체교섭보다 제도적인 변화가 더 큰 역할을 할 수 있다.

노사의 자율적인 임금 평준화전략에 대한 노조의 반응이 썩 긍정적인 것은 아니다. 대병원에서 임금인상률을 낮추면 중소병원도 따라 낮춰 임금인상률은 외려 하향 평준화된다는 것이다.

임금을 평준화하자고 말한다. 그래서 가령 대학병원이 임금을 덜 올리면 중소병원 사용자는 "봐라 수익구조가 좋은 대학병원도 저 정도만 올리는 데 우리가 더 이상 올리는 게 가능하냐?"라고 나온다. 수익위주 민간병원 중심의 의료체계를 놔두고 나이브한 접근은 대병원 중소병원 모두 하향식 임금평준화만 가져올 뿐이다. 이런 상황에서 의료제도 측면에서 먼저 물꼬를 트는 게 필요하다. 의료제도로 접근하지 않고 노사관계에서 임금평준화를 떠들어봤자 안 된다. 우회전략을 써야 한다. 노조와 의료가 만나는 의료수가제도를 사람과 노동 중심으로 바꾸고 그것이 어느 병원에서 근무하든 동일노동 동일임금 임금정책과 결합하면서 연대임금으로 가는 것이 우회하고 늦은 것 같지만 가장 빠르고 정확한 과학적 길이다(인터뷰).

결국 임금을 평준화시키는 작업은 노사관계의 수단으로 접근할 일이 아니라 의료제도로 접근할 수밖에 없다는 것이다. 여기에는 정규직 양보론에 대한 조합원의 거부정서도 한 몫을 한다. 그러면 "노조는 제도적인 해결에 집중하며 기다릴 건가?", "노조는 당장 뭘 할 것인가?"라는 질문에 직면한다. 임금격차를 해소하는 과정에서 노조의 역할이 없다면 노조는 임금격차 해소에 대한 책임까지도 면제된다. 정부를 압박하는 활동만 남을 것이기 때문이다. 그러나 내부적으로 연대의 정서가 갖춰지지 않은 상태에서 정부를 압박하면 거기에 제대로 힘이 실릴까. 임금격차를 해소하기 위해서는 정책적 접근이 핵심적이라고 하더라도 내부적으로 임금격차를 줄이려는 노력은 여전히 중요하다. 그것은 정부정책의 마중물이 될 수 있을 뿐 아니라 정부정책과 시너지 효과를 낼 수 있기 때문이다.

특히 임금인상과 평준화를 정부정책에 의존한다는 것은 정부의 온정주의에 의존하는 결과를 낳는다. 온정주의는 권위주의의 다른 표현이다. 노조가 정부의 온정주의적인 임금인상을 얻어낼 수 있는지도 의문이지만 설사 그렇게 된다고 하더라도 문제는 여전히 남는다. 과연 그것이 산업전체에 걸쳐 제대로 적용될지부터가 의문이다. 정부 정책은 실핏줄을 갖고 있지 않아 구석구석 정책의 효과가 닿지 못한다. 그 역할을 하는 것이 노동조합이다. 정부가 의료정책을 바꾸더라도 민간부문에 대해 임금수준을 지정하여 인상하라고 지시할 수는 없다. 의료정책의 변화가 간접적인 임금인상효과를 가져온다면 그것을 실현시키는 것은 노조의 몫이다. 온정주의적 시혜는 언제나 철회될 수 있다는 한계도 갖는다. 더욱 중요하게 임금평준화정책을 내부의 자율적인 연대 노력을 외면한 채 정부에 매달린다는 것은 자칫 노조 사업의 전면적인 정부의존으로 발달할 수 있다.

이 글에서는 노사의 자율적인 노력, 즉 단체교섭을 통한 임금격차의 축소, 나아가 연대임금정책의 실현방안을 살펴본다. 구체적으로 대병원의 일자리 창출과 중소병원의 임금인상, 산별임금체계의 형성, 그리고 산별최저임금의 영향력 제고 등이 그것이다.

(1) 대형병원의 인력충원과 중소병원의 임금인상

<표 4-8>은 보건업의 규모별 임금실태에 대해 여러 가지 사실을 알려준다. 먼저 보건업 종사자의 임금총액은 병원의 규모에 비례한다. 병원의 규모가 작아질수록 임금총액도 줄어든다. 5규모 병원(300인 이상)의 임금총액을 100이라고 하면 중소규모(5~299인)는 64.0이며 1규모(5~9인)는 50.3에 지나지 않는다. 임시일용직의 임금총액에서도 이러한 비율은 큰 차이가 없다. 또한 임시일용직 임금총액은 상용직의 37%에 지나지 않는다. 또한 임시일용직 내부에서도 규모에 따라 임금격차가 심각하다. 1규모(5~9인)의 임금은 대규모(300인 이상)의 1/5수준에 지나지 않는다.

<표 4-8> 보건업 임금실태(2015년)

규모별	전체 임금총액	상용 임금총액	상용 정액급여	상용 초과급여	상용 특별급여	임시일용 임금총액
전규모(5인이상)	3,419,594	3,483,247	2,760,509	211,613	511,125	1,300,230
10인이상	3,559,755	3,622,114	2,828,509	229,684	563,922	1,428,932
30인이상	3,770,517	3,828,274	2,914,669	258,554	655,050	1,590,326
중소규모(5~299인)	2,783,135	2,839,360	2,527,221	192,143	119,996	809,732
1규모 (5~9인)	2,191,844	2,257,904	2,160,489	52,159	45,256	397,482
2규모(10~29인)	2,413,809	2,481,403	2,351,769	69,937	59,697	898,626
3규모(30~99인)	2,688,335	2,736,333	2,385,802	243,468	107,063	755,435
4규모(100~299인)	3,557,411	3,589,877	3,043,813	318,387	227,676	1,317,431
5규모(300인이상)	4,355,145	4,433,229	3,104,698	240,338	1,088,193	1,938,384

자료: 통계청.

대형병원의 임금이 높고 중소병원의 그것이 낮을 때 연대임금 (동일노동 동일임금)을 추진한다는 것은 (그렇잖아도 수익성이 높은) 대병원의 수익증대와 (그렇잖아도 경영압박에 시달리는) 중소병원의 경영압박을 가중시킨다. 이는 연대임금정책을 추진한 스웨덴이 직면한 딜레마이기도 했다. 당시 스웨덴은 이익공유제의 일종인 임금노동자기금을 도입하여 고수익부문에서 발생하는 초과이윤의 일부를 노동자 복지기금으로 적립하는 한편 저수익 부문에 대해선 구조조정을 추진했다. 이 때 실직한 노동자들을 고수익 산업부문으로 옮기기 위해 국가가 직업알선, 재교육, 노동자의 이주 등을 지원하는 적극적 노동시장정책을 도입했다. 우리로서는 저수익 부문, 즉 중소병원의 퇴출은 차치하더라도 스웨덴에서 시도한(실패한) 임금기금을 도입할 수 있는 것도 아니다. 그렇다면 대안은 무엇일까. 다음은 노조간부를 대상으로 실시한 인터뷰 내용이다.

> 대병원의 노동강도는 장난이 아니다. 일을 마치면 소진(burn-out)된다. 중소병원은 임금은 작지만 사람이 몰리지는 않는다. 노동강도는 약하다. 임금인상에 대한 요구는 상대적으로 크다. 대병원은 돈이 있다. 사람을 뽑을 수 있다. 임금에 대한 조합원의 요구도 이제는 크지 않다. 그렇다면 대병원에서는 임금과 인력 문제를 교환하는 것이 가능해진다. 중소병원은 임금을 더 올려야 하고(인터뷰).

<표 4-9> 병원 특성 및 고용형태별 직장생활 만족도(중간 값 50점, 100점 만점)

		직장생활 만족도							
		계	고용 안정	임금 수준	노동 시간강도	복리 후생	인사 노무	직장 분위기	안전 건강	일 자긍심
공공 병원	계	45.0	65.3	42.8	39.3	42.4	39.4	64.0	51.2	60.2
	특수목적공공	47.8	69.1	50.3	41.5	45.9	39.8	65.0	54.2	63.8
	국립대	42.0	61.3	39.6	34.3	39.5	38.0	61.0	48.4	56.3
	지방의료원	46.5	67.1	38.7	44.9	43.0	41.5	67.6	51.8	62.0
민간 병원	계	42.9	61.3	41.1	36.8	43.4	39.9	59.3	47.6	56.4
	사립대	41.9	60.2	41.0	35.1	41.7	38.5	58.1	46.6	55.6
	민간중소	47.4	66.4	41.7	44.3	51.3	46.2	64.7	52.1	60.0
고용 형태	정규직	43.2	63.3	41.6	36.9	42.6	39.4	60.1	48.0	57.0
	무기계약직	44.7	43.6	34.6	47.6	50.1	40.1	66.7	56.5	62.6
	비정규직	49.8	45.7	44.5	49.6	55.1	50.9	72.4	61.3	66.2
근무 형태	통상근무	40.0	55.5	39.9	42.8	33.9	30.3	59.3	50.6	55.8
	교대제	42.6	69.3	40.6	26.8	37.1	40.8	60.1	45.8	56.4
	전담근무	63.6	75.0	55.0	55.0	75.0	75.0	87.5	75.0	75.0
합계		43.5	62.4	41.6	37.5	43.2	39.8	60.6	48.6	57.4

출처: 전국보건의료노조, 2016a.

<표 4-9>는 주요 속성별 직장생활 만족도를 조사한 결과다. 대부분은 50점 이하로 직장생활에 만족하지 못하고 있는 것으로 드러나지만 그 중에서도 노동시간에 대한 불만족이 높은 수치를 드러내고 있다. 그러나 이를 특성별로 살펴보면 만족도의 지형은 달라진다. 특수목적 공공병원과 국립대·사립대병원에서는 노동시간에 대한 만족도가 가장 낮지만 지방의료원과 민간중소병원에서는 임금수준에 대한 만족도가 가장 낮다. 대신 특수목적 공공병원과 국·사립대병원에서는 노동시간에 대한 불만이

가장 높다. 지방의료원과 민간중소병원에서는 임금에 대한 불만이 가장 높다. 앞의 <표 4-8>에서 본 특성별 임금격차를 반영한다고 볼 수 있다. 또한 고용형태별로 보면 정규직은 노동시간에 대해, 비정규직은 임금에 대해 불만이 높다. 근무형태별로 살펴봤을 때 교대제 노동자의 경우 노동시간에 대한 만족도는 26.8로 조사 항목 가운데 가장 낮은 수치를 나타낸다.

이는 달리 말해 특수목적 공공병원과 국립대, 사립대 병원에 종사하는 노동자나 교대제 근무자의 경우 노동시간 단축이 주요 과제로 나타나는 반면 지방의료원과 민간중소병원 노동자, 그리고 비정규 노동자는 임금인상을 중시하고 있다는 사실을 말한다. 그렇다면 대형병원과 공공병원 노동자는 시간단축과 일자리 창출에 주력하고 중소병원 노동자와 비정규직은 임금인상에 초점을 맞추는 전략을 추진할 수 있다. 이를 통해 규모별·고용형태별 임금격차의 축소와 더불어 근로조건의 개선(노동시간 단축), 고용의 창출이 가능해진다.

이 지점에서 제안할 수 있는 것은 대형병원에서는 임금인상과 인력 충원을 교환하고 중소병원은 임금에 집중하는 방안이다. 다시 말해 대형병원에서는 임금인상을 자제하는 대신 인력충원(고용확대)을 통한 노동시간의 단축과 노동강도의 완화, 나아가 비정규직의 정규직화 및 처우개선을 교환한다. 저임금 중소병원에서는 임금인상의 극대화를 추구한다. 저임금 중소병원에서는 병원의 지불능력을 높이기 위해 단체교섭과 의료정책의 변경을 병행적으로 추진한다. 이는 산업정책에 대한 개입을 의미하는 것으로서 기업별노조 체제로서는 어려운, 산별노조의 고유한 역할에 해당된다.

이처럼 특성별이나 고용형태별로 다르게 접근하는 방식은 여러 장점을 갖는다. 임금인상률, 가령 하후상박의 임금인상에 초점을 맞춰 임금격차를 개선하는 것은 쉽지 않다. 대형병원 노동자와 중소병원이 수용하기 어려울 것이기 때문이다. 산별교섭을 통한 임금평준화 노력은 수익이 높은 대병원에는 상대적으로 낮은 임금인상률로, 수익이 낮은 중소병원에는 높은 임금인상률을 가져올 수 있다. 이는 결과적으로 대형병원의 양호한 수익구조를 강화하는 효과를 낳을 뿐 아니라 중소병원은 구조조정의 압박에 노출될 수 있다. 이런 상황에서 대형병원의 경우 임금자제와 고용창출(혹은 비정규직의 처우개선)을 교환하는 것은 이런 딜레마를 해결할 수 있다. 한편 중소병원이나 비정규직에 대해서는 상대적으로 노동강도가 약한 만큼 고용창출보다는 임금인상에 주력할 수 있을 것이다.

<그림 4-1> 보건의료노조의 연대임금정책(예):
임금격차의 축소와 고용의 창출

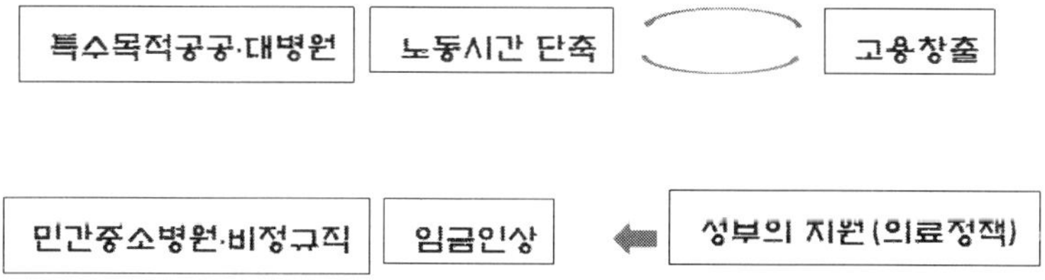

| 특수목적공공·대병원 | 노동시간 단축 | | 고용창출 |

| 민간중소병원·비정규직 | 임금인상 | ← | 정부의 지원 (의료정책) |

결론적으로 보건의료노조는 교섭전략의 특성별 차별화를 시도할 수 있다. 대형병원과 공공병원이 임금인상과 인력충원 및 노동시간의 단축을 교환한다면 민간중소병원에서는 임금인상에 주력하는 방안이 그것이다. 그러나 보건의료노조가 이 전략을 지속적으로 추진할 수는 없다. 임금인상의 자제가 지속될 수도 없거니와 노동시간 단축이 항상적인 교섭의제가 될 수도 없다. 중장기적으로 산별임금체계의 설계가 필요한 이유도 여기에 있다.

(2) 병원에서의 산별임금체계 설계

병원에서 연공급은 '기본급 + 수당 + 상여금'으로 이뤄진다. 기본급은 다시 초임 + 근속급(호봉상승분)인데 초임은 초보근무자의 직무급이라고 할 수 있다. 간호사의 임금구성도 비슷하다. 간호사 기본급에다 정기상여금(+ 명절휴가비와 정근수당, 특별상여금)이 추가된다. 수당으로는 법정수당인 연장·야간·휴일근무수당과 직책수당, 위험수당, 면허수당, 인계수당, 대기수당 등이 있으며 마지막으로 복리후생으로는 급식비, 가족수당, 자기계발비, 김장보너스, 교통비, 경조지원금, 학자금, 체력단련비 등이 있다. 그런데 연공급은 기본초임이 기업별로 결정될 뿐 아니라 근속급도 기업별로 결정되는 내부노동시장의 원리에 따른다.

병원 상용직의 정액급여라는 점에서 규모별 임금격차는 크지 않다(<표 4-6> 참조). 중소병원 노동자의 정액급여는 대형병원 노동자의 81.4%에 이른다. 임금총액에서 규모별 격차는 주로 초과급여와 특별급여로 인해 발생한다. 예를 들어 1규모(5~9인)의 초과급여는 대규모(300인 이상)의 1/4에도 미치지 못하며 특별급여는 겨우 4% 수준이다. 특히 특별급여는 대형병원 급여총액의 25%를 차지하는 만큼 대형병원의 급여가 높은 것은 상당부분 특별급여에 의존한다. 이는 정액급여(특히 기본급)을 직무분석에 따른 임금체계로 변화시키기가 상대적으로 용이하다는 사실을 말한다.

기본급을 산별차원에서 동일하게 설계하더라도 근속급이나 수당에서 차이를 둘 수 있다(임상훈, 2015). 즉 산별임금체계로서 먼저 단일기본급(연공제)체계를 도입하되 이는 직무분석을 통한 직무급과 직무수당을 통합한 금액으로 설계한다. 이어 상여금을 단일화한다. 병원간 임금의 차이는 성과급의 차이를 반영한다.

물론 직무급으로 이행하기엔 한계도 따른다. 먼저 우리나라에서는 직무의 상대적인 가치를 양적으로 보여주는 직무평가 기준이 없다. 직무평가의 요소는 기술, 노력, 책임, 작업조건의 4가지다.[10] 두 번째로 고임금(대형)병원 노동자의 양보가 쉽지 않다는 점이다. 만일 그게 이뤄진다면 이제는 고임금병원의 영업이익 상승분은 어떻게 하는가라는 문제가 생긴다(앞서 고용창출을 언급했다). 또한 저수익 병원의 도태는 누가 책임지나?(정부의 지원이 불

---

10) 보건의료직종은 다양한 직무들이 존재하나 직무의 수가 상대적으로 적으며 각 직무들이 비교적 명확한 직무내용을 갖고 있어 직무평가 도구 개발에 유리한 환경을 가지고 있다. 실제로 오계택 외(2016)는 보건의료서비스 산업을 대상으로 점수법을 사용하여 직무평가 도구를 제공하고 있다.

가피하다). 직무급 체계를 도입했을 때 직무급의 고유한 한계도 지적할 수 있다. 직무급 체제는 전환배치를 어렵게 만든다는 것이나 직무급을 도입하면 생활급 원칙이 붕괴된다는 것 등이 그것이다.

최근 시험적이나마 보건의료산업에서 직무평가요소와 하위척도에 따른 점수법이 제시되어 관심의 대상이 된다. <표 4-10>은 한국노동연구원이 보건의료산업에 대한 직무평가 요소와 척도를 제시한 최초의 연구결과다(오계택 외, 2016). 이 연구에서는 직무평가요소로서 기술과 노력, 책임, 그리고 작업조건을 도입하고 이를 다시 10개의 하위평가요소로 세분화하여 점수를 부여하는 방식을 채택하고 있다. 다만 이 연구에서는 이해당사자들이 결합하지 않아 객관성이나 수용성이 결여될 수 있다는 한계를 갖는다.

<표 4-10> 평가 요소 척도별 점수(보건의료산업)

직무평가 요소	하위평가요소	척도					
		1	2	3	4	5	6
기술 (45%)	지식	60	70	83	98	115	136
	경험	70	82	96	113	133	157
	대인관계	28	33	38	45		
	업무처리 및 조작	69	82	96	113		
노력 (15%)	육체적 노력	23	28	33	38	45	
	정신적 노력	55	64	76	89	105	
책임 (30%)	사람관리에 대한 책임	33	9	46	54	64	75
	환자 및 고객에 대한 책임	117	138	163	191	225	
작업조건 (10%)	작업환경	25	29	34	40		
	노동시간	43	51	60			

자료: 오계택 외. 2016.

<표 4-11> 병원 종사자의 직무가치 평가 결과

직종만	기술	책임	(환자책임)	노력	작업조건	전체
간호직	334	210	164	102	77	723
관리직	323	183	137	95	74	676
보건직	309	205	160	87	74	675
기능직	267	170	132	86	73	596
약무직	338	204	159	85	76	702
단순평균	320	198	153	96	75	690
직종반영 평균	314	194	151	91	75	674

자료: HM & Company, 2016.

한편 <표 4-11>은 성남시가 발주한 성남시의료원의 인사·보수 체계의 설계에서 연구진이 의료원 관계자의 도움을 받아 직무가치를 평가한 결과다. 먼저 직군은 의사직, 간호직, 약무직, 보건직, 관리직, 기능직 등 6개로 구분하며 의사직의 경우 직무급을 적용하지 않은 대신 성과연봉제를 적용한다. 일반직의 경우에는 직무급이 적용되는데 전체 임금체계는 기본급(직무급), 숙련급, 근속급, 직책급 등 4가지로 구성된다. 직무가치의 평가 요소로서는 앞의 경우와 마찬가지로 기술과 책임, 노력, 그리고 작업조건을 도입했다. 책임이라는 항목에 사람관리에 대한 책임 이외에도 환자 및 고객에 대한 책임 항목을 도입한 것은 특징이라고 할 수 있다.

'보건형 일자리'를 고민하는 방안도 있다. 이왕 임금체계개편은 시간이 걸리고 기존 직원의 반발이 심하다면 신규직원부터 적용하는 방안도 있다. 간호간병통합서비스 일자리부터 보건형 일자리로 해서 새롭게 설계하는 방안이다. 기존의 멤버는 현 시스템을 인정하더라도 신규로 충원되는 일자리에 대해서는 수가제도를 정비해 새로운 임금체계를 적용하자는 것이다. 지금도 간호간병통합서비스 사업에는 수가를 높여주고 있다. 참고로 2016년 8월, 건강보험의 누적 흑자는 20조원을 돌파했다(연합뉴스, 2016.9.11.).[11]

(3) 산별최저임금의 영향률 제고와 사회임금의 인상

보건의료노조는 금속노조와 더불어 산별차원에서 최저임금을 도입한 대표적인 노조다. 그러면 보건의료 산별최저임금의 영향률은 얼마정도인가?[12] 2017년 현재 산별최저임금은 법정 최저임금(6,470원)에 100원을 더 붙인 6,570원이다. 월 단위로 환산하면(주당 유급 주휴 8시간을 포함하여 기준시간은 209시간이다) 137만

---

11) 실제로 건보료는 거의 매년 오르고 재정은 흑자인데도 건강보험 보장률은 2009년 65.0%에서 2010년 63.6%, 2011년 63.0%, 2012년 62.5%, 2013년 62.0% 등으로 해마다 뒷걸음질했다. 그러다가 4대 중증질환 보장강화, 3대 비급여 개선 등으로 2014년 63.2%로 전년 대비 1.2%포인트 소폭 상승했다(연합뉴스, 2016.9.11.).
12) 최저임금 영향률이란 새로이 적용될 최저임금에 따라 직접적으로 영향을 받게 될 것으로 추정되는 대상근로자의 비율(예측치)을 말한다. 즉 "영향률 = 대상근로자수 ÷ 적용대상임금근로자수 × 100"이다.

3,130원이 된다. "산별최저임금이 낮다보니 단체협약이 적용되는 노동자(조합원)에 대한 영향은 거의 없다. 다만 조합바깥의 요양보호사 등에 대해서는 간접적이거나 상징적인 영향은 있을 것으로 본다"(인터뷰). 앞서 김유선(2016)의 자료에서도 봤듯이 보건업에서 상당수의 노동자가 법정 최저임금을 받지 못하고 있다. 산별최저임금에 기울이는 보건의료노조의 관심은 솔직히 높지 않다. 낮은 조직률과 단체협약의 효력확장조항이라는 단체협약을 확산시킬 수 있는 매개고리가 없는 상태에서 보건의료노조의 역할이 제한적인 것도 사실이다.

최근 지자체에서 생활임금이 급격히 도입되고 있다. 그렇다면 지자체와 손을 잡고 생활임금 캠페인을 벌이는 방법도 있다. 일종의 공동체 노조주의라고 할 수 있다. 지자체로서는 이 캠페인이 생활임금을 민간으로 확산시키는 전달벨트가 될 수 있다는 점에서 적극적일 것이다. 산별최저임금을 생활임금에 접근시키는 방안을 모색할 수도 있다.[13]

임금과 관련된 또 하나는 사회임금(social wage)을 인상시키는 방법이다. 그간 사회임금에 대한 노조의 태도는 부정적이거나 최소한 미온적이었다. 사회안전망의 확대는 증세를 전제로 하며 이는 상대적으로 고임금 노동자의 주머니를 겨냥한다고 본 것이

---

[13] 참고로 서울시의 2017년 생활임금은 통상임금 기준 8,197원으로 법정최저임금 6,470원보다 26.7%, 1,727원이 높다. 월기준으로는 171만 7,173원.

다. 그 이면에는 기업복지에 대한 신뢰가 자리하고 있다. 그러나 이철승(2016)이 지적하듯이 연대임금정책의 일환으로 사회안전망의 확대와 보편화를 목표로 삼는 방안은 적극적으로 검토할 필요가 있다.

(4) 소 결

임금체계의 개편은 정이환(2016)도 말하듯이 현실적으로 매우 어려운 과제다. 그렇다고 간과할 일도 아니고 보건의료노조가 간과해왔다고 말하기도 어렵다. 보건의료노조는 초기 조직이고 산별교섭체제가 정착되지도 않았지만 임금격차의 해소를 위해 다양한 노력을 기울여왔다. 비록 그 영향이 크지는 않다고 하더라도 산별최저임금이 있는가 하면 2007년에는 '아름다운 합의'를 이끌어내기도 했다. 비정규직의 처우개선이나 임금인상에서 적용한 하후상박의 원칙도 이에 해당된다. 산별임금체계에 대해서도 노조가 침묵하거나 외면한 것은 아니었다. 비록 적극적이고 공세적으로 "노조형 임금체계"를 제시하고 내부 합의를 끌어낸 것은 아니지만 내부토론을 조직하고 또한 외부에 관련 용역을 발주하기도 했다.

보건의료노조가 임금의 평준화를 추구하고 일정한 성과를 내는 데는 한계가 있었다. 임금의 극대화라는 아래의 요구로부터 자유롭지 못했던 탓이다. 여전히 '무늬만 산별'이란 주장이나 형식적인 산별 이행이라는 주장이 없는 것은 아니지만 무늬라도,

형식적이라도 산별노조로 이행하는 것은 중요하다. 형식이 내용을 규정짓는 측면을 무시하긴 어렵다. 더욱이 노동운동의 초기 업성이나 연대라는 내용을 담을 그릇은 산별노조밖에 없다면 보건의료노조의 시도는 값지다고 할 수 있다. 물론 보건의료노조의 시도가 "성공했다고 말하기는 어렵지만 다양한, 새로운 가능성을 찾고 있"(인터뷰)고 부분적으로 성공한 것도 사실이다. 노조재생(union renewal)의 길을 산별체제에서 찾을 수밖에 없다면 산별체제를 향한 실험은 계속되어야 한다.

결론적으로 보건의료노조에서 추구하는 한국형 연대임금정책의 요체는 민간중소병원과 비정규직의 경우에는 임금인상에 초점을 맞추되 특수목적 공공병원과 국립대·사립대 병원은 임금인상을 자제하는 대신 인력을 충원하고 노동시간을 단축하는 데 주력하는 것이다. 이와 함께 고용안정과 산별최저임금의 인상, 비정규직의 정규직화를 요구할 수 있을 것이다. 중장기적으로는 산별임금체계를 확립함으로써 연대임금정책에 접근할 수 있다. 특히 보건의료업종은 산별노조가 구축되어 있을 뿐 아니라 직무들이 명확한 직무내용들을 갖고 있어 직무평가 도구개발에 유리하다는 장점을 지닌다.

5
의료공공성 투쟁

의료공공성 투쟁

1. 공공성, 그리고 공공서비스 노조주의

1) 공공성이란

일반적으로 공공성이란 사적인 영역에 대비되는 공적인 영역으로 사회구성원의 이익을 실현시키는 것을 말한다. 여기서 사회구성원의 이익이라고 말하는 건 실상 사회적 약자의 이익이다. 가지지 못한 사람은 기본적인(essential) 서비스에 대한 접근이 제한될 뿐 아니라 정책결정과정에서 자기들의 이익을 반영시킬 지렛대도 갖고 있지 못하다. "공익에 대한 관점은 근본적으로 공동체에서 가장 취약하고 제일 큰 위험에 처한 구성원들의 입장에서 비롯되어야 한다. 그들이 살 수 있으면 모두가 살 수 있다." 이것은 불러드(2012)라는 오스트리아 시민운동가의 말이다.

공공성의 개념은 바로 여기에서 출발한다. 공공성이란 지불능력이 충분치 않은 시민들이 기본적인 재화와 서비스의 혜택에서 배제되지 않는 것을 말한다. 에너지 공공성, 주택의 공공성, 의료의 공공성 등이 여기에 해당된다. 보편적 복지로서의 이동권을 뜻하는 교통의 공공성도 마찬가지다. 민영화 저지투쟁도 기본적 서비스에 대한 사회적 약자의 접근성을 확보하려는 노력이다. 신자유주의가 빈부격차와 삶의 질의 격차를 낳았다면 사회적 약자에 대한 배려를 뜻하는 공공성이 갖는 의미는 각별하다.

공공성을 사회적 약자의 이익이라는 관점에서 파악하더라도 다양한 공공의 가치 가운데 어느 것이 앞서고 어느 것이 뒤로 밀리는지는 다른 문제다. 제한된 자원을 어디에 배분할 것인지를 둘러싸고 사회집단 또는 정당 간에 갈등이 나타날 수 있다. 가령 서민을 위한 집짓기가 우선일까 의료서비스의 제공이 더욱 중요할까, 오염된 대기를 정화하는 것은 뒤로 미뤄도 될까 등이 그것이다. 바로 여기서 공공성이 얼마나 민주적으로 결정되었는가하는 절차적인 정의문제가 대두된다. 이때 관심은 공공성과 관련한 의사결정과정에서 노동조합, 나아가 사회적 약자(시민)의 참여가 보장되는가 하는 점이다.

이처럼 공공성은 민주주의의 개념과 연결된다. 실질적인 의미에서 공공성이 공공서비스의 제공, 즉 사회경제적 의미에서의 민주주의를 뜻한다면 우리 사회의 다양한 집단, 특히 핵심적인 내부 이해당사자로서 노동자와 사회적 약자들의 '동등하고 효과적인' 참여는 절차적인 민주주의를 형성한다(달, 1998). 두 측면의 민주주의는 분리되지 않는다. 실질적 민주주의를 실현하기 위해서라도 절차적 민주주의는 중요하다.

실제로 한국 민주주의의 일차적 과제는 실질적 민주주의의 확대가 아니라 최소한의 필요조건만을 갖춘 절차적 민주주의를 심화·발전시키는 데 있다. 달(Dahl, 1998)에 따르면 절차적 민주주의는 의사를 결정하는 과정에서 이해당사자들이 그들의 선호와 이해관계를 표출할 수 있도록 참여의 기회를 보장하는 것을 말한다. 그것이 실질적 민주주의를 강화시키는 지렛대가 된다. 사회경제적 시민권을 의미하는 실질적 민주주의가 아직 초보단계를 벗어나지 못했다는 것은 한국 민주주의가 로버트 달이 말하는 절차적 민주주의 시스템을 세련되고 정교하게 발전시키지 못했다는 걸 의미한다.

결론적으로 공공성이란 내용적인 측면과 절차적인 측면이 어우러진 개념이다. 공공서비스 노조주의는 바로 이 공공성의 실현을 주된 지향으로 삼는 노동운동의 노선이다. 이를 위해 노조들은 다른 이해당사자들과 함께 공공서비스의 질을 개선하고 그 결정과정에 개입하려고 애쓴다. 그렇다면 공공서비스 노조주의는 구체적으로 어떤 특징을 가질까.

2) 공공서비스 노조주의의 특징

보건의료노조가 의료공공성을 주장하고 나섰을 때 이념적인 측면에서 바탕을 이루는 것은 공공서비스 노조주의다. 이는 사회변혁을 핵심적인 목표로 삼는 사회운동 노조주의의 공공적 표현이다. 사회운동 노조주의는 노동조합이 시민사회단체나 지역

공동체와 연대하여 작업장을 넘어서는 사회적·경제적 변화를 추구하고 이 과정에서 조합원의 동원과 대중의 참여를 조직하는 운동이다(박태주, 2010). 사회운동 노조주의는 공공부문 노동운동과 만나 공공성의 제고라는 측면이 강조되면서 공공서비스 노조주의로 발전한다.

사회운동 노조주의는 흔히 그렇게 부르지만 연구자들 사이에서 그 의미가 하나로 모아지는 것은 아니다(장대업, 2009; 황현일, 2012). 그렇다고 사회운동 노조주의가 내포하는 공통분모가 없는 것은 아니다. △작업장을 넘어서는 사회적 이슈에 초점을 맞추고, △시민사회단체와 동맹을 추구한다는 점, 그리하여 △작업장에 제한된 행동이나 때로는 파업을 뛰어넘는 집단행동(집회나 시위, 주민투표, 주민참여 등)을 조직한다는 점 등이 그것이다(박태주, 2010).

공공서비스 노조주의에 관해서는 몇 가지 설명이 덧붙여질 필요가 있다. 우선 공공성은 민영화 저지에서 보듯 기업의 바깥에서 실현되는 것만은 아니다. 사회적인 이슈에 초점을 맞추더라도 이를 병원의 일상적인 경영활동에서 실현시키는 것도 중요하다. 바로 이 지점에서 노동조합의 경영참가가 중요한 의미를 갖는다. 노동조합이 경영참가를 통해 기업(병원)이 사회적 책임을 이행하도록 감시하고 독려하는 것이다.

두 번째는 정부와의 관련이다. 먼저 공공병원은 실질적인 사용자가 정부라는 점에서 정부와의 협의(교섭)나 정책에 대한 개입, 나아가 정치활동은 핵심적인 활동이 될 수밖에 없다. 사용자가 정부라는 사실은 공공기관에서 임금이나 근로조건은 물론 공공서비스 질의 제고나 민영화 등이 정치적으로 결정된다는 것을 의미한다.

민간병원이라고 해서 정부와의 관계가 덜 중요한 건 아니다. 보건의료는 모든 국민을 대상으로 하는 복지의 핵심요소이다. 두말 할 나위도 없이 이는 일차적으로 국가가 공급해야하는 인프라이자 공공재에 해당된다. 임금 및 근로조건만 하더라도 건강보험 및 의료급여와 직접적으로 연관되어 있다. 따라서 민간병원이라고 하더라도 노동자의 경제적 조건은 물론 의료서비스의 질이 정부의 정책과 분리될 수 없다. 그렇다면 정부의 정책결정과정에 노동조합이 주체로서 참여하는 일은 단체교섭 못지않은 중요성을 띤다. 공공서비스 노조주의가 노조의 정책적 개입과 정치활동에 주목하는 이유도 여기에 있다.

세 번째는 공공서비스 노조주의는 경제적 실리추구에 대한 반발에서 비롯됐지만 경제적 실리주의를 배제하는 것은 아니다. 전일적(專一的)인 실리추구를 비판할 뿐이다. 노동조건의 방어는 노동조합에게 핵심적인 사항이며, 노동운동의 인적·물적 기반은 조합원의 이해관계로부터 벗어날 수 없다(홍주환, 2014). 즉 공공서비스 노조주의는 노동운동의 목적이 실리에서 공공성의 추구로 이행했다는 이분법적인 관점이 아니라 이 둘은 동전의 양면이라는 상호보완성을 강조한다.[1] 시장행위자로서 노동조합

---

[1] 노동운동은 기득권의 보호와 사회정의의 칼로서 기능한다는 플란더스

의 활동은 조합원의 동원 수단이자 의식화의 바탕을 이룬다. 그게 이뤄지지 않으면 사회개혁운동은 상층중심으로 추상화되고 만다. "노동조합과 노동자들은 노동시장과 계급관계로부터 자유로울 수 없으며 노동조합주의에 대한 이해도 이들 영역들을 간과해서는 제대로 이루어지기 어렵다."황현일(2012)의 지적이다.

이 경우에도 공공기관 종사자의 임금 및 근로조건을 사회공익적인 관점에서 표현해 내지 못하면 집단이기주의라는 비판에서 벗어나지 못한다. 사적인 이익을 추구하더라도 그것이 규범적으로 타당한 이유를 이해관계를 달리하는 사람들에게 제시할 수 있어야 한다. 이처럼 노조가 공공성을 지향하며 사회적 연대를 추구할 경우 이를 조합원의 실리적 접근과 조화시키는 것은 공공서비스 노조주의가 안고 있는 주요한 과제가 된다.

마지막으로는 공공서비스 노조주의에서 사회적 연대가 갖는 중요성이다. 'public'이란 말에는 그것이 국가와 관련된다는 의미와 공적 영역으로 누구에게나 개방되어 있다는 의미를 함께 지닌다. 뿐만 아니라 public 이란 말에는 사회의 지배적인 의견으로서 여론(public opinion)이라는 의미가 내포되어 있다(노이만, 2016). 여론이란 특정 공동체에서 '익명의 법정'의 역할을 수행한다. 여론은 개인이나 조직의 행동이나 가치를 저지·억제하는 사회적 통제기능과 동시에 지지·지원하는 사회적 연대의 기능을 갖는다. 이처럼 public이란 말은 여론이라는 매개를 통한 사

(Flanders, 1970)의 주장도 같은 맥락이다.

회적 연대라는 개념을 고유하게 내포하고 있다.

공공성과 관련하여 지적할 사항의 하나는 노동운동이 자칫 '자기들만의 리그'에 빠져 사회적 고립을 자초하는 경우가 많다는 점이다. "자기의 의견이 다수의 의견과 배치되면 그들은 자기들만의 소그룹을 형성하고 거기서 스스로 위안과 지지를 얻는다." 토크빌의 말이다(노이만, 2016에서 재인용). 사회와 불화하는 노동운동이 공동체 대중에게 질 좋은 공공서비스를 제공한다는 것은 구두쇠가 자선을 베푸는 만큼이나 상상하기 어렵다. 대중에게 질 좋은 서비스를 제공하는 노동운동이 사회로부터 고립된다는 것도 마찬가지다. 노조가 사회적 연대를 구축한다는 것은 그것을 통한 힘의 증대에 못지않게 노동운동이 사회로부터 승인되고 지지된다는 정치적 의미를 갖는다.

의료의 공공성은 하나의 담론(discourse)이다. 만일 보건의료노조에 의료공공성이라는 정형화된 이미지가 따라 붙는다면 보건의료노조의 운동은 사회로부터 승인되고 있음을 의미한다. 나아가 보건의료노조가 정책 개입의 통로를 확보하였음을 의미하기도 한다. "대중의 감정이 실려 있는 상징을 획득하는 사람이 그만큼 공공정책으로의 진입로를 장악한다"(노이만, 2016). 의료의 공공성이란 말 속에는 의료의 현재적 위치(많은 사람들이 의료서비스로부터 배제되고 있는 이른바 의료 양극화)에 대한 비판과 의료서비스의 변화(민영화의 저지, 공공성의 강화 등)에 대한 기대가 담겨 있다. 의료가 복지의 핵심이라는 점에서 이는 복지사회에 대한 바람을 담고 있기도 하다.

보건의료노조가 추구하는 의료의 공공성이라는 담론이 사회적으로 승인되고 연대가 형성된다면 이는 노조의 관점에서도 경제적 가치를 실현하는 디딤돌이 될 수 있다. 의료의 공공성이 보건의료노동자의 근로조건과 무관할 수는 없다. 그간 공공성이라는 단어는 노조가 조합원의 경제적 이익을 추구하는 것을 가리는 포장이나 덮개라는 비판이 있어왔다. 자신들의 경제적 이해를 실현시키는 과정에서 여론의 지지를 얻기 위해 공공성이라는 개념을 가리개로 내세웠다는 것이다.

공공서비스 노조주의에서 공공성은 수단이 아니라 목적이다. 물론 공공적 가치와 조합원의 경제적 가치가 충돌할 경우도 상정할 수 있다. 이 때 중요한 것은 양자 사이에 시간적 지평의 거리가 있을 수 있다는 점을 확인하는 일이다. 즉 경제적 손실이 단기적인 현상이라면 공익적 가치는 경제적인 측면에서 장기적인 가치가 될 수 있다. 이것은 궁극적으로 노조가 앞에서 말한 사회연대전략을 어떻게 받아들이는가의 문제로 이어진다.

결론적으로 공공서비스 노조주의는 공공서비스의 질의 개선을 통해 공공성을 실현하기 위해 노력하는 노동운동의 노선을 말한다. 이를 위해 노조는 조합원의 동원은 물론 사회적 연대를 조직하며 정책개입의 통로를 확보하기 위해 노력한다. 공공서비스노조주의는 공익적 가치와 노동자의 경제적 이해를 이분법적으로 나누기보다는 통합적으로 바라본다. 그렇다면 보건의료노조의 의료공공성 투쟁에서 공공서비스 노조주의는 어떻게 실체를 획득하고 있을까.

2. 의료공공성 투쟁

1) 의료공공성 투쟁이란?

한국에서 의료의 공공성은 한 마디로 취약하다. 이는 무엇보다도 공공보건의료의 인프라가 취약하다는 사실에서 비롯된다. 가령 의료기관의 수나 병상의 수에서 공공의료가 차지하는 비중은 각각 7.6%, 15.2%에 지나지 않는다. 그렇다고 공공의료의 질을 국민들이 높게 평가하는 것도 아니다. 국민들은 '공공의료 = 질 낮은 서비스'로 인식하고 있으며 이는 결과적으로 민간의료에 대한 의존도를 높이고 의료비를 증가시키는 요인이 된다. 의료가 핵심적인 복지의 하나며 그 책임이 일차적으로 국가에 있음에도 불구하고 복지를 민간에게 맡겼다고 해도 좋다.

보건의료노조의 활동에서 의료의 공공성은 "돈보다는 생명을"이라는 구호로 표현됐다. 보건의료노조가 지향하는 가치를 단순하면서도 창조적인 언어로 담았다고도 할 수 있다. 보건의료노조는 이 구호아래 다양한 의료공공성 사업을 진행해 왔다. 그런데 "돈 보다는 생명을"이라는 말이 의료공공성이라는 큰 우산을 가리킨다면 가령 의료인력의 확충과 같은 하위과제를 담론의 형태로 드러내는 창조적인 언어의 발굴도 중요하다. 이와 관련하여 레이코프(2006)의 지적은 흥미롭다. 그는 기본적으로 진보적인 전망에서 나온 가치와 이런 가치를 실현하는 원칙, 그리고 가치와 원칙에 맞는 정책방향을 열 개의 단어로 요약하여 담론으로 만들 수 있어야 한다고 말한다. 이른바 '열 단어의 철학'(brief 10-word philosophy)이 그것이다.

그럼 의료의 공공성은 무엇일까. 앞서도 지적했듯이 공공성은 실질적인 내용과 그것을 실현하는 절차적인 과정을 갖는다면 의료의 공공성 역시 내용과 과정이라는 점으로 나누어 살펴볼 수 있다. 내용이라는 점에서 의료의 공공성은 사회적 약자가 의료서비스에 접근할 수 있는 시스템을 강화하는 것을 말한다. 보건의료는 "건강을 보호하거나 향상시키는 데 필요한 건강증진, 예방, 치료, 질병관리, 재활 보호 등을 의미한다"(김창엽, 2013).

의료의 공공성은 다양한 내용을 포괄한다. △의료의 민영화·상업화의 저지(영리병원 방지법 등), △공공의료의 강화(지역거점 공공병원의 육성, 지역주민위원회의 설치 등), △의료보험제도의 개선(건강보험의 부담율 제고 및 '건강보험 하나로'의 실현, 의료생협활동 등) △의료서비스 질의 개선(인력확충 등 근로조건의 개선, 간호간병통합 서비스의 실현, 의료공급체계의 개선, 직장보육시설의 확충 등), △사회적 의료약자의 의료 접근권 보장(저소득층 의료급여제도 및 지리적 접근권 개선, 일차 주치의 제도, '찾동'(찾아가는 동 주민센터)사업 등)이 그것이다. 물론 보건의료노조의 의료공공성 활동이 이런 사항을 죄다 포괄하기는 어렵다. 이른바 선택과 집중이 불가피하다.

의료의 공공성이 갖는 내용이 여기서 그치지 않는다. 의료공공성은 의료서비스나 의료산업정책을 뛰어넘어 사회경제적인 요인을 다루는 단계로 나아간다. 건강불평등이나 자살과 같은 사회적 질병에 대처하기 위해서는 소득불평등이나 고용, 교육, 주택의 문제를 다루지 않을 수 없다(윌킨슨 외, 2012). 이런 점에서 의료공공성은 이제 우리 경제의 성장문제, 나아가 복지사회의 문제로 이어진다. 이 단계에서 건강은 사회적 권리이자 인권으로 나타난다(김창엽, 2013).

최근 들어 의료의 공공성에 빨간불이 켜지고 있다. 그간 공적이라고 여겨왔던 보건의료서비스분야에 영리성이 개입되고 민영화가 노골화되며 공공의료는 질 낮은 서비스 상태를 벗어나지 못하고 있다. 메르스 사태가 공공의료의 실상을 에누리 없이 보여줬다면 진주의료원 폐쇄는 공공의료에 대한 공격이 시작됐음을 알리는 신호탄이다. 의료의 공공성을 위협하는 또 다른 요소는 의료의 민영화·상업화가 폭넓게 진행되고 있다는 점이다. 의료의 영리화와 민간보험회사의 도입, 그리고 의료시장의 개방 등이 그 예에 속한다. 「국제의료사업지원법」이 국회를 통과됐는가하면 「서비스산업발전기본법」은 여전히 논란 중에 있다. 한편 병원차원에서는 신경영인사제도가 점진적으로 도입되면서 병원의 공공성을 위협하는 또 다른 요소가 되고 있다(윤영삼 외, 2010). 의료의 공공성에서는 현재 그것을 확장하는 것이 아니라 축소되는 것을 막는 것이 당면과제가 되고 있을 정도다.

한편 공공성에는 그것을 실현하는 과정이 포함되며 그 핵심은 참여다. 노조나 환자, 그리고 시민사회가 이해당사자로서 의료정책을 결정하는 과정에 참여하는 것이 그것이겠지만 특히 노조(노동자)는 의사결정으로부터 직접적인 영향을 받는 내부의 핵심적인 이해당사자다. 따라서 노조의 참여는 민주주의라는 의미와 함께 의료공공성의 실현이라는 의미를 동시에 갖는다.

의료민영화정책이 광범위하게 추진되면서 그것이 갖는 결정적인 문제는 정책의 수립과 추진과정에서 이해관계자들의 참여가 이뤄지지 않고 있다는 점이다. 의료민영화정책을 추진하려는 일부 의료서비스 공급자와 기획재정부나 보건복지부 중심의 정부 관료, 그리고 민간보험회사로 대변되는 대자본의 입김이 강하게 반영되는 반면 노동계나 시민사회진영은 배제되고 있다(신영전, 2010). 의료정책에 대한 노조의 배제는 노동정책에 대한 노동의 배제와 함께 이뤄짐으로써 노조는 이중적으로 배제되고 있다. 건강정책의 형성과정에 민주적인 참여가 중요하다는 것은 두말할 나위도 없다. 민주주의는 건강에 이롭고 참여는 사람을 건강하게 만든다(김창엽, 2013).

2) 의료공공성 투쟁의 의의

(1) 사회적 가치와 노동조건의 통합적인 추구

보건의료노조가 산별체제에 매달리는 중요한 이유의 하나는 단위병원에서 할 수 없는 법·제도나 정책의 결정과정에 개입하는 통로가 될 수 있기 때문이다. 정책적인 개입은 노동정책에서 그치는 것이 아니라 보건의료산업정책까지 포함한다. 그렇다고 노동정책과 보건의료정책이 분리되는 것은 아니다. 노동기본권의 보장과 노동참여제도의 형성은 노조가 보건의료정책에 참여하는 물적인 토대가 된다. 강한 노조가 전제되지 않으면 참여는 빛 좋은 개살구다. 어떻게 보면 보건의료산업에서 노동자의 경제적 삶을 개선하는 효과는 산별교섭보다 오히려 산별노조의 정책적 개입에 의한 의료공공성의 실현여부에 달려 있는지도 모른다.

의료공공성 투쟁은 보건의료노조의 사회적 존재감을 높이는 계기이자 노조가 사회적 신뢰를 획득하는 기반이 된다. 그것은 내부적으로는 조합원의 자부심을 높이고 근로조건의 개선과 연결된다. 가령 민영화 반대, 인력의 확충 등은 그것이 갖는 사회적 의미 못지않게 조합원의 근로조건의 유지·개선에 이바지한다. 의료공공성은 그것이 조합원의 경제적 이해와 충돌하지 않는다는 점을 가장 큰 특징이자 장점으로 삼는다. 의료전달체계의 개선이나 수가의 조정은 중소영세병원 노동자의 근로조건 개선과 직결되고 인력확충은 노동강도를 줄이고 노동시간을 줄임으로써 일과 삶의 조화를 높이는 계기가 된다. 이런 점에서 의료공공성 요구를 현장의 요구와 결합시키려는 것은 상대적으로 용이하다.

의료공공성 활동은 "보건의료노조가 노조냐 NGO냐"라는 질문을 받는 데 대한 해답을 제공한다. 노조가 NGO로서 활동한다고 보는 것은 노조가 조합원의 경제적 가치는 도외시한 채 공공적 가치에만 매달린다고 보기 때문이다. 공공서비스 노조주의는 그것이 사회적 또는 공공적 가치를 추구한다고 해서 조합원의 경제적 이해관계를 무시하거나 배제하는 것은 아니다. 노동조건과 의료의 공공성을 연결시키는 작업이 중요하다는 사실을 말한다. 노동과 의료를 대립하는 요소가 아니라 상호 보완하는 관계로 자리매김할 필요가 있는 것이다.

(2) 복지동맹의 주력군

의료공공성 투쟁이 갖는 사회적 의의는 그것이 노동과 복지를 연결시키는 가교가 될 수 있다는 점이다. 복지국가란 국민의 복지를 국가의 최우선 목표로 설정하는 국가이며 그 결과 국가 활동의 많은 부분이 국민의 복지를 지원하는 활동으로 구성되는 국가다. 국가가 주도하는 복지활동을 사회보장이라고 한다면 사회보장제도를 통해 국민의 생활수준을 보장하는 국가가 복지국가다(정원오, 2010: 14).

사회보장제도는 네 가지 유형으로 나누어진다. 공공부조, 사회보험, 사회수당, 그리고 사회복지 서비스가 그것이다. 이 가운데 의료는 사회복지서비스에 속한다. 복지사회의 구축과 관련하여 노조의 역할은 크게 두 가지다. 하나는 정부에 대해 복지를 압박하는 권력자원으로서의 역할이다. 이 과정에서 중요한 것은 시민사회와 동맹을 형성하는 일이다. 보편주의 복지국가를 구현하기 위한 주체는 노동과 시민이 연대하는 시민사회복지동맹으로 구체화되어야 하며 이는 노동정치와 시민정치의 이륜마차여야 한다.

다른 하나는 복지사회의 기반으로서 노동시장에 개입하는 일이다. 복지는 기본적으로 '재분배', 즉 2차 복지에 관한 것이다. 다시 말해 노동시장에서의 1차 분배, 즉 임금의 평준화가 해결하지 못한 잔여부분을 국가가 나서서 해결하는 것이 복지다. 2차 분배의 대상과 규모는 기본적으로 1차 분배과정에서 결정된다. 그렇다면 효율적인 복지란 당연히 1차 분배 과정에 개입하여 복지의 대상과 규모를 축소하는 일에서 비롯되어야 한다. 노대명은 "복지사회의 기본은 공정한 소득을 보장하는 건강한 경제와 노동시장이며 국가의 재분배만으로 복지를 이루기는 어렵다"고 지적한다(경향신문, 2011.8.22).

최근 들어 실업문제도 심각하지만 임금격차로 인한 양극화 문제 역시 심각하다. 가령 비정규직으로 취업할 경우 고용이 불안한데다 임금수준조차 낮아 소득수준의 개선에 크게 도움이 되지 못한다. 일을 하면서도 빈곤에서 벗어나지 못하는 새로운 빈곤문제, 즉 근로빈곤(working poor)의 문제가 대두되는 것이다. 이러한 문제를 일차적으로 노동시장 내에서 해결책을 찾지 않고 복지의 문제로 접근할 경우 복지비용은 감당하기 어려우리만치 늘어난다.

완전고용과 양극화 해소를 위한 노동시장정책은 스웨덴의 경우에도 확인된다. 스웨덴에서 복지국가체제를 구성하는 세 기둥은 완전고용정책, 연대임금정책, 그리고 보편적인 사회보장정책이다(정원오, 2010: 59). 다시 말해 복지국가는 사회보장제도만으로 완성되는 것은 아니다. 교육정책, 가족정책, 보건의료정책 등 다양한 사회정책과 더불어 노동시장정책이 복지정책과 유기적으로 결합되어 통합적으로 작용할 필요가 있다(정원오: 66). 제대로 된 일자리가 복지의 재원을 마련할 뿐 아니라 복지의 대상을 축소시킨다.

복지국가로 가는 과정에서 노동의 역할이 중요하다는 사실을 부정하는 사람은 없다. 그런데 그간 복지사회의 구축과정에서 노조의 역할에 대해서는 부정적인 의견이 지배적이었다(김영순, 2011; 양재진, 2009). 노동조합이 기업별 체제에 갇혀 조합원의 임금인상이나 기업복지에 주력하면서 보편적인 국가복지에 대해서는 마뜩찮은 반응을 보인다는 것이다. 시장임금의 연장선에서 비정규노동자를 배제하면서 기업복지가 되레 양극화를 심화시키고 있다는 사실도 지적할 수 있다. 단기적이고 경제적인 이해관계에 집중하면서 '복지 = 증세'라는 이미지마저 나타나고 있다. 이런 점에서 "스웨덴 등 유럽노조의 경우 기업복지가 노동자 간 격차를 심화시킨다는 점을 인지하고 기업복지에 대해 부정적인 시각을 가지고 있다"는 이병훈 교수의 지적은 맥을 짚고 있다고 할 수 있다(경향신문, 2011. 5. 12).

결국 기업복지는 국가복지의 빈자리를 메움으로써 국가복지의 절박성을 줄이는 역할을 하는 반면 노동자들에게 불균등하고 불안정한 혜택을 제공한다. 노동자 내부의 소득격차를 완화하려면 기업복지를 국가복지의 제도적 틀 속으로 흡수하는 게 바람직하다.
　노조가 복지국가 건설의 동맹군이 된다는 것은 산별체제의 구축을 전제로 한다. 산별교섭도 필요하지만 복지관련 정부위원회의 참여하여 정책적 개입력을 높이는 것도 중요하다. 최저임금위원회나 건강보험정책심의위원회, 4대 보험(고용, 연금, 산재, 건강보험)위원회가 대표적이다. 정당 및 시민사회단체와 연계하여 입법활동을 실천하는 방안도 있다. 그러나 산별체제를 구축한다는 것이 자동적으로 노조가 복지 의제를 내면화한다는 의미는 아니다. 산별노조로 전환되었다고는 하나 산별체제의 구축으로 이어지지 못하고 있는 것도 문제지만 아직도 기업복지의 관성에서 벗어나지 못하고 있다는 점도 지적해야 한다.
　보건의료노조는 산별노조일 뿐 아니라 동시에 스스로 복지서비스의 공급주체라는 점에서 일반적인 노조와 성격을 달리한다. '돈 보다는 생명을'이라는 구호 아래 의료공공성 투쟁에 나섬으로써 노동과 복지를 연결하는 이음매로 역할을 하고 있다(이주호, 2015). 건강보험정책심의 위원회의 참가는 물론 보호자 없는 병원 만들기, 인력의 확충, 의료전달체계의 개선과 같은 의료공공성 의제는 곧바로 복지정책과 연결된다. 앞서도 지적했듯이 질 좋은 의료서비스의 제공만이 아니라 의료를 포함한 보편적인 사회보장정책을 달성하기 위해서는 일자리의 창출은 물론 연대임금정책과 같은 노동시장에 대한 개입이 불가피하다. 노동조합이 정부에 대해 복지를 압박하는 권력자원을 넘어 복지동맹의 주축이 되어야 하는 이유도 여기에 있다.

복지사회를 건설하는 과정에서 노동조합이 동맹군이 된다면 여기에는 복지사회 구축을 위한 사회적 연대와 이를 기반으로 하는 정치활동의 중요성을 부정할 수 없다. 노동과 복지를 화해시키는 그 중간에 보건의료노조가 자리하면서 일종의 모델을 만들고 있는 것이다.

(3) 의료공공성과 사회적 연대, 그리고 정치활동

지역공동체 노조주의의 복원

의료공공성이 복지로 나타난다면 그 자체가 공공서비스 노조주의의 핵심을 이룬다. 이 지점에서 살펴볼 일은 공공서비스노조주의를 실현하는 기반으로서 사회적 연대가 갖는 의미다. 의료공공성 투쟁은 보건의료노조의 단독드리블로 골을 만들어낼 상황은 아니다. 다른 선수의 도움이 있어야 골을 만들 수 있듯이 의료공공성 역시 사회적인 연대를 필요로 한다. 노동조합은 다른 노동조합이나 사회단체는 물론 정당을 대상으로 사회적 연대를 조직한다. 연대는 조직들 사이에 차이가 있다는 사실을 인정하고 특정한 사안에 대해 공동의 목적을 달성하기 위해 동맹을 맺는 것을 말한다.

> 차이가 없으면 연대할 필요도 없다 … 연대란 조직적인 일치(organizational conformity)가 아니라 조정된 다양성(coordinated di-

versity)을 추구한다. 이러한 모델을 만들기 위해서는 먼저 환경과 이해의 차이를 인정하고 존중하여야 한다. 다양한 이해를 배치하고 통합하는 일은 연속적인 교섭의 과정을 필요로 하는 복잡하고 어려운 과제이다(Hyman, 1999).

보건의료노조는 의료 및 복지와 관련하여 다양한 연대활동을 추진해 왔다. '의료민영화저지 범국본(범국민운동본부)', '병원비 걱정 없는 사회를 위한 무상의료 국민연대', '건강보험 하나로 시민회의', '건강연대' '보편적 복지국가 실현 연석회의' 등이 대표적이다.

노조의 사회적 연대라는 측면에서 고려할 지점의 하나는 지역차원에서 사회적 연대를 형성하는 일이다. 흔히 말하는 공동체 노조주의(community unionism)가 그것이다(이정희, 2014 참조). 공공서비스 노조주의가 전국을 대상으로 거시적인 접근방식을 택한다면 그것이 지역차원으로 내려간 것이 공동체 노조주의다. 이 과정에서 지역본부의 고유한 역할, 즉 지역차원의 사회적 연대가 형성된다. 공동체 노조주의는 공공서비스 노조주의의 지역적 표현에 해당된다. 가령 지방의료원 노조를 중심으로 시범적으로 지역공공의료를 활성화시키는 방안도 그 일환이다.

지역공동체 노조주의(또는 노조-지역공동체 동맹)는 오늘날 각국의 노동조합이 노동운동 재생의 수단으로 삼고 있는 전략이기도 하다. 노조와 지역주민(및 지역시민사회단체)이 공동의 이익을 발굴하고 동맹구조를 형성하여 지역주민과 조합원을 동원하는 체제가 그것이다. 이런 점에서 공동체 노조주의는 상호 공동체 노조주의(reciprocal community unionism, Wills, et al., 2004)라고 불리기도 한다.

진주의료원 폐업 반대투쟁에서 지역주민 내지 시민사회단체와의 연대는 보건의료노조가 의료취약지대 내지 사각지대의 주민에게 얼마만큼 다가갔는가를 말하는 지표다. 보건의료노조가 2014년 6·4 지방선거에서 제시한 정책요구는 공동체 노조주의의 사례를 보여준다. 당시 보건의료노조는 △의료공공성을 선도하는 건강도시 만들기, △촘촘한 지역건강벨트 구축, △공공병원 확충 및 질 높은 공공의료서비스 제공, △지방자치단체 건강위원회 구성 등을 제안했다(전국보건의료노동조합, 2016d). 또한 2016년 총선에서는 지역거점 공공병원에 지역주민위원회의 설치를 의무화하는 법 조항의 신설을 제안했다.

일부 지역(서울, 대구시, 경기도, 충청남도, 성남시, 강원도)에서는 후보와 정책협약을 맺기도 했다. 그러나 보건의료노조가 선거 이후 이 과제에 얼마만큼 진정성 있게 접근했는지는 의문이다. 이 과정에서 중요한 것이 모범사례를 구축하는 일이라면 보건의료노조가 (가칭)서울시 의료노사정협의회를 구성하려는 시도는 공동체 노조주의를 실현하려는 노력으로 봐도 좋을 것이다. 요컨대 의료공공성을 축으로 노동조합과 공동체간의 지속가능한 관계를 구축하는 일이 공동체 노조주의라고 할 수 있다. 주변화된 의료 취약계층에 대한 접근과 제도적 개선방안을 마련하는 일은 공동체 노조주의의 요체에 해당된다.

보건의료노조의 의료공공성 투쟁은 지역차원의 사회적 의료약자에 대한 관심보다 근로조건의 개선과 직접 연계된 활동에 주력한 것이 아닌가 하는 의구심이 드는 것도 사실이다. 의료공공성의 내용이라는 측면은 공급자 측면과 소비자 측면을 갖는다. 공급자 측면이 병원과 노동자의 관점이라면 소비자 측면은 환자와 지역주민의 관점을 중심에 놓는다. 그런데 기존의 의료공공성 투쟁은 병원을 중심에 둔 의료공공성, 즉 병원과 노동자, 그리고 환자의 이해에 초점을 맞춰 왔다. 이러한 접근은 경제적 가치와 사화공공적 가치를 결합시키는 걸 용이하게 만들지만 자칫 의료공공성으로 포장된 경제적 이해추구라는 사회적 비판을 자초할 수 있다. 인력의 확충이나 의료정책의 변화가 대표적이다. 그 반면 지역차원에서 의료약자에 대한 관심은 상대적으로 덜했다(는 게 나의 느낌이다).

일상적인 정치활동의 복원

미국의 대기업은 대부분 뉴욕에 본부를 두고 있다. 그런데 미국 노조의 대부분은 왜 워싱턴에 본부를 두고 있을까? 답은 "정치를 하기 위해서다." 썰렁하긴 하나 학술지에 실린 논문의 한 구절이다(Helden, 1990).

정치에 대한 노동조합의 관심이 새삼스러울 건 없다. 노사관계가 정치를 한 축으로 삼는다는 건 상식이다(이런 점에서 '자율적인 노사관계'란 노사관계의 탈(脫)정치화를 말하는 다른 표현일 뿐이다). 더욱이 선거의 계절을 맞이하면서 정치에 대한 관심이 증폭되는 것은 자연스러운 현상이다. 노동배제적인 정부정책으로 앞뒤가 막혀버린 노동운동으로서 출구라곤 정치 밖에 없다는 인식도 번져가고 있다.

노조의 정치활동에 대한 거대담론은 많다. 초점은 노조와 정당의 관계였다. 조금 덧붙이자면 노조가 정당에 참여하는 영국식의 당파적(partisan) 참여모형과 미국에서 보이는 비당파적(non-partisan) 압력단체 모형을 두고 갑론을박을 일삼기도 했다. 여기에서 민주노총과 한국노총의 정치방침은 날카롭게 갈린다.

노조의 정치활동은 그것에 관심을 가진 간부들의 상층부 정치에 그치는 경우가 많다. 정치를 간부들의 소장품에서 하방(下方)시켜야 한다면 그것이 바로 일상적인 정치활동에 조합원을 초대하는 일이다. 얼음에 박 밀 듯이 정치의 중요성을 말하면서도 조합원을 정치세력화 과정에 참여시킨 적도 없고 그 흔한 정치교육 한번 제대로 실행하여 본 적이 없는 것이 노조 정치활동의 현주소다. 정치를 꿈꾸는 사람조차 지역과 결합하여 텃밭갈이를 한 경우가 드물다. 공장이나 조직 내에 갇힌 노동운동을 함으로써 지역의 생활기반과 분리되고 만 것이다. 중앙정치를 무대로 한 상층부의 과잉정치가 한 단면이라면 그 맞은편에는 조합원의 과소정치가 자리하고 있다.

일상적인 정치활동으로서는 정치를 주제로 한 신문기사나 정치서적을 함께 읽기, 정치인 팬 되기, 정당 후원하기, 정치관련 세미나나 토론회 참석하기, 정치관련 글을 SNS에 올리기, 정당

행사 참여하기 등이 있다.

　깨어 있는 시간의 대부분을, 때로는 만성적인 수면부족까지 경험해 가며, 작업장에서 보내는 현실에서 일상적인 정치활동이나 공동체 노조주의의 실현은 어렵다. 장시간 노동으로 인해 가족은 물론 사회나 지역사회, 미래사회로부터 단절된다. 정치에 대한 일상적인 참여는 물론 지역사회에 대한 참여도 시간이라는 자원의 소모를 전제로 한다. 노조의 정치활동을 이야기하기 전에 조합원의 일상적인 정치참여를 우선하고 지역사회 공동체주의를 말하기 전에 노조원들이 아파트 입주자 대표자회의에 출마하는 것이 더 중요하다. 담론으로가 아니라 일상의 삶 속에서 정치나 지역 활동을 배제하지 않아야 한다. 지역을 중심에 두고 고민한 흔적도 많지 않다. 김동춘(2013.3 노동사회)의 말대로 "지역정치운동의 모델을 만들어내지 못한 채 주로 선거정치에 몰두하였다"는 비판도 여기에 근거한다. 지역본부가 담당해야 하는 역할의 하나가 바로 이것이다.

　한국은 지금 권력교체기를 맞고 있다. 토니 주트(2010)는 "법의 테두리 안에서 여론을 단체행동으로 전환할 수 있는 수단은 오로지 선거 밖에 없다"라고 말한다. 정당정치 그 자체가 "민주적 방식으로 전환된 계급투쟁"이라는 성격을 갖는다. 그럼에도 불구하고 권력의 교체기에서 선거에 미치는 노조의 영향력도 제한적이다. 틈만 나면 정치세력화를 말하는 노조가 선거정치에서 영향력을 잃고 있다면 정치세력화는 허무 개그로 바뀌고 만다. 장단기 정치전술조차 구분하지 못함으로써 일자리 정치는 물론

의료공공성 정치조차 상실하고 있는 게, 안타깝지만, 현실이다.

공공성의 다른 측면은 절차적인 측면이며 여기에는 이해당사자의 참여를 축으로 한다. 노동조합(노동자)과 지역주민의 참여가 여기에 포함된다. 의료공공성을 실현하는 수단으로서는 단체교섭 이외에 사회적 대화와 경영참가가 핵심으로 등장한다.

3. 의료공공성을 실현하는 수단

노조가 산별노조를 건설한 이면에는 보건의료산업정책에 대한 노조의 개입력을 높이려는 의지가 담겨 있다. 특히 저성장의 시대가 고착되고 고용의 불안이 증폭됨에 따라 노조가 산업정책에 개입해야 할 필요성은 높아지고 있다. 조합원의 고용을 정부나 사용자의 결정에 맡겨둘 수는 없는 노릇이다. 게다가 의료의 공공성이라는 목표를 기업(병원) 내부에서 온전히 실현하기란 어렵다.

노조가 산업정책에 개입할 수 있는 방법은 다양하다. 단체교섭 이외에도 정부위원회에 참가하는 일, 사회적 대화기구를 구성하는 방안, 국회의 입법을 통하는 방법, 정부와의 비공식적 협의 등이 그것이다. 이 글에서는 의료공공성을 실현하는 유력한 수단으로서 사회적 대화와 경영참가를 중심으로 살펴본다. 이러한 수단을 들먹이는 이면에는 노사자율주의의 한계가 자리하고 있다.

　노사관계 이론에서 노사자율주의는 원칙적으로 국가의 개입 없이 노사의 의지에 바탕을 둔 단체교섭 자율주의를 뜻한다(김동원 외, 2009). 노사관계에서 단체교섭이 노사 간의 갈등을 해결하는 근본적인 방법임에는 분명하지만 한계도 분명하다. 먼저 노사 간의 힘 관계가 사용자측으로 기울고 있다. 기업별 체제는 노동조합의 파편화를 초래했으며 노동자들의 의식을 기업 안에 묶어둔다. 뿐만 아니라 노조의 조직률이 낮아 단체교섭에서 합의가 이뤄지더라도 적용대상에 한계가 따른다. 즉 자율적 단체교섭을 통해 노동자들의 이익을 보호한다는 것은 곧바로 한계에 부딪힌다.

　노사관계나 의료산업정책이 갖는 역할이 증대되고 있지만 대부분의 사항이 정부정책이거나 경영권과 연계됨으로써 단체교섭의 대상에서 제외된다는 사실도 노사자율주의의 한계를 실감케 한다. 충돌하는 이해관계를 경제적 이해갈등의 해결에 주력하는 단체교섭으로 해결하기가 어려워지고 있다. 노조가 단체교섭의 영역을 뛰어넘어 정책과 경영에 개입해야 할 필요성은 그만큼 높아진다. 사회적 대화가 노조가 산업정책에 개입하는 주요한 수단이라면 경영참가는 노조가 기업의 경영에 개입하는 유력한 수단이다.

1) 산업차원의 사회적 대화

노조가 산업정책에 민주적으로 참여하는 대표적인 수단의 하나는 사회적 대화와 이를 기반으로 하는 정책활동이다. 산별체제가 갖는 중요한 역할의 하나는 그것이 사회적 대화의 전진기지가 된다는 점이다. 사회적 대화는 산별체제를 전제로 한다. 의사결정의 대표성과 함께 합의된 의사의 순응(compliance) 문제를 해결할 수 있는 장치가 산별체제다. 또한 사회적 대화를 형성하는 동력 역시 산별체제에서 끌어내기가 용이하다. 노조가 사회적 대화에 주력하는 것은 그것이 정부의 산업·노동정책에 개입하는 중요한 통로이자 사회적 실천을 도모하는 수단이 될 수 있기 때문이다.

우리나라에서 사회적 대화는 파행을 거듭하고 있다. 2016년 1월에는 정부가 맘먹고 성사시킨 노동개혁을 위한 노사정 합의('9·18 합의')조차 파기되고 말았다. 정부가 의제와 일정을 독점하고 노조의 팔을 비틀어 합의를 강요하는 분위기에서 사회적 대화는 설 땅을 찾지 못한다. 사회적 대화의 주된 설계자인 정부가 노동을 대화의 파트너로 인정하지 않은 탓이다. 그런데 노사정위원회가 식물기구로 바뀌었다는 사실이 중위차원의 사회적 대화(특정 지역·업종이나 특정 이슈를 중심으로 하는 사회적 대화)가 불가능하다는 사실을 말하는 것은 아니다. 중위차원의 사회적 대화는 산업이나 지역차원에서 이뤄지는 참여적 의사결정과정이라는 점에서 의미를 갖는다. 그간 사회적 논의는 중앙수준의 사회적 대화에 집중되면서 중위 수준의 사회적 대화는 간과되어 왔다. "글로벌 시장의 압력 하에서 사회적 합의제는 분권화 트렌드를 보이고 있다"는 건 선학태(2011)의 지적이다. 2015년 공무원연금이 국회차원의 사회적 대화기구에서 타결되었다는 점이나 최근 지역차원의 사회적 대화체제가 통합 거버넌스를 통해 일자리 창출에 나선 것도 같은 맥락이다.

지역차원의 사회적 대화는 "노사관계 발전지원에 관한 법"에 힘입어 지역노사민정협의회라는 이름으로 추진되어왔다(어기구 외, 2014). 그러나 업종별 협의회는 제도적 뒷받침(법적 근거)조차 받지 못했다. 산별제도의 발전이 뒤떨어진 탓도 크다. 산별차원의 사회적 대화는 우선 산하조직에 대한 통제력과 대표성을 가진 노사의 조직된 힘(산별노조 및 산별 사용자협의회)을 필요로 한다. 또한 산별차원의 사회적 대화는 산별차원의 교섭을 보완하는 장치다. 그런데 산별교섭제도가 정착되지 못한 상황에서 산별차원의 사회적 대화는 어렵다.

사회적 대화는 정부위원회 참가와 마찬가지로 강력한 정책개입 수단이지만 여러 가지 측면에서 구분되는 것도 사실이다. 사회적 대화에서 가장 중요한 것은 이 대화테이블에 노조는 단순한 구성원이 아니라 노동자의 독점적인 이해대변체로 참가한다는 점이다. 또한 사회적 대화기구에서는 합의를 전제로 할 뿐 아니라 의제의 폭도 넓다는 장점을 갖는다.

<표 5-13> 정부위원회 참가와 사회적 대화의 비교

	정부위원회	사회적 대화
구성방식	정부주도	참가주체의 합의
노조참가	노동자이해를 산업정책에 반영	노동자의 이해를 독점적으로 산업정책에 반영
임기	있음	없음. 필요에 따라 수시로 소집이 가능
의제	특정 정책주제	주체간의 합의로 결정
의사결정방식	합의, 협의, 자문 또는 다수결 등	원칙적으로는 합의
회의과정	원칙적으로 비공개	원칙적으로 공개

보건의료노조가 산업차원에서 실현시키지 못하고 있는 주요한 정책참가 수단의 하나가 바로 사회적 대화다. 사회적 대화라는 지점에서 노조의 활동은 교섭이라는 경제적인 활동을 벗어나고 기업이라는 울타리를 넘어 사회 속에서 노조가 시민권을 획득하는 과정이다. "돈보다 생명을"이라는 기치는 여기서 비로소 제 의미를 찾는다. 사회적 대화는 이해당사자의 참가라는 점에서 민주주의를 실현한다는 의미와 더불어 보건의료서비스의 민영화·상업화를 저지하기 위한 정책적·정치적 개입수단이라는 의미를 갖는다. 보건의료산업 노사는 몇 차례에 걸쳐 보건의료산업차원에서 사회적 대화기구를 설치하는 데 합의했다. 그러나 정부의 소극적인 자세로 인해 가시적인 성과를 얻지는 못했다. 아래의 내용은 보건의료부문 노사정위원회의 설치와 관련한 2008년 합의다.

<2008년 산별협약 부속합의서>(의료노사정위원회 관련)

3. (의료노사정특별위원회)
① 조합과 사용자는 의료산업 발전과 의료공공성 강화를 위한 노사정특별위원회를 구성·운영한다.
② 위원회는 보건복지가족부와 노동부를 비롯한 정부유관부서 관계자를 포함하고 노조대표자 및 사용자 대표자를 포괄하는 사회적 협의체로 구성한다.
③ 위원회는 다음 각 호의 안건을 심의하기 위하여 분과위원회를 구성할 수 있다.
  1) 공공의료 종합대책 및 공공성 강화방안
  2) 지방의료원과 민간 중소병원 활성화 방안
  3) 건강보험제도 개선 및 보건의료 예산확대 방안
  4) 의료산업발전의 사회적 토대와 공적 재원 마련
④ 노사대표는 위원회의 가동을 위해 실무추진단을 조속히 구성하고 관련부처와 협의를 추진한다.

의료노사정위원회는 산별조직체계를 물적 기반으로 한다. 정책역량은 물론 합의 사항에 대한 실행(compliance)을 보장할 수 있기 때문이다. 비록 정부의 거부로 "의료공공성 강화를 위한 보건의료산업 노사정위원회"를 구성하는 일은 무산됐지만 이와는 별개로 보건의료노조는 (가칭)"서울지역 보건의료노사정협의회"의 구성을 추진하고 있다. 서울지역 노사정협의회는 노사안정은 물론 지역의료 거버넌스를 구축하고 나아가 지역차원에서 의료의 공공성을 통해 노조가 공동체와 만나는 '공동체 노조주의'(community unionism)를 실현시키는 기회가 될 수 있다. 물론 병원으로서는 기업의 사회적 책임(Corporate Social Responsibility)을 실현하는 계기가 될 것이다.

지금까지 보건의료노조가 추구한 의료공공성이 중앙정부를 상대로 한 사업들이었다면 지역차원의 공공성 사업이 갖는 의의는 적지 않다. 다양한 사측과 접촉면을 넓힘으로써 파트너십을 형성하는 일도 중요하다. 이는 향후 산별교섭체계의 구축은 물론 공동연구를 통한 '모델'발굴사업을 추진하는 밑거름이 될 수 있다. 그런데 (가칭)서울지역 보건의료노사정협의회가 구성되더라도 상급단체인 민주노총이 서울지역노사민정협의회에 불참하고 또 민간·공공부문이 혼재하는데다가 공공부문은 다시 중앙정부 산하와 지자체 산하로 나누어지고 있다. 따라서 노사 간은 물론 병원 사이에서 특성별 이해관계의 차이를 아우를 수 있는 의제를 발굴할 수 있는지, 그리고 추진과정에서 이해관계의 차이를 조율할 수 있는지가 협의회의 성패를 결정짓는 요인이 될 것이다.

사회적 대화는 단체교섭이 다룰 수 없는 이른바 '인사·경영사항'은 물론 정부의 정책을 논의할 수 있다는 점에서 노동조합의 활동영역을 확장시킨다. 더욱이 저성장·양극화의 시대에 사회적 대화는 '교섭을 통한 임금인상'이 아닌 경영과 산업정책에 대한 참가를 통해 노동의 인간화를 추진하는 수단이 된다. 노동조합은 낮은 조직률에도 불구하고 보건의료 노동자를 '독점적으로' 대표할 수 있다는 점이나 거기에서의 합의는 사회적 합의를 의미한다는 점도 사회적 대화가 갖는 장점의 하나다(물론 조직률이 지나치게 낮을 경우 대표성의 문제를 낳는다).

사회적 대화는 노조의 힘을 뒷받침해줄 수 있는 사회적 지원을 필요로 하며 그것은 사회적 연대의 형태로 나타난다. 이 때 중요한 것은 노조가 제기하는 의제가 사회적 공공성을 띠어야 한다는 점이다. 연대는 "공공성을 띤 공동의 목적을 달성하기 위해 둘 이상의 개인 또는 조직이 자발적으로 자원을 공유하는 것"으로 정의할 수 있다. 이 경우 공동의 목적은 공유된 이해나 가치를 의미하며 그것은 사회적 약자에 대한 공감에서 비롯된다.

우리나라에서 노사정위원회 차원의 사회적 대화는 현재로선 불가능하다. 가장 큰 걸림돌은 노사정위원회가 갖는 제도적인 결함이라기보다는 노조를 인정하지 않는 정부의 태도다. 사회적 대화가 정부주도라는 성격을 띠는 상황에서 그 주된 설계자(principal architect)인 정부가 노동배제를 넘어 노조 무력화에 나선다는 것은 사회적 대화를 포기하는 행위나 진배없다. 대화 자체가 "기울어진 운동장"에서 이뤄지고 있다는 점도 전국차원의 사회적 대화를 불가능하게 만드는 이유의 하나다. 정부가 의제와 일정을 독점하고 노조의 팔을 비틀어 합의를 강요하는 분위기에서 사회적 대화는 설 땅을 찾지 못한다. 이처럼 사회적 대화의 성사 여부는 사회적 대화를 바라보는 노조의 시각 못지않게 노조를 대하는 권력의 태도와 밀접한 관련을 갖는다. 공공기관 노조들이 정부가 아닌 국회가 주도하는 사회적 대화를 요구하는 이유도 여기에 있다.

앞서 말한 공공서비스 노조주의는 노조민주주의를 전제로 한다. 공공서비스 노조주의에 대한 분석에서 많은 경우 외적인 연대에 초점을 맞추다보니 내부의 관계는 무시되곤 한다(Hirschsohn, 2007: von Holdt, 2002). 그 결과 노조의 집단적인 정체성을 확립하는 과정에서 발생하는 내부의 갈등이 무시되면서 사회연대활동은 우연적이고 이례적인 일로 다루어지곤 한다. 공공서비스 노조주의의 목표에 대한 조합원의 지지와 참여가 중요하다는 사실에는 이론이 없다. 이를 위해서는 노조 내부에서 토론이나 교육을 통해 의견을 모아가는 '내부적인 사회적 대화'(internal social dialogue: Hyman, 2001)를 요구한다. 많은 경우 노조의 공공서비스 지향이 조합원의 참여와 통제 하에서 이루어지는 것은 아니다. 대부분의 경우 간부들이 지도적인 역할을 하며 조합원의 대부분은 상대적으로 소수인 지도자의 주도성과 경험에 의존한다는 점에서 그것은 상층연대의 모습으로 나타나기도 한다.

2) 경영참가

의료공공성을 실현하는 또 하나의 영역은 각 병원이 영리추구에서 한 발 물러나 병원의 사회적 책임을 이행하는 일이다. 이런 요구를 실현시키는 대표적인 수단은 경영참가다. 이는 노조가 의사결정과정에 대한 참여를 통해 이해당사자주의를 관철시키는 것을 말한다. 이런 점에서 경영참가는 공공성의 절차적 민주주의를 실현한다는 의미를 갖는다.

노동자의 경영참가는 제도화된 갈등해결의 장으로서 단체교섭이 갖는 한계에서 비롯된다. 단체교섭은 교섭의 대상이 제한적이며 일 년에 한번, 그것도 특정주제를 대상으로 함으로써 일상적인 경영참여가 불가능하다. 특히 단체교섭은 쟁의행위를 배경으로 노사 간의 이해대립사항을 다룸으로써 노사 간 이해공통사항을 다루는 데는 한계를 갖는다. 2차 세계대전 이후 선진국에서 단체교섭으로 해결할 수 없는 각종 노동문제를 해결하는 중요한 수단으로 경영참가제도를 발전시켜온 배경에는 이러한 요인이 작용했다(김교숙, 2011).

기업차원에서 이뤄지는 경영참가(공동결정제도)는 산별체제로 인해 공동화된 기업차원의 노조조직과 활동을 보완한다는 의미도 갖는다. 가령 독일의 사업장협의회(works council)는 한편으로는 산별협약의 이행을 감시하거나 기업협정을 체결하는 일을 담당하고 다른 한편으로는 기업의 의사결정과정에 참여하는 수단이 된다. 이런 점에서 공동결정제도는 산별체제의 일환이다. 단체교섭이 기업의 바깥으로 빠져나감으로써 비로소 경영참가가 제 발로 선다. 기업차원에서 공동결정제도는 노동이사제와 사업장협의회라는 두 축을 통해 완성된다. 사업장협의회가 일상적인 차원에서 경영에 참가하는 방안이라면 노동이사제는 전략적인 차원에서 경영에 참가하는 방안이다(배규식 외, 2015 참고).

공동결정제도는 경제민주주의를 실현하는 수단이 된다. 공장 문 앞에서 멈춘 민주주의를 공장 안으로 끌고 들어오는 역할을 하는 것이다(켈리, 2013). 이 경우 민주주의란 기업의 의사결정으로부터 영향을 받는 사람들이 그 의사결정과정에 참여하는 것을 말한다. 노동자들은 경영참여를 통해 비로소 스스로를 통치할 수 있는 권리를 갖는다(Dahl, 1985). 정치적 약자들이 정치적 의사결정과정에 참여하는 것이 정치적 민주주의라면 경제적 약자가 경제적 의사결정과정에 참여하여 경제력의 집중을 막는 것이 경제적 민주주의다.

노조의 경영참가와 관련하여 특히 강조하고 싶은 부분은 그것이 병원의 사회적 책임을 이행하게 만드는 수단이 됨으로써 이 역시 의료공공성 사업의 일환을 이룬다는 점이다. 이러한 문제의식은 임상훈 외(2012)에 고스란히 녹아 있다.

<표 5-2> 산업수준에 머문 보건의료계 사회적 책임 이슈

○ 보건의료계에서 '병원의 사회적 책임'은 주로 '의료의 공공성'이나 '건전한 보건의료 노사관계 정립' 등 산업 수준의 이슈로 다루어져 왔으며 이는 일정 성과를 가져왔음.
○ 개별 병원 수준의 경우 위와 관련된 부분을 제외하면 병원의 사회적 책임은 거의 논의조차 되고 있지 못함.
○ 이에 따라 병원 소유주와 경영진, 노동자와 노동조합, 환자와 가족, 지역사회, 그리고 정부 등 병원의 다양한 이해관계자는 단순히 보건의료서비스 시장에서의 공급자와 소비자로서만 존재할 뿐 병원의 사회적 책임을 규정하고 실행하는 데 아무런 역할도 하고 있지 못함.
○ 병원은 국민의 건강과 생명을 담당하고 있는 공익적 서비스 영역으로서 병원(공급자), 환자(소비자), 노동자, 지역주민 등 다양한 이해관계자가 긴밀히 연계하여 사회적 책임을 선도해야 할 영역임.

자료: 임상훈 외(2012).

노조가 병원의 경영활동에 참가할 수 있는 통로로서는 △단체교섭 범위의 확대(인사·경영권 개념의 철폐), △노사협의회 기능과 역할의 강화(독일식 사업장협의회 참조), △노동이사제의 도입, 그리고 △특정 이슈에 대한 노사공동위원회의 설치 등을 들 수 있다. 노조의 경영참가와 관련하여 주목받는 부분은 서울시 투자·출연기관에 공동결정제도를 도입하려는 서울시의 실험이다. 서울시 의회는 2016년 9월, 100인 이상 공공기관에 근로자 이사(비상임이사) 1~2명을 도입하는 "서울특별시 근로자이사제 운영에 관한 조례"를 통과시켰다. 노동이사는 종업원으로부터 직접 선출된다.

노동이사제가 기업의 전략적 의사결정과정에 대한 노조(노동자)의 참여를 의미한다면 기업의 일상적인 경영활동에 참여할 수 있는 기제는 '사업장협의회'다. 서울시가 공공기관에 도입하기로 밝힌 노동이사제는 애초 노사협의회의 기능을 강화한 사업장협의회(경영협의회)와 함께 설계됐다(배규식 외, 2015). 여기에는 노사협의회 협의사항의 일부를 의결사항으로 바꾸고 근로자위원의 역할을 강화하는 한편 의결사항의 구속력을 증대시키고 중재기구를 설치하는 방안 등이 포함된다. 서울시는 노동이사제와 사업장협의회의 설치를 뭉뚱그려 '참여형 노사관계'라고 불렀다. 양자의 시너지 효과를 기대한 것이다.

4. 소 결

일반적으로 의료공공성이란 사회적 약자가 의료서비스에 대해 갖는 접근성이라는 측면과 의료정책 관련 의사결정과정에 이해당사자가 참여한다는 측면을 동시에 갖는다. 의료공공성은 그것이 사회공공적 가치를 추구한다는 점에서 공공서비스 노조주의의 일환을 이룬다. 이 경우 사회공공적 가치가 조합원의 경제적 가치와 충돌되지 않는다는 점에서 시민사회단체의 접근과는 궤를 달리한다.

보건의료노조에서 의료공공성은 '돈 보다 생명을' 이라는 구호로 표현됐다. 의료공공성투쟁은 그것이 사회적인 가치와 근로조건을 통합적으로 추구한다는 점 이외에도 노동조합이 궁극적으로 복지사회의 동맹군으로 자리매김하는 과정이라는 의미를 갖는다. 그간 노동조합은 기업복지의 수혜자로서 보편적인 복지사회의 구축에 미온적이었다는 평가가 지배적이었다. 그러나 보건의료노조의 의료공공성 투쟁은 그것이 복지사회로 이행하는 권력자원이 됨으로써 노동과 복지세력을 잇는 징검다리가 된다. 특히 고용의 불안이 가중될 뿐 아니라 비정규직이 늘어나고 소득의 양극화가 심화되는 상황에서 노동조합은 임금의 평준화를 통해 2차 복지, 즉 재분배를 용이하게 만드는 역할을 담당한다.

공공서비스 노조주의는 조합원의 동원 못지않게 사회적 연대를 바탕으로 삼는다. 여기에는 전국적인 차원에서 민영화(상업화)의 저지를 비롯한 의료정책의 개선과 더불어 지역차원의 접근을 포함한다. 특히 지역차원의 접근은 사회적인 의료약자의 의료서비스 접근권을 보장하기 위해 지역주민과 연대한다는 점에서 공동체 노조주의(community unionism)의 특징을 드러낸다. 이는 보건의료노조가 사회적 시민권을 얻는 과정이기도 하다.

의료공공성이 내용적인 측면에서 의료서비스 질의 향상과 공급의 확산을 의미한다면 절차적인 측면에서는 의사결정과정에 대한 이해당사자의 참여를 의미한다. 특히 노동자는 기업(병원) 내부의 핵심적인 이해당사자로서 그들의 이해에 영향을 미치는 의사결정과정에 참여한다는 것은 경제민주화를 실현하는 과정이기도 하다. 그 구체적인 수단으로서는 단체교섭 이외에도 산업(업종) 차원의 사회적 대화와 경영참가를 들 수 있다. 정부위원회 참가나 국회나 정당과의 소통도 정책결정과정에 개입하는 유력한 수단이다. 이러한 참가의 기반에 노조의 정치적 영향력이 자리하고 있다면 노조의 정치세력화는 여전히 노조가 가야할 길이다.

6
자율적인 노동시간 단축과 인력 충원

자율적인 노동시간 단축과 인력 충원[1]

1. 문제의 제기

보건의료부문에서 좋은 일자리 만들기의 필요성에 대해선 일정 수준의 사회적 합의가 이뤄져 있다는 게 나의 생각이다. 환자 및 의료인력의 안전과 의료 서비스 질의 향상은 직접적으로 인력충원에 가닿는다. 부족한 의료인력을 노동강도의 강화로 메워 병원의 '정상적인' 운영을 감당할 수 있는 차원을 이미 벗어나고 있다. 장비와 병상은 넘치는데 인력은 OECD 대비 턱 없이 부족한 것이 오늘날 병원의 모습이다. 있는 인력조차 장시간·야간근로 등 열악한 근로환경에다 낮은 임금마저 겹쳐 이직을 고려하는 상황인가 하면 의료인 자신이 근골격계나 수면장애, 심지어 우울증으로 힘들어하고 있기도 하다. 이런 상황이라면 환자 안전에 앞서 의료인력의 안전조차 기로에 서 있다고 보는 것이

---

[1] 이 부분은 「보건의료노조 정책워크숍」에서 발제한 내용을 수정한 것이다. 앞 부분과 일부 내용이 중복될 수 있지만 논리의 흐름상 내버려 뒀다.

정상이다.

사회적으로 보건의료분야는 소득증대와 고령화에 따라 의료서비스의 수요가 증대하고 있고 그 결과 일자리 창출에 대한 기대감이 큰 영역이다. 이는 청년들의 고용절벽을 허무는 작업이자 적극적으로는 복지사회로 건너가는 징검다리를 놓는 일에 해당된다. 의료공공성이 인력확충에서 비롯된다는 사실에 대한 일종의 공감이라고 할 수 있다. 최근만 하더라도 국가인권위원회(2015)가 보건의료산업에 종사하는 여성노동자의 모성보호 등 인권실태를 조사해 밝혔고 정부(고용노동부, 보건복지부, 여성가족부, 국가인권위원회, 2016. 12. 21)는 합동으로 토론회를 열어 병원 업종의 일·가정 양립을 위한 직장문화의 확산방안을 모색했다. 이 토론회에서는 "병원업종의 원활한 인력수급방안 강구"라는 제목 아래 △유휴 간호인력 재취업 지원, △기존 인력이직방지, 그리고 △신규 간호인력 공급확대 등이 논의됐다.

그러나 의료인력의 충원에 대한 사회적 공감대도 구체적인 정책이나 수단 앞에서 막히고 만다. 보건의료 노사의 정책이나 입법요구에 대해 정책당국이나 국회가 제대로 응답하지를 않고 있다. 의료수가제도나 공급체계의 전환, 보건의료인력지원특별법의 제정 등이 대표적이다. 왜 이런 일이 벌어질까.

보건의료분야에서 인력을 확충하는 방법으로서는 두 가지가 거론된다. 하나는 의료관련법이나 제도를 바꾸는 방법이다. 보건의료인력지원특별법을 제정하고 간호간병 통합서비스 전면시행에 따른 올바른 인력기준을 확립·시행하는 일이 대표적이다. 왜곡된

보험수가나 무너진 의료전달체계를 개편하는 일도 중요하다. 이의는 없다. 노동시간과 관련해서는 근로기준법도 바꿔야 한다. 그런데 인력충원과 서비스의 질을 정부정책과 건강보험에 맡기면 병원 노사는 무엇을 할 것인가라는 질문에 대한 답은 없다. (노사가 열심히 노력해서) 제도가 바뀌고 정책이 수정되면 의료인력 문제는 자동적으로 해결되는가? 가령 의료인력의 기준을 강화하고 적정수가를 보장하면 그것이 노동시간의 단축과 교대제의 개선으로 이어지는가? 노사가 원하는 대로 다 이뤄지지 않으면 어떡하는가? 혹시 하늘만 쳐다보는 천수답(天水畓)전략은 아닌가?2)

인력의 확충과 관련하여 이 글에서 다루고자 하는 것은 이 뒷부분이다. 법과 제도의 변화와 별개로 노사가 자율적으로 할 수 있는 일은 하자는 것이다. 노동시간을 단축하고 교대제를 개선하는 일을 인력충원과 연계하자는 것이 대표적이다. 이를 통해 일자리를 확충함으로써 노동강도를 완화하고 나아가 일·가정의

---

2) 보건의료인력지원특별법은 제정과정에서는 물론 제정 이후에도 노조의 역할을 배제하는 것은 아니다. 이 법안은 인력의 비율과 규정을 정하기 전에 ① 인력수급·유지관리·노동조건 등에 대한 전면적인 실태조사, 공론화와 이를 토대로 한 ② 보건의료인력정책심의위원회를 통한 방안마련, ③ 수가개선, 인력양성, 제도개선 등을 추진할 추진기구(인력원)의 구성 등 체계적인 접근을 요구하며 이 과정에서 노조의 참여가 필수적이다. 또한 이 법안이 제정되면 실노동시간을 단축하기 위한 노사 간 논의와 교섭이 뒤따라야 한다. 그러나 이 법안의 제정과 무관하게 노동시간의 단축을 병원 노사의 자율적인 교섭의제로 삼을 수도 있다.

양립을 추구하는 것이 그것이다. 이런 노력은 일자리에 대한 사회적 공감대를 확산시킴으로써 법과 제도를 바꾸는 마중물이 될 수 있다. 실제로 노동조합은 △노동시간 단축과 교대제 개선을 통한 인력 확충모델의 개발, △저출산 대책, △모성보호, △일과 가정의 양립모델 개발 등을 인력충원방법으로 제시하고 있다.3)

보건의료노조는 산별노조라는 점에서 보건의료산업에 종사하는 노동자 전체의 관점에서 일자리에 대한 접근이 가능하다. 보건의료 노사가 산업과 노동정책차원에서 인원확충에 접근한다는 것은 그만큼 실천적인 의미를 높인다. 그렇잖아도 보건의료노조는 2016년을 '인력확충의 골든타임'으로 설정하고 산별교섭을 '일자리 산별연대교섭'으로 추진하는 등 인력의 확충과 비정규직 문제해결에 매진했다. 그 결과 노사는 간호간병통합서비스의 올바른 제도화나 모성정원제의 도입, 노사정 인력 TF의 구성, 야간교대제 모델개발 등을 합의했다. 또한 산별중앙교섭에서는

---

3) 보건의료노조가 제시하는 인력충원방법 방안은 다음과 같다.
① 보건의료인력지원 특별법 제정
② 간호간병 통합서비스 전면시행에 따른 올바른 인력기준 확립과 전국적 일자리 인력수급 대책
③ 노동시간 단축,교대제 개선을 통한 일자리 확충모델 개발
④ 저출산 대책, 모성보호, 일과 가정의 양립모델 개발
⑤ 석성 인력 확보를 위한 수가 개빌
⑥ 직종 보수교육에 대한 개입력 확보
⑦ 조합원 현장 위험 보고운동 ; 사례가 세상을 바꾼다.

"임금인상의 일부를 인력충원과 비정규직 문제해결을 위해 사용할 수 있다"고 합의함으로써 인력부족을 해결하기 위해서는 임금인상을 일부 양보할 수 있는 공간을 마련했다.

2. 왜 노동시간 단축인가

노동시간은 임금과 함께 노동조건의 핵심을 이룬다. 보건의료 분야에서 노동시간 단축의 필요성으로서는 △직장생활만족도의 개선, △여성다수 사업장으로서의 특성(모성보호 및 일·가정양립), △이직 의도의 축소와 신규인력 진입여건의 조성, 그리고 △의료서비스 질의 향상과 의료인력 및 환자의 안전 등을 들 수 있다. 일반적으로 거론되는 노동시간 단축의 필요성은 생략한다. 일자리 나누기나 자기계발, 여가의 질 등이 그것이다.

1) 직장생활 만족도의 개선

<표 6-1>은 보건의료노조가 조사한 조합원의 근로조건에 대한 만족도다. 표에 따르면 흥미로운 사실을 발견할 수 있다. 임금에 대한 선호와 노동시간 단축에 대한 선호가 확연히 갈라진다.[4]

<표 6-1> 병원특성 및 고용형태별 직장생활 만족도(중간 값 50점, 100점 만점)

		직장생활 만족도								
		계	고용 안정	임금 수준	노동시 간강도	복리 후생	인사 노무	직장 분위기	안전 건강	일 자긍심
공공 병원	계	45.0	65.3	42.8	39.3	42.4	39.4	64.0	51.2	60.2
	특수목적공공	47.8	69.1	50.3	41.5	45.9	39.8	65.0	54.2	63.8
	국립대	42.0	61.3	39.6	34.3	39.5	38.0	61.0	48.4	56.3
	지방의료원	46.5	67.1	38.7	44.9	43.0	41.5	67.6	51.8	62.0
민간 병원	계	42.9	61.3	41.1	36.8	43.4	39.9	59.3	47.6	56.4
	사립대	41.9	60.2	41.0	35.1	41.7	38.5	58.1	46.6	55.6
	민간중소	47.4	66.4	41.7	44.3	51.3	46.2	64.7	52.1	60.0
고용 형태	정규직	43.2	63.3	41.6	36.9	42.6	39.4	60.1	48.0	57.0
	무기계약직	44.7	43.6	34.6	47.6	50.1	40.1	66.7	56.5	62.6
	비정규직	49.8	45.7	44.5	49.6	55.1	50.9	72.4	61.3	66.2
근무 형태	통상근무	40.0	55.5	39.9	42.8	33.9	30.3	59.3	50.6	55.8
	교대제	42.6	69.3	40.6	26.8	37.1	40.8	60.1	45.8	56.4
	전담근무	63.6	75.0	55.0	55.0	75.0	75.0	87.5	75.0	75.0
합계		43.5	62.4	41.6	37.5	43.2	39.8	60.6	48.6	57.4

자료: 전국보건의료노동조합, 2015.

---

4) 이하의 자료로서는 주로 보건의료노조가 실시한 노동조건 실태조사를 사용한다. 이 경우 응답자는 조합원이며 대부분은 정규직이다. 병원특성으로 보면 공공병원과 사립대병원이 대부분이며 민간중소병원의 응답자는 12.7%에 불과하다. 보건의료노조의 조사는 상대적으로 근로조건이 양호한 사업장을 대상으로 함으로써 보건의료노조 전체 종사자의 관점에서 보면 표본편향이 나타날 수 있다.

2) 여성다수 사업장의 특성

병원에서 노동시간의 단축이 필요한 또다른 이유는 병원이 여성 다수 사업장이며 특히 가임기의 여성이 많이 근무하는 곳이라는 점이다. 병원은 모성보호와 일·가정의 양립이라는 관점에서 노동시간 단축이 특별한 의미를 갖는 동네다. 이런 사실은 우리나라 노동시간 체제를 특징짓는 요소의 하나인 남성외벌이 모형이 병원 노동자에게도 적용된다는 사실을 말한다.

(1) 일·가정의 양립

남성외벌이모형(male-bread winner model)이란 '남성=생계부양자, 여성=양육자'라는 고착된 성역할을 바탕으로 남성의 장시간 노동이 이뤄지는 것을 말한다. 이런 외벌이 문화(남성의 장시간 노동문화)가 바뀌지 않은 상태에서 여성의 경제활동이 시작됨으로써 여성 역시 장시간 노동을 강요당한다. 여성들은 맞벌이를 하면서도 가사노동을 전담하는 일이 벌어지기도 한다. 혹실드(Hockschield, 1989)의 표현을 빌면 '집과 직장 사이의 2교대'가 이뤄진다.[5]

---

[5] 나아가 그는 이를 '지연된 혁명'이라고 부른다. 여성들이 적극적으로 경제활동에 참가하고 있지만 직장의 남성, 가정의 남성은 전혀 변하지 않은 채 견고한 성차별 구조를 유지함으로써 발생하는 긴장구조를 말한다.

전통적 가족 내에서 젠더분업의 문제를 간과하고 있다. 남자에게 임금노동시간의 단축이 전체 노동시간의 감소로 이어지지만 여성의 경우 늘 그렇지는 못하다. 고용된 여성의 노동시간이 줄어든다고 해도 그녀의 가정 내 노동이 늘어나 늘어난 추가시간을 금세 채워버릴 수 있다. … 현재 시간운동은 임금노동시간과 가정생활의 연결에 반드시 초점을 맞춰야 한다. 핵심은 노동시간의 계산에 언제나 사회적으로 필요한 무급노동항목이 포함되어야 한다는 것이다(윅스, 2016).

<표 6-2> 맞벌이가구의 평균 근로시간

	2014				2015			
	전체	동거부부(A)	비동거부부(B)	차이(A-B)	전체	동거부부(A)	비동거부부(B)	차이(A-B)
남자	46.8	47.1	44.5	2.6	46.7	47.1	43.0	4.1
여자	41.4	41.3	41.8	-0.5	40.9	41.0	40.0	1.0
차이(남-여)	5.4	5.8	2.7	-	5.8	6.1	3.0	-

자료: 고용노동부, 2015.

<표 6-3> 맞벌이 상태별 가사노동시간

	2004				2009				2014			
	맞벌이		비맞벌이		맞벌이		비맞벌이		맞벌이		비맞벌이	
	남자	여자	남자	여자	남자	여자	남자	여자	남자	여자	남자	여자
가사노동	0:32	3:28	0:31	6:25	0:37	3:20	0:39	6:18	0:40	3:14	0:47	6:16
가정관리	0:20	2:47	0:15	4:19	0:24	2:38	0:19	4:11	0:26	2:35	0:25	4:14
가족 및 가구원 돌보기	0:12	0:41	0:16	2:06	0:13	0:42	0:20	2:07	0:14	0:39	0:22	2:02

자료: 고용노동부, 2015.

<표 6-4>는 <표 6-2>, <표 6-3>을 바탕으로 남녀 노동자의 총 노동시간(유급노동시간과 가사노동시간)을 비교한 것이다. 표에 따르면 노동시간의 성별 차이는 주당 730분, 연간으로는 3만 8,064분(634시간)에 이른다. 이를 여성의 1일 총노동시간인 9시간으로 나누면 70일이 된다. 여성은 남성노동자에 비해 연간 70일분의 노동을 더 하는 꼴이다. 주 5일제로 따지면 무려 3달이 넘는 기간이다(보건의료부문에 종사하는 맞벌이 노동자의 총노동시간에 대한 통계는 없다).

<표 6-4> 맞벌이 남자와 여자의 노동시간 비교

	맞벌이 남자	맞벌이 여자
주당 유급노동시간	2802분	2454분
주당 가사노동시간	280분	1358분
주당 합산노동시간	3082분(A)	3812분
주당 노동시간 차이	730분(3812분-3082분)	
연간 노동시간 차이	38064분(730분*365/7634시간)	
여성의 하루노동시간	544분(3812분/7일, 9시간)	
연간 여성의 추가노동일	70일(634시간/9시간)	

노동시간의 단축이나 노동시간의 재배치에 못지않게 가사노동에서 젠더 분업을 확립하는 일은 중요하다. 노동시간 단축에 대한 요구는 일하는 시간 전체에 주의를 기울여야 한다(웍스, 267).[6] 이는 여성의 노동시간 단축운동은 여성운동(페미니즘)과

연계될 수밖에 없다는 사실을 말한다. 전통적인 이성애 가족을 논의의 중심에 놓는 것도 시대착오적이지만 가정 내의 젠더 분업에 관한 논의가 진전되지 않으면 '지연된 혁명'은 앞으로도 지속될 것이다. 노동시간을 줄이는 목적이 가사노동이나 돌봄노동을 떠맡으려는 것은 아니다. 더 폭넓은 요구, 즉 노동시간 밖에 머무를 시간을 더 많이 누리면서 자아의 발전을 기할 수 있는 기회, 즉 우리 스스로가 통제할 수 있는 시간을 더 많이 갖고자 하는 것이다.

(2) 모성보호

통계적인 자료 이상으로 노동시간과 교대제에 대한 질적인 접근은 병원에서 의료인력의 근무여건을 보여준다. 먼저 의료인력에 대한 국가인권위원회의 실태조사 결과에 따르면 여성종사자는 본인의 임신결정 여부에 대한 자율성조차 제대로 보장받지 못하고 있다. 동료나 선후배의 눈치를 보지 않고 원하는 시기에 자유롭게 임신을 결정할 수 있는지를 묻는 질문에 간호사와 간호조무사의 경우 전체 응답자의 39.5%(전공의는 전체 응답자의

---

6) 한 걸음 나아가면 사회적 재생산이 사적인, 그리고 여성의 책임이 아니라 '사회적으로 필요한 기시노동'이라는 개념으로 정립되어야한다. 이런 바탕 위에서 공적인 지원의 부족을 의제화하고 이를 기본소득 논의로 연결시킬 수 있다.

71.4%)가 본인이 원하는 시기에 자유로이 임신을 결정하지 못한다고 답하고 있다. 원칙적으로 법이 금지하고 있는 임신기의 초과근로나 야간근로도 버젓이 행해지고 있다.

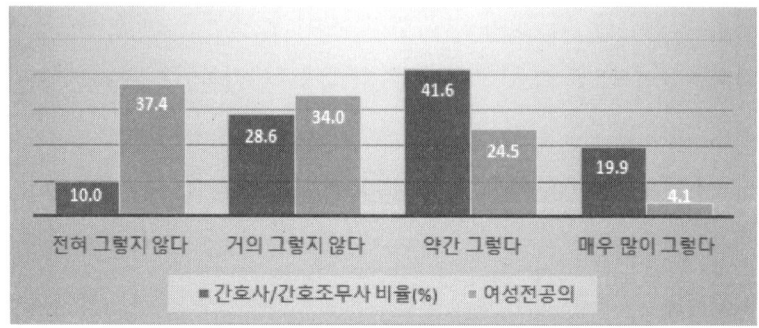

<그림 6-1> 자유로이 임신을 결정할 수 있는지 여부

자료: 국가인권위원회, 2016.

<표 6-5> 임신시 초과근로/야간근로 경험

	간호사/간호조무사		여성전공의	
	임신시 초과근로 경험	임신시 야간근로 경험	임신시 초과근로 경험	임신시 야간근로 경험
전혀없다	10.5	46	9.7	11.8
거의 없다	27.8	15.7	12.9	11.8
약간 있다	37.1	21.1	22.6	17.6
매우많이 있다	24.6	17.3	54.8	58.8
계	100.0(N=313)	100.0(N=313)	100.0(N=31)	100.0(N=34)

자료: 국가인권위원회, 2016.

3) 이직의 방지

남성외벌이 모형은 여성의 잦은 이직, 그리고 '장롱면허'의 증대로 나타난다. 2015년 기준 간호사의 평균 근속기간은 9.5년에 불과하며(보건의료노조, 2016) 이직률은 16%에 이른다(병원간호사회 사회조사). 병원간호사들은 작업장 내 문제를 해결하기(voice)보다는 벗어나기(exit)를 택한 것이라고 해석할 수 있다(김종진, 2010). 보건의료노조(2016a)의 조사에 의하면 이직을 고려한 노동자는 무려 60.5%에 이른다.

병원 전체로 봤을 때 높은 이직률은 인력의 부족을 초래하고 사회적으로는 저고용의 문제를 낳는다. 이직을 고려하는 사유로서는 열악한 근무환경과 노동강도가 1순위를 차지하고 이어 낮은 임금수준이 뒤따른다. <표 6-6>에서 보듯이 열악한 근무환경과 노동강도는 공공병원은 물론 사립대 병원이나 민간 중소병원에서조차 첫 번째 이직사유로 꼽힌다(노동시간에 대한 문항이나 비정규직의 고용불안 문항은 빠져 있다). 출산이나 육아의 문제도 높은 순위의 이직사유를 차지한다. 결국 이직 의향을 줄이는 핵심 요인은 노동시간의 단축과 (이와 연계된) 일·가정의 양립 문화를 만드는 일이라고 할 수 있다. 이는 장기적으로 신규인력의 진입을 촉진하는 요인이 된다.

<표 6-6> 병원특성, 고용형태, 직종별 이직 고려 사유(1순위)

(단위: %)	공공병원			민간병원		고용형태			주요 직종					
	특수목적공공	국립대	지방의료원	사립대학병원	민간중소병원	정규직	무기계약직	비정규	간호사	간호조무사	의료전문직	사무행정	시설관리	그 외 직종
낮은 임금 수준	12.8	10.0	25.8	8.0	23.0	44.8	11.4	36.7	26.8	10.1	9.9	24.3	16.1	15.3
열악한 근무환경, 노동강도	46.4	57.9	43.6	59.2	38.9	17.2	54.5	31.4	38.9	57.8	45.9	35.4	38.6	47.5
병원의 낮은 명성 지명도	0.7	0.4	0.3	0.4	0.9	3.4	0.5	-	0.3	0.5	0.9	0.8	1.6	-
직장내 인간관계 어려움	8.9	8.4	6.2	9.3	7.8	6.9	8.7	5.9	9.9	8.2	8.5	10.1	11.6	5.1
권고사직	0.1	0.1	-	0.1	0.5	-	0.1	-	1.1	0.1	-	0.3	0.3	-
의료기관평가 인증제	3.4	4.0	3.6	2.9	5.5	-	3.7	1.1	0.3	3.3	8.0	2.5	2.6	3.4
타병원으로 입사	0.9	0.2	0.5	0.5	1.3	-	0.6	0.5	3.1	0.4	0.5	2.0	0.6	-
직무자체에 대한 불만	7.0	5.3	4.7	3.8	4.1	6.9	4.5	4.8	2.3	4.0	5.6	5.6	7.1	10.2
결혼	0.7	0.6	-	0.4	0.5	-	0.4	-	0.3	0.5	0.2	0.4	-	-
가족이사 또는 연고지	2.2	1.4	1.5	1.7	1.6	6.9	1.6	3.2	3.7	1.7	1.1	2.1	0.6	3.4
질병 및 신체적 이유	3.5	2.8	2.4	2.9	2.8	-	3.0	4.3	1.1	2.7	6.0	2.5	4.2	5.1
출산 및 육아	6.3	3.8	5.6	6.1	6.1	3.4	5.9	3.2	1.7	5.5	7.4	6.9	7.7	3.4
직종변경을 위한 시험 준비	1.8	1.3	1.4	1.4	1.3	-	1.4	-	1.7	1.4	0.7	1.4	1.3	1.7
진학 및 유학	0.8	0.5	0.7	0.4	0.8	-	0.5	1.6	0.8	0.5	1.1	0.6	1.0	-
기타	4.7	3.4	3.6	3.0	4.8	10.3	3.4	7.4	8.2	3.3	4.2	5.1	6.8	5.1
특성별 합계	100.0	100.0	100.0	100.0	100.0	100.0	100.0	100.0	100.0	100.0	100.0	100.0	100.0	100.0

자료: 전국보건의료노동조합, 2016a.

간호간병통합서비스만 하더라도 숙련된 간호사에 의한 환자 돌봄이 전제가 되어야 하는데 현재 우리의 간호현장은 야간근무 등 높은 노동강도에 비해 상대적으로 열악한 근로환경이나 보수체계로 인해 간호사 이직률이 높아 경력 간호사보다는 신규간호사의 비율이 높다는 점이 문제로 지적되고 있다.

4) 의료서비스 질과 안전의 확보

인력부족은 환자에게도 영향을 미치는데, 환자에게 적절한 서비스를 제공하지 못하고, 환자에게 친절하게 대응하지 못하였다는 응답이 각각 76.6%, 82.8%로 높게 나타난다. 또한 인력부족은 의료 질의 저하를 초래하고(79.8%), 의료사고 발생을 초래하는 경우도 있다(33.6%).

<그림 6-2> 인력부족 현상이 환자에게 미치는 영향(%)

	전혀 그렇지 않다	그렇지 않다	그렇다	매우 그렇다
의료서비스 제공 못함	1.2	22.2	56.6	20.0
친절한 대응 못함	1.3	16.0	57.1	25.7
의료서비스 질 저하	1.3	18.9	57.5	22.3
병상축소/폐쇄		19.5	56.4	17.9	6.2
의료사고 발생		7.6	58.7	27.7	5.9

자료: 전국보건의료노동조합, 2016a.

한편 인력부족으로 인한 의료사고 노출 위험성에 대한 의견은 조사를 실시한 2009년 이래 위험성이 높다는 의견이 대체로 절반을 넘어서며 연도별로 약간의 기복은 있으나 꾸준히 상승하는 추세를 보이고 있다.

<표 6-7> 인력부족으로 인한 의료사고 노출 위험성 의견 추이(2009-2016년)

(단위: %)		2009년 (16,128)	2010년 (17,585)	2011년 (18,581)	2012년 (18,554)	2013년 (20,878)	2014년 (17,273)	2015년 (16,880)	2016년 (20,321)
의료사고 위험성 긍정 답변	매우 그렇다	8	8.1	10.4	12.0	6.7	7.7	8.4	19.9
	그렇다	40.4	45.0	42.3	47.9	43.8	44.7	39.0	48.6
	계	48.4	53.1	52.7	59.9	50.4	52.4	47.4	68.6
의료사고 위험성 부정 답변	그렇지 않다	47.0	43.2	43.9	37.0	45.8	44.4	48.0	27.0
	전혀 그렇지 않다	4.5	3.6	3.4	3.2	3.7	3.2	4.6	1.4
	계	51.5	46.8	47.3	40.2	49.6	47.6	52.6	28.4

자료: 전국보건의료노동조합, 2016a.

인원이 충원되면 노동강도는 감소하고 의료서비스의 질은 높아질 것이라고 예상할 수 있다. 문제는 인건비다. 그러나 인원 충원으로 의료서비스의 질이 높아지고 노동강도의 완화로 노동의 효율성이 높아지면 의료비용은 초기에는 증가하다가 일정 시점이후에는 감소하는 역U자 모습을 보일 것이라고 예상할 수 있다.

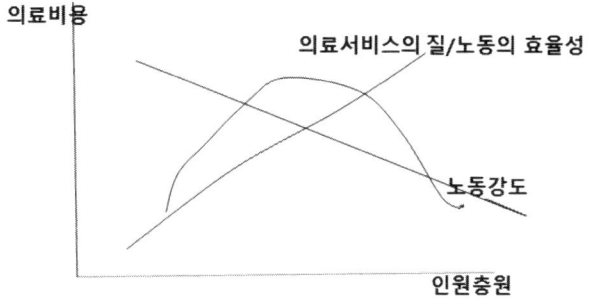

<그림 6-3> 인원충원과 노동강도, 서비스의 질, 그리고 의료비

이상으로 보건의료부문에서 노동시간이 단축되어야 하는 이유를 살펴봤다. 노동시간과 관련하여 그 다음으로 할 이야기는 노동시간을 단축하는 방안이다. 이는 장을 바꿔 살펴본다.

3. 병원의 노동시간 실태

병원의 노동시간 실태에 대해서는 다양한 자료가 쏟아지고 있다. '임신순번제'라는 자극적인, 어쩌면 '비인간적일만큼 원시적인' 표현마저 등장하고 있다. 자본의 이윤경쟁 앞에 '동료의 임신이나 출산마저 축하해주지 못하는 일'이 벌어지는 것이다. 이 정도가 되면 이는 근로조건의 문제가 아니라 인권의 문제로 바낀다(국가인권위원회도 보건의료산업 종사자의 모성보호를 인권의 문제로 접근하고 있다). 외형적으로 성중립적인 직장이라고 하더라도 한 꺼풀만 벗기면 여성차별이 지천이다. 장시간 노동은 그 대표적인 형태다. 이로 인해 경력단절이 벌어지면 이는 내부노동시장에서 탈락된다는 것을 의미한다. 육아휴직 등 모성보호 조항이 유리천장을 형성하기도 한다. 병원의 근무형태부터 살펴본다.

1) 근무형태 및 노동시간

보건의료노동자의 근무형태를 보면, 교대 근무자가 58.6%(2교대 5.8%, 3교대 52.8%)였으며, 통상근무자는 38.4%, 전일 근무자와 야간전담 근무자는 각각 0.9%로 나타난다. 교대근무자가 많은 것은 보건의료업의 특성상 야간 근무가 많기 때문이다.

보건의료노동자의 1일 평균 근무시간을 보면 주간 근무자 9.8시간, 저녁 근무자 9.1시간, 밤 근무자 10.9시간으로 나타나 법정 노동시간 8시간을 초과하고 있다. 보건의료노동자의 주당 평균 노동시간은 45.6시간으로 병원특성이나 고용형태별로는 별 차이가 없으나 간호사가 46.6시간으로 그 외 직종(44시간)보다 2시간가량 길다. 간호사의 경우 12.%가 주 52시간 이상의 노동시간을 보이고 있다.

<표 6-8> 세부 특성별 일 평균 시간외 근로시간

	성별		공공병원			민간병원		주요 직종					
	남성	여성	특수목적공공	국립대	지방의료원	사립대	민간중소	간호사	간호조무사	의료전문직	사무행정	시설관리	그 외
일평균 시간외 근로시간	97.38	114.78	123.44	143.60	111.08	104.55	101.08	116.95	102.05	89.69	91.77	94.13	118.39
종합	112.3		129.4			104.0		116.95	97.4				

자료: 전국보건의료노동조합, 2016a.

<표 6-8>은 병원의 성별, 특성별, 직종별 시간외 근로시간을 보여준다. 2016년 보건의료 노동자의 일일 평균 시간외 근로시간은 112분 정도로 공공병원(129.4분)이 민간병원(104분)보다 25분 정도 길고, 간호사(116.9분)가 그 외 직종(97.4분)에 비해 20분 가량 더 근무한다. 특성별로는 특히 국립대병원의 시간외 근로시간이 길어 2시간 20분을 넘는 반면 사립대병원은 1시간 40분 정도다. 민간병원의 시간외 근로시간은 공공병원에 비해 상대적으로 짧으나 여전히 도긴개긴인 실정이다.

특성별 일일 평균 식사시간과 휴게시간을 살펴보면 사립대병원의 경우 일일 평균 식사시간 및 휴게시간이 가장 적어 37.2분으로 나타나고 있으며 월 평균 결식 횟수에서도 5.9회로 가장 높은 것으로 나타나 이들 병원에서의 노동강도가 매우 높은 것으로 분석된다. 직종별로는 간호사의 경우 일일 평균 휴게시간 및 식사시간이 29.7분으로 가장 짧으며 월병균 결식 회수도 5.9회로 가장 높게 나타나 이들 직종의 대부분이 노동강도가 매우 높

고 열악한 근무여건에 놓여 있다(표 6-9>).

<표 4-9> 세부 특성별 식사시간 및 결식 횟수

(단위: 시간, 회)	성별		공공병원			민간병원		주요 직종					
	남성	여성	특수목적공공	국립대	지방의료원	사립대	민간중소	간호사	간호조무사	의료전문직	사무행정	시설관리	그 외
일 평균 휴게시간 및 식사시간	54.5	34.4	42.7	37.3	39.6	37.2	44.4	29.7	39.9	52.4	53.4	70.5	51.5
월평균 결식 횟수	2.6	5.3	4.1	4.2	4.2	5.9	2.9	5.9	2.8	1.6	1.6	1.3	3.2

자료: 전국보건의료노동조합, 2016a.

2) 여가생활

의료종사자의 여가생활을 보더라도 장시간 노동의 폐해는 여지없이 드러난다. 30대 이상은 가사에 쫓기고 그게 아니면 여가 시간을 잠자기나 자녀돌보기로 메운다. 자기계발이나 취미생활은 물론 사회활동(모임이나 만남)은 사치에 속할 지경이다. 그나마 여가는 텔레비전 시청이라는 소극적이고 수동적인 형태로 나타난다. 노동시간이 긴 사회일수록 텔레비전을 많이 본다는 연구결과는 우연이 아니다. 말마따나 텔레비전 시청은 여가 없는 나라의 여가풍경이다(김영선, 2013).

<표 6-10> 응답자 특성별 여가시간 활용 비중(1순위)

(단위: %)	성별		연령대				혼인여부			직종	
	남성	여성	20대 이하	30대	40대	50대	기혼	미혼	기타	간호사	비간호사
영화,공연관람	6.2	4.6	6.4	4.5	3.5	3.1	2.8	7.0	3.8	4.8	5.1
TV, 비디오시청	12.3	9.3	11.5	8.6	8.7	11.1	7.5	12.2	24.1	10.0	9.7
게임,놀이	2.5	0.4	0.9	0.7	0.7	0.9	0.5	1.1	1.3	0.6	1.2
가사일	13.2	23.0	4.3	24.4	39.2	39.6	36.3	5.6	19.0	17.7	27.2
모임,만남	9.9	10.1	16.5	6.5	4.9	8.7	4.6	15.7	5.1	10.3	9.6
자녀와 대화 및 놀아주기	14.4	7.5	1.1	18.5	9.0	2.0	16.8	0.4	5.1	6.7	12.2
가족여행	6.6	2.2	1.4	3.4	5.0	2.9	4.6	1.4	1.3	1.5	5.5
잠자기	20.4	38.2	53.0	28.6	20.5	14.9	20.1	50.5	30.4	44.1	18.9
등산,낚시등취미생활	8.2	1.3	0.9	1.3	4.4	11.1	3.5	1.6	7.6	0.9	5.5
자기계발	5.3	2.7	3.1	2.7	3.4	4.6	2.5	3.8	1.3	2.6	3.9
기타	0.9	0.8	0.8	0.9	0.8	0.9	0.9	0.8	1.3	0.6	1.3
특성별 합계	100.0	100.0	100.0	100.0	100.0	100.0	100.0	100.0	100.0	100.0	100.0

3) 노동시간 단축방안

(1) 노동시간 관련 법제의 준수

 노동시간의 단축은 근로기준법과 남녀고용평등과 일·가정양립지원에 관한 법, 그리고 산업안전보건법 등 현행 법률의 준수에서 시작해야 한다. 근로기준법에서 규정하고 있는 여성보호

조항, 즉 임신부에 대한 야간근로와 휴일근로의 금지, 산후 시간 외 근로의 제한, 생리휴가의 보장과 임산부의 보호(출산전후휴가), 태아검진시간의 허용, 그리고 육아시간(유급수유시간)의 보장 등도 준수의 대상이다.

 남녀고용평등 및 일·가정 양립지원에 관한 법률에서 노동시간과 관련해서는 모성보호와 일·가정 양립지원이 관심의 대상이 된다. 모성보호조항으로서는 출산전후휴가제에 대한 지원과 배우자 출산휴가를 들 수 있다. 그리고 일·가정 양립 지원에서는 육아휴직(1년)과 육아기 근로시간 단축 등을 규정하고 있다.

<표 6-11> 일·가정 양립지원제도

생애주기	지원제도(사업)	지원대상
임신출산기	- 임신기 근로시간 단축 - 태아검진 시간 - 유산·사산휴가 - 출산 전후 휴가 - 수유시간 부여	여성근로자
	- 배우자 출산휴가	남성근로자
	- 출산육아기 비정규직 재고용 지원금	사업주
영·유아기	- 육아휴직 - 육아기 근로시간 단축제	남녀근로자
	- 육아휴직지원금 - 대체인력채용 지원금 - 대체인력뱅크	사업주
전연령대	- 가족돌봄 휴직	남녀근로자

자료: 고용노동부, 2015.

실제로 이런 법조항들이 현장에서 보장되고 있는가는 의문이다. 법과 원칙을 금과옥조로 삼는 나라에서 노동시간 관련법은 (최저임금법과 함께) 방치된 법의 대명사가 되고 있다. 국가인권위가 조사한 자료에 따르면 법적으로 보장된 모성보호조항이 실제 근로현장에서 어떻게 사문화되고 있는지를 여과 없이 보여주고 있다. 간호사와 간호조무사의 경우 육아휴직(94.9%), 출산전후휴가(94.2%), 유사산휴가(82.3%)에 대해서는 높은 비율로 실제 사용 가능하다고 답변했다. 반면 육아기 근로시간 단축은 17.1%, 유급수유시간은 17.5%, 임신 중 근로시간 단축은 35.9%만이 사용가능하다고 답했다. 실제사용경험은 그보다 훨씬 낮아 임신중 근로전환요구나 근로시간 단축은 각각 8.8%, 유급수유시간은 1,8%, 육아기 근로시간 단축은 1.7%에 머물고 있다(<표 6-11>).

한편 근로기준법에서 금지한 임신 기간 중 시간외근로와 야간근로를 경험한 비율도 높았다. 간호사와 간호조무사의 경우 61.7%가 임신 중 시간외근로를 한 적이 있다고 응답했으며 임신 중 야간근로를 경험한 비율도 38.4%에 이른다. 한술 더 떠 여성전공의의 경우 출산전후휴가를 제외하고는 실제로 사용할 수 있는 권리가 거의 없다고 응답해 병원이 사실상 모성보호의 사각지대라는 사실을 보여준다(노동조합은 이 지점에서 뭘 했을까).

<표 6-12> 간호사/ 간호조무사의 모성권에 대한 인지 및 사용 여부

모성권 구분	인지여부 알았다	사용가능 여부 받을 수 있다	사용했는지 사용했다
1) 생리휴가	87.4	55.8	-
2) 임신중 근로 전환 요구	65.5	55.2	8.8
3) 임신 중 근로시간 단축	61.1	35.9	8.8
4) 유급 태아 검진 시간	44.5	45.6	37.9
5) 유산, 사산 휴가	78.2	82.3	-
6) 출산전후 휴가	94.9	94.2	79.7
7) 배우자 출산휴가	73.8	65.8	10.3
8) 육아 휴직	96.4	94.9	52.6
9) 유급 수유시간	26	17.5	1.8
10) 육아기 근로시간 단축	29.3	17.1	1.7

자료: 국가인권위원회, 2015.

(2) 시간외 근로의 축소와 연월차 휴가의 단계적인 소진

시간외 근로의 축소와 관련하여 우선 지적할 사항은 주40시간제가 원칙이라는 사실이다(물론 보건의료분야에만 해당되는 이야기는 아니다). 그런데 보건의료노동자의 노동환경에 대한 조사결과를 보면 하루 평균 휴게 및 식사시간은 평균 39.2분이고 그중 3/4 정도(75.8%)는 40분 이하인 것으로 조사되고 있다. 특히 간호사의 휴게시간은 짧아 하루 30분에도 미치지 못하는가 하면

심지어 결식회수도 월 6회에 달한다. 문제는 병원은 근로시간 특례사업으로 지정되어 연장근로의 한도가 없다는 점이다.

근로기준법(제59조)에 따르면 '의료 및 위생사업'은 근로시간 및 휴게시간 특례사업으로 지정되어 있다. 특례사업에서는 사용자가 근로자대표와 합의하는 것을 조건으로 주 12시간을 초과하여 연장근로를 하게 하거나 휴게시간(4시간에 30분 이상, 8시간인 경우 1시간 이상)을 변경할 수 있다. 근로시간 특례제도의 입법취지는 업무의 특성으로 인해 연장근로시간과 휴게시간을 엄격히 규제할 경우 공중생활의 불편을 초래할 우려가 있거나 그 업무의 수행이 제대로 이루어질 수 없는 경우를 해소하기 위한 것이다(김형배, 2016).[7]

그런데 특정상황에 대비하기 위한 특례제도가 그렇지 않은 상황에서도 장시간 노동을 방치하는 결과를 낳는다면 의료인력 자신은 물론 환자의 안전을 위해서도 바람직스럽지 않다. 특히 환자를 직접 대면하는 간호업무는 노동강도와 피로도가 높은 업무인데, 여기에 상시적인 연장근로를 하게 되면 피로가 축적되어 자칫 의료사고로 이어질 수 있다(박지순 외, 2010).

의료사업을 특례업체에서 해제할 경우 응급상황에 대한 대비

---

[7] 이 경우 현행법으로 하더라도 근로자대표와의 서면합의가 전제되어야 12시간 이상의 연장근로가 가능하다. 이 조항이 지켜지는지도 의문이다. 게다가 이 조항은 단체협약으로 규제할 수 있다. 즉 단체협약으로 연장근로를 제한할 수 있다

가 문제라고 한다면 예외적으로 연장근로를 허용하는 방안(가령 특정부서에 한해 탄력근무제나 이를 보상휴가제와 결합하여 근로시간 계좌제를 도입하는 방안)을 강구할 수 있다. 근로기준법의 다른 조항을 활용할 수도 있다. 근로기준법(제53조 3항)은 "사용자는 특별한 사정이 있으면 고용노동부장관의 인가와 근로자의 동의를 받아 주 12시간을 초과하여 근로시간을 연장할 수 있다"고 규정하고 있다. 특례제도가 장시간 노동뿐 아니라 인력부족을 메우는 수단으로 활용되고 있다면 장시간 노동의 축소는 물론 의료서비스 질의 향상을 위해서라도 보건업을 근로시간 특례업종에서 제외하는 것은 시급하다.8) 그리하여 시간외 근무를 줄여 근로기준법상 일 8시간, 주 40시간 근로시간제를 확립하고 휴게시간을 보장할 필요가 있다.

시간외 근로의 축소 못지않게 중요한 것은 연(월)차 휴가의 소진이다. 법 개정에 기대는 것도 방법이지만 법 개정이 아니더라도 할 수 있는 게 있다면 그 대표적인 것이 연차휴가의 소진이다.

---

8) 노사정위원회 근로시간특례업종개선위원회는 현행 26개 특례업종을 10개로 대폭 축소하는 공익위원안을 채택한 바 있다. 이를 반영하여 정부는 2012년 1월, 16개업종을 특례업종에서 제외하기로 했으나 보건업은 여전히 남겼다.

<표 6-13> 세부 특성별 연평균 연차일 및 연차 사용일 수, 연차 소진율

(단위: 일, %)	성별		공공병원			민간병원		주요 직종					
	남성	여성	특수목적공공	국립대	지방의료원	사립대	민간중소	간호사	간호조무사	의료전문직	사무행정	시설관리	그 외
연평균 연차일 수	18.7	17.4	17.0	16.1	17.7	18.2	17.0	16.5	21.6	18.4	20.9	20.5	19.1
연평균 연차 사용일 수	12.8	12.1	9.7	7.9	9.3	14.5	10.3	11.4	15.9	12.5	14.4	13.8	13.4
평균 연차소진율	68.3	69.8	58.9	53.7	52.8	78.9	60.6	70.0	72.7	67.7	68.1	67.7	69.3

자료: 전국보건의료노동조합, 2016a.

2015년 보건의료노동자의 연평균 연차일수는 17.6일로 나타났는데 실제 사용일수는 12.2일로 약 70%정도만 사용되고 있다. 연차 소진율을 보면 공공병원이 55.2%로 민간병원(75.8%)보다 낮고 간호사의 소진율은 70%이다. 미사용연차는 70%만이 임금으로 보전된다. 일부만 수당을 지급받거나(11.2%) 다음해로 이월조치(10.8%)되는 경우도 있지만 8%는 보상수당조차 받지 못한다.

유급휴가는 여가활동을 위해 자유시간을 최대한 확보하려는 투쟁의 산물이다(노동시간 단축 자체가 사실상 사회적 투쟁의 산물이다). 노동으로부터의 소외에 대한 물리적 보상이라는 의미를 띠는 것이다. 가령 주휴일은 일주일의 노동으로부터 육체적·정신적 피로가 누적된 노동자들의 생리적인 회복을 위한 것이 목적이라면 연차휴가는 임금의 삭감 없이 휴가기간을 스스로 결정할 수 있게 함으로써 노동자들이 노동으로부터 일정기간 해방되고 문화적·사회적 시민생활을 영위할 수 있는 기회를 보장하기 위한 것이다(김영선, 2008). 연차 휴가의 소진율을 높이기 위해서는 연속적인 휴가사용이 가능하도록 적극적인 조치를 취하는 일도 필요하다.

유급휴가에 관한 국제노동기구(ILO) 규약(132호 협약, 1970년)에 의하면 노동자들은 연간 최소한 3주의 유급휴가를 가질 권리를 갖고 있으며 그 가운데 2주는 연속적으로 사용할 수 있어야 한다. 또한 금전적인 보상을 받기 위하여 휴가를 포기하거나 폐기하는 협정은 무효이고 금지되어야 한다(제12조). 시간은 시간으로 보상되어야 하는 것이다. 노동시간에 관한 유럽연합(EU)지침(Working Time Directive, 1993)도 연차유급휴가는 최소한 4주간 보장되어야 하며 이는 고용관계가 종료된 경우를 제외하고는 수당으로 대체할 수 없다고 규정하고 있다(ILO, 2004b). 독일에서도 "휴가를 금전으로 환가(換價)하는 행위는 법률 목적에 반하는 것으로 허용되지 아니한다(김재훈, 2006: 김영선, 2008 참조)."[9]

(3) 교대제의 개선, 야간전담제의 도입

야간고정근무제(이를 뭐라고 부르나? 야간전담제나 밤번고정근무

---

[9] '숨어 있는 노동시간'을 발굴하여 단축하거나 보상하는 것도 중요한 사업의 일환이다. 이는 포괄임금제나 인수인계, 미보상된 시간외근로나 연차휴가, 마이너스 오프 등의 경우에 주로 발생한다. 포괄임금제의 폐지와 함께 근로시간 관리체제를 정비하는 일이 중요하다는 사실을 말한다.

제?)는 기존처럼 3교대 형태를 유지하되, 오전조 및 오후조 근무와 야간근무조를 분리하는 방식이다. 그리하여 주간조는 3조 2교대제로 운영하되 야간조는 야간 2교대제로 편성하여 일정 기간 동안 고정근무를 하는 것이다.[10] 3교대제와 병행하여 상대적으로 야간업무가 분주하지 않는 내과, 정형외과, 신경외과, 안과, 피부과 병동 등에서 시범실시하는 방안을 검토할 수 있다는 주장도 개진된다(김인선, 2009).

<표 6-14> 야간고정근무제, 주간 3조 2교대제(사례)

구분	1일	2일	3일	4일	5일	6일	7일	8일	9일	10일	11일	12일	13일	14일
1조	D	D	D	D	D	휴	휴	E	E	E	E	E	휴	휴
2조	휴	휴	E	E	E	E	E	휴	휴	D	D	D	D	D
3조	E	F	휴	휴	D	D	D	D	D	휴	휴	E	E	E
4조	N	N	N	야휴	휴	휴	N	N	N	야휴	휴	휴	N	N
5조	야휴	휴	휴	N	N	N	야휴	휴	휴	N	N	N		

자료: 박용철 외, 2015.
주: 야휴란 야간근무에 대한 약정휴가

---

10) 야간고정근무제는 경희대 동서신의학병원에서 2006년 시범적으로 실시한 것을 비롯하여 여러 병원에서 도입되고 있다. 보건복지부는 간호간병통합서비스 도입과 관련하여 간호료 가산제도를 시행하는 등 야간전담 간호사 도입을 장려하고 있다. 일・가정의 양립뿐 아니라 유휴 간호사의 재취업, 그리고 청년고용을 확대하는 방안이라는 것이다.

야간고정근무제의 도입은 노사 간 민감한 영역이고 쉽게 인화될 수 있는 논쟁의 지점이다. 그런만큼 노조로서도 입장을 정하기가 쉽지 않은 지점이다. 야간노동이 2급 발암물질이라는 세계보건기구(WHO) 산하 국제암연구소(IARC)의 지적처럼 그것이 건강상의 문제를 초래하는 것도 문제지만[11] 야간의 장시간 근무나 업무량의 증대도 야간고정근무제를 부정적으로 보게 만드는 요인이 된다.

　　야간고정근무제를 도입해야 한다는 주장도 만만찮다. 외국(미국이나 일본)의 사례도 그렇지만 야간고정근무제가 간호사가 자신의 필요에 의한 동기로 선택할 경우 근무자의 신체적·정신적 건강을 해치지 않고 직무 스트레스를 높이지 않으며 직무만족도와 업무수행결과도 교대근무자들에 비해 오히려 높다는 보고도 있다(이성자, 2001; 이미애 외, 2015).

　　문제는 야간고정근무제의 도입여부가 아니라 그것이 성공적으로 운영되기 위한 전제조건이다. 만일 그것이 성공한다면 간호사의 이직의도도 크게 줄일 수 있을 것이다. 야간고정근무제를 도입하기 위해서는 야간근무에 필요한 적정인력을 유지하여 야간근무일수와 함께 야간근로시간을 줄이는 노력이 필요하다.

---

11) 야간근무를 고정적으로 계속할 경우 생체시계 교란, 수면장애, 우울증상, 뇌심혈관계 질환, 위장관 질환, 암 등이 발생할 수 있다고 보고되고 있다. 특히 유방암은 표적장기에 해당된다(김인아, 2015). 그런데 폴크스바겐 등 유럽의 자동차 회사에서 고정야간조는 일반화되고 있으며 최근에는 토요타도 고정야간조를 도입하기로 결정했다.

밤 근무자의 업무하중을 줄이는 것도 중요하다. 낮근무와 저녁 근무에 미뤄 놓은 각종 행정업무와 다음날의 스케줄 관리 등이 야간에 집중되는 경우가 발생할 수 있기 때문이다(이종탁 외, 2008). 또한 이들의 근무에 대한 보상(유급휴가개수의 증가나 수당의 인상 등)을 강화하는 방안도 있다.12) 보건의료노사는 2016년 산별중앙협약에서 야간교대제 모델을 개발하기로 합의했다. 여기에는 야간고정근무제는 물론 이어지는 유연근무제도도 논의의 대상이 될 것이다.

(4) 유연근무제의 도입

일과 삶의 조화를 위해서는 노동시간의 단축 못지않게 노동자의 필요에 따른 근무형태(노동시간의 배치)를 조정하는 것도 중요한 의미를 갖는다. 노동시간 제도는 유연하고 개인화되고 있지만 노동시간의 유연화를 바라보는 시선은 엇갈린다. 전반적으로 고용체제를 유연화시키는 작업의 하나라는 시각과 노동자의 노동시간 결정권('노동주권')을 높이는 방안이라는 시각이 그것이다.

어떤 종류의 유연근무제는 일과 가족의 조화에 기여할 수 있

---

12) 박용철 등(2016)은 고정야간근무제를 활성화시키기 위해서는 △근무일수를 15일 미만으로 단축, △선택적 시간제 일자리 도입, △휴게시간 확대를 통한 실노동시간 단축, △노동강도 증가방지, 그리고 △주간조 주기적인 순환체제 등이 요구된다고 주장한다.

다. 선택시간제나 노동시간 계좌저축제도가 그것이다. 그렇다고 저녁이나 밤, 주말에 이루어지는 '비표준적인' 노동시간이나 시장변동에 기반을 둔 예측하기 어렵게 변동되는 노동시간은 '일과 가족의 갈등'(work-family conflicts)을 키운다"(Messenger, 2006).

<표 6-15> 유연근무제의 종류

구분	유형	개념	대상업무 및 정책고객(예시)
근무형태 (Type)	①시간제근무 Part-time work	·Full-time근무 보다 짧은 시간을 근무	·모든 업무
근무시간 (Time)	②시차출퇴근제 Flex-time work	·1일 8시간(주 40시간) 근무체제를 유지 ·출근시간을 자율적으로 조정(07:00~10:00)	·모든 업무 ·육아부담자 등
	③근무시간선택제 Alternative work schedule	·1일 8시간에 구애받지 않고 주 40시간 범위내에서 1일 근무시간을 자율 조정(자유롭게 출퇴근시간을 조정)	·연구직 ·육아부담자 등
	④집약근무제 Compressed work	·총 근무시간(주 40시간)을 유지하면서 잡약근무로 보다 짧은 기간 동안(5일 미만) 근무 * 예: 1일 10시간 근무시 4일만 출근	·연구직
	⑤재량근무제 Discretionary work	·기관과 공무원 개인이 별도 계약에 의해 주어진 프로젝트 완료시 이를 근무시간으로 인정해주는 제도 * 고도의 전문적 지식과 기술이 필요한 업무수행방법이나 시간배분을 담당자의 재량에 맡길 필요가 있는 분야	·연구직 ·국방홍보영화, KTV프로그램 제작 등
근무장소 (Place)	⑥재택근무제 At-home work	·부여받은 업무를 사무실이 아닌 집에서 수행	·개별독립적 수행이 가능한 업무(소청, 징계검토등)
	⑦원격근무제 Telework	·주거지 인접지의 원격근무용 사무실(스마트오피스)에 출근하여 근무 ·모바일기기를 이용, 사무실이 아닌 장소에서 근무	·장애인, 육아부담자등 ·주차시설관리, 통계조사, 식약의약품감시 업무등
근무방법 (Way)	⑧집중근무제 Core-time work	·핵심근무시간을 설정, 이 시간에는 회의출장전화 등을 지양하고 최대한 업무에 집중하도록 함	·정책, 기획업무수행기관 등
근무복장 (Dress)	⑨유연복장제 Free-dress code	·연중 자유롭고 편안한 복장을 착용토록 하여 유연하고 창의적인 사고를 진작(냉난방 등 에너지절약에도 기여)	·전 기관

실제로 노동시간의 유연화는 양 측면을 동시에 갖는다. 어느 측면이 앞서는가는 노동시간의 유연화를 누가 주도(통제)하는가에 달려 있다. 노동자 주도적인 유연화가 있는가 하면 사용자 주도적인 유연화도 있다. 달리 말해 노동시간의 유연성을 말할 때 핵심적인 의제는 누가 노동시간의 유연화를 주도하며 누구의 선호를 우선하는가라고 할 수 있다. 노동시간의 운영에 대한 노조의 개입이 필요한 이유도 여기에 있다. "독일의 시간제 일자리 뒤엔 강력한 노동조합이 있다"는 건 여성신문(2014.7.8.)에서 본 기사다.

유연근무제의 형태는 다양하다. 근로기준법에도 탄력적 시간근로제(제 51조)나 선택적 근로시간제(제52조)가 규정되어 있다. 유연근무제로서 대표적인 것은 단축시간제다. 다음은 간호사의 시간선택제(단축시간제) 근무에 대한 논문의 요약이다(김미영 외, 2016).

> 본 연구의 목적은 간호사의 시간선택제 근무에 대한 인식을 조사하고 활성화를 위한 합리적인 근무방안을 제시하는 것이다. … 본 연구의 결과에서 시간선택제 근무 중 단축시간제에 대한 필요성(M=3.89±0.87)과 지원 의향(46.2%)이 가장 높게 나타났으며, 야간전담제, 휴일전담제, 2교대제 순이었다. 지원 선택의 이유로는 교대근무의 힘든 업무와 육아 병행의 어려움이 가장 높게 나타났다. 시간선택제 근무시행에 따른 긍정적인 영향으로는 자기계발 활동이나 여가활동의 증가로 삶의 질을 높일 수 있고,

육아와 일-가정 양립이 가능한 점이었으며, 부정적인 영향으로는 비정규직으로 채용될 우려와 급여가 감소할 것이라는 의견이 가장 높게 나타났다.

노사가 자율적으로 노동시간을 단축할 때 중요한 전략의 하나는 의사결정과정에 노조의 참여를 강화하는 일이다(ILO 보고서). 산별중앙 차원에서 노사가 '노동시간 단축위원회'를 구성하여 제도적인 개선노력은 물론 개별병원 차원에서 노동시간 단축의 큰 틀을 합의하는 것도 하나의 방안이다. 세부적인 방안은 병원차원에서 논의될 것이다. 노조(노동자)의 참여를 바탕으로 한 합의, 노동시간 통제에 대한 노조의 개입은 제도의 도입이나 지속가능성에서 도움이 되는 것은 물론 그것이 생산성의 향상이나 근로조건의 개선으로 이어지게 만든다.

(5) 노동시간 단축에 따른 임금보전의 문제

노동시간의 단축을 말할 때 우선 떠오르는 쟁점은 시간단축에 따른 임금의 보전 여부다. 노동시간과 관련하여 많은 사람들이 원하는 것은 "더 짧은 노동시간, 더 높은 임금, 그리고 무엇보다 우리의 시간을 스스로 더 많이 통제할 수 있는 힘"(웍스, 2016)이다. 그런데 문제는 노동시간이 줄어들면 임금도 줄어들 수 있다는 점이다. 실제로 많은 사람들이 장시간 노동과 야간노동을 힘들어하고 때로는 그것이 이직의 사유가 되는 상황에서도 노동시간 단축에 반대하는 이유는 임금의 삭감에 대한 두려움 때문이다.

임금삭감을 반대하는 이면에는 교육과 주택, 노후에 대한 불안이 깔려 있다. 불평등한 사회에서 전형적으로 나타나는 지위경쟁이라는 요소도 있다. 스스로의 경제적 능력을 보여주는 수단으로서 과시적 소비, 즉 베블렌 효과를 말한다. 그래서 윌킨슨(2016)은 "불평등한 사회에서는 노동시간이 길다"라고 말한다. 노동강박 문화는 다양한 요인으로 형성된다.

노동시간 단축과 임금의 관계에 대해 국제노동기구(ILO)의 언명은 분명하다. "통상 근로시간은 최소한의 기준으로, 임금의 감소없이 점진적으로 근로시간을 단축시키는 것이 지속적으로 논의되어야 한다." 그러나 이 경우 통상 근로시간은 소정근로시간을 의미한다. 앞서 지적했듯이 미사용 연차휴가의 금전보상은 금지되어야 한다. 시간외 근무나 휴일근무도 예외적으로 이뤄져야 한다면 이 역시 금전보상의 대상으로 삼기보다는 보상휴가제로 대체하는 것이 바람직하다.13) 다만 시간외 근무나 휴일근무 수당이 임금의 일부분을 이루는 것이 현실이라면 전면적인 보상보다는 당사자들 사이에서 고통분담의 차원에서 검토할 수 있다.

---

13) 현실적으로 휴가는 대체인력의 부족으로 인해 동료들에게 심각한 업무 부담을 안기게 된다. 그러나 원칙적으로 "휴가는 노동자의 권리이며 병원 업무는 사용자의 책임이다." 다른 노동자도 동일한 방식으로 휴가를 간다면 미안해 할 일은 아니다. 이는 직무분석을 통해 인력을 확보하거나 모성정원제와 같이 여유인력을 확보하여 해결할 일이지 휴가를 포기해서 해결할 일은 아니다.

일과 삶의 균형정책의 핵심은 시간입니다. 노동시간을 줄이고 가족이든 자신이든 돌봄시간을 늘려가야 합니다. (임금과 관련해서는) 젠더관점이 필요합니다. 여성의 관점에 서면 시간자원만큼 부족한 것이 없기 때문입니다. 물론 임금도 중요합니다. 그러나 현재 지나치게 긴 노동시간 때문에 우리의 삶은 엉망이잖아요. 또한 현재와 같은 상황에서는 노동시간을 줄이는 것 외에는 여성들의 경력단절을 막을 방법이 없습니다"(신경아, 2016).

4. 소 결

병원에서 인력의 충원은 관련법의 제정과 의료정책의 변화, 그리고 노사의 자발적인 노력이 어우러져야 한다. 노동시간의 단축 역시 현재 국회에서 논의 중인 근로기준법(노동시간 관련)의 개정과 맞물린다. 현재 국회 논의의 핵심은 주 52시간제의 확립이다. 간호사의 경우 12%가 주 52시간 이상을 일한다. 따라서 노사는 보건의료인력지원특별법의 제정과 더불어 의료업을 근로시간 특례제도에서 제외하는 노력을 기울일 필요가 있다.

일자리의 질도 관심사항이다. 여기에는 비정규직의 문제를 해결하는 것 못지않게 보건의료인력의 교육훈련사업에 대한 노조(노사)의 개입이라는 문제가 있다. 이는 경력단절 간호사의 복귀뿐 아니라 기존 인력의 향상교육, 나아가 신규인력에 대한 교육에 이르기까지 보건의료노조가 산별노조로서 개입하는 것을 말한다. 보건의료산업 노사정협의회(사회적 대화)에서 논의할 수도 있다. 예를 들어 독일은 기업, 업종, 지역 및 전국 수준 등 다양한 차원에서 중층적인 노사관계를 발전시키면서 동시에 인적자원개발을 촉진하는 여러 기제를 제도화하고 있다.14)

보건의료 노사가 2016년 산별중앙교섭에서 합의한 사항을 이행하는 일은 눈앞의 과제다. 보건의료인력 문제 해결을 위한 노사정TF팀 구성, 산별임금체계 연구TF팀 구성, 간호간병통합서비스 제도운영위원회 설치, 우리나라 현실에 맞는 야간교대근무제 모델개발을 위한 노사공동 연구사업 추진 등의 합의사항이 실행될 수 있도록 구체적 실행방안을 마련하여 추진하는 일이 그것이다.

결론적으로 노동시간 단축을 통해 인원을 확충하는 작업은 그

---

14) 올해부터는 저출산・고령화 현상이 심화되면서 생산가능인구도 줄어들기 시작한다. 게다가 우리나라 경제는 자본과잉에 직면하고 있다. 그렇다면 노동과 인적자본의 형성이 경제성장을 좌우하게 된다. 성장정책의 핵심이 자본의 성장이 아니라 노동생산성을 늘리는 것으로 바뀌고 그 중심에 숙련이 자리하고 있다. 이런 점에서 향후 성장정책은 '노동친화적 성장정책'에 초점을 맞출 필요가 있다. 노동시간 단축만 하더라도 생산성의 향상을 동반하면 고통부담을 완화시킬 수 있다. 노동시간의 단축이 노동의 질을 높이는 문제로 연결되는 것이다. 이를 위해서는 교육훈련시스템에 대한 노조의 개입이나 노동시간의 단축도 필요하지만 교육훈련에 대한 노동자의 유인을 높이는 방향으로 임금체계를 개편할 필요도 있다.

것이 공공적 가치와 실리적 가치가 만나는 접점일 뿐 아니라 그것이 실현되기 위해서는 앞서 말한 산별체제의 가동을 필요로 한다는 점에서 산별체제를 구축하는 과정의 하나가 된다. 물론 이는 산별노조를 축으로 하는 노동의 참가를 전제로 한다. 가령 노동시간 단축 합의는 법의 제·개정을 위한 노조의 정치적 활동이나 사회적 대화, 또는 중층적 구조의 단체교섭이라는 과정을 거쳐야 한다. 인력의 기준을 마련하는 사항은 의료수가제도의 변경을 포함하여 정책적 측면이자 사회적 합의의 대상이며 구체적인 인력의 충원과 배치는 노조의 경영참가를 전제로 한다. 이처럼 노동시간 단축을 통한 인력 충원은 산별체제의 전체 구도에 걸쳐 복합적인 과정을 거치면서 산별체제의 강화에 기여한다.

7
맺음말

맺음말

산별체제의 구축에 한국 노동운동의 미래가 달려 있다는 말은 허튼 말이 아니다. 한국에서 산별체제는 가능하지 않다는 절망의 언어도 가벼이 넘길 말이 아니다. 대공장·정규직 노조에서 보이는 '집단이기주의'는 이제 노조의 유전자(DNA)로 비쳐지고 있다. 연대가 없는 산별체제란 네모난 동그라미만큼이나 형용모순이다. 이런 상황에서 산별체제의 모범을 창출하는 일은 보건의료노조를 위해서는 물론 한국산별운동의 재도약을 위해서도 필수적인 과제가 된다.

이 글에서는 산별체제를 산별노조를 가로대로 삼아 산별교섭체제와 산업·업종차원의 사회적 대화, 그리고 기업차원의 경영참가를 배치한 구조물로 정의했다. '산별체제 = 산별교섭체제'로 바라보는 시각을 거부한 것이다. 산별체제가 내부적으로는 연대임금을 성취하고 외부적으로는 공공성(사회적 가치)을 추구한다면 이는 산별교섭체제를 뛰어넘는다. 산별교섭뿐 아니라 산업정책에 대한 개입을 중시한다면 사회적 대화나 정부위원회 참가는 필수적이다. 또한 경영참가는 경제민주화를 실현하는 수단이자 동시에 이해당사자주의를 바탕으로 하여 기업의 사회적 책임을 실현시키는 수단이다.

산별체제를 꿰뚫는 정신은 연대다. 연대의 정신이 노동운동의 노선으로 모습을 드러낸 것이 사회운동 노조주의, 혹은 그것의 공공적 표현인 공공서비스 노조주의(public service unionism)라고 할 수 있다. 사회운동 노조주의는 노동조합이 시민사회단체나 지역공동체와 연대하여 작업장을 넘어서는 사회적·경제적 변화를 추구하고 이 과정에서 조합원의 동원과 대중의 참여를 조직하는 운동이다(박태주, 2010).

산별노조의 조직체계와 관련하여 이 글은 두 가지 사항을 검토했다. 하나는 현행의 지역본부체계에 더해 특성별 교섭체계를 구성해 조직을 매트릭스 조직으로 꾸리는 것이다. 이는 단체교섭을 책임지는 단위를 공식화시킴으로써 중앙의 부담을 덜고 나아가 중층적인 교섭구조를 통해 후술하는 '조정된 분권화'를 실현하는 제도적인 토대가 된다.

다른 하나는 현장의 강화와 중앙강화를 제로섬 게임으로 바라볼 필요는 없다는 점이다. 이때 결정적인 중요성을 갖는 것은 현장강화와 중앙강화를 상호배제적인 관계가 아니라 양 조직이 어떻게 상호결합(articulation)되어 서로를 지원하는가를 파악하는 것이다. 유럽 노조에서는 산별의 관료화로 인해 현장이 약화되었다고 주장하며 분권화를 해법으로 제시한다(Fairbrother, 1996). 그러나 이런 방식은 이제 갓 산별노조를 꾸린 보건의료노조에

기계적으로 적용할 일은 아니다. 중앙집중성을 약화시켜 현장의 강화를 추구할 것이 아니라 중앙집중성의 강화를 통해 현장의 강화를 노리는 것이 바람직할 것이다. 현장을 강화시킨다는 명분으로 조직체계의 분권화, 즉 중앙의 약화를 초래한다면 이는 산별체제의 후퇴는 물론 조직의 전반적인 약화로 이어진다.

제4장에서는 산별교섭전략을 다뤘다. 먼저 보건의료노조는 짧은 중앙산별교섭시기를 거쳐 현재로는 (일부) 특성별 차원에서 산별교섭이 진행되고 있다. 산별교섭구조를 갖추려면 사용자를 압박하여 그들을 교섭테이블로 불러내야 한다. 지속가능한 교섭구조를 만들려면 사용자단체의 구성도 중요하다. 따라서 교섭구조를 설계하는 과정에서 사용자들의 선호를 반영하지 않을 도리는 없다. 교섭구조는 노사의 선호와 그것을 뒷받침하는 힘의 관계에 의해 결정된다. 사용자가 산별교섭을 선호하는 이유로는 교섭비용의 절감과 산업평화의 확보, 그리고 교섭의제의 설정 등을 들 수 있다. 최근에는 유연하고 분권화된 교섭구조에 대한 사용자의 관심이 늘어나고 있다.

산별교섭구조를 구축하는 과정에서는 이를 바라보는 정부의 태도도 관건이다. 특히 보건의료산업은 사회복지서비스산업으로 정부의 입김이 크게 작용한다는 점에서 산별교섭에 대한 정부의 태도가 미치는 영향은 크다. 이와 더불어 산별교섭의 법제화와 단체협약 효력확장조항의 도입여부도 관심거리다. 산별교섭을 법제화하기보다는 단체협약의 효력을 확장시키는 데 초점을 맞추는 것이 바람직스럽다는 것이 이 글의 주장이다. 다른 나라의 사례를 보더라도 교섭방식은 법률보다 관행의 문제로 정착됐다.

기술의 발달속도가 빨라지는가 하면 경기의 불확실성이 높아지면서 교섭의 분권화에 대한 사용자의 압력도 증대되고 있다. 기업의 특수성에 바탕을 둔 경쟁전략이 중요성을 더해가면서 나타나는 현상이다. 유럽에서도 획일적인 산별중앙교섭구조에 대한 문제제기가 거듭되면서 산별교섭을 유지하는 가운데 교섭구조를 분권화하는 경향이 나타나고 있다(Marginson, 2015). 이와 관련하여 주목되는 것은 '조정된 교섭 구조'(coordinated bargaining arrangement)다. 즉 중앙으로 집중된 하나의 교섭단위만을 고집하기보다는 다양한 교섭단위를 허용하면서도 중앙의 조정에 의해 동일한 결과를 얻으려는 시도로 이해할 수 있다. 중층적 교섭구조의 꼭대기에 중앙교섭을 배치하되 하층 교섭구조의 역할을 인정하는 방식이다. 개방조항과 같은 단체협약의유연화도 산별교섭구조의 형성을 촉진시킨다.

산별노조가 임금의 평준화를 목표로 삼는다면 보건의료업계에서 연대임금을 실현하는 전략은 단기적인 전략과 중장기적인 전략으로 나눌 수 있다. 단기적으로는 대병원의 경우 임금인상보다는 인력충원에 초점을 맞추고 중소병원과 지방의료원에서는 임금인상에 초점을 맞추는 전략이 그것이다. 중장기적으로는 산별 임금체계를 마련할 필요가 있다. 여기에는 기존의 연공급(호봉급) 체계에 더해 직무급이나 직능급, 그리고 성과급 요소를 어떻게 도입할 것인가라는 문제가 따른다. 특히 직무급은 그것이 동일노동 동일임금을 실현하는 임금체계로서 의미를 갖는다. 보건의료산업은 직무가 다양하나 직무내용이 명확할 뿐더러 산별노조가 갖춰져 있어 직무급에 바탕을 둔 산별임금체계를 구축할 수 있는 최적지로 꼽힌다. 이 경우 직무가치에 대한 평가도구를 마련하는 것이 관건이라면 최근 시험적이나마 보건의료산업에서 직무평가요소와 하위척도에 따른 점수법이 제시되어 관심의 대상이 된다.

산별노조가 내부적인 연대로 동일노동 동일임금의 원칙을 지향한다면 외부적으로는 사회개혁, 즉 의료공공성을 지향한다. 공공성이란 내용적으로 사회적 약자가 기본적인 서비스에 접근할 수 있도록 보장하는 것이라면 절차적으로는 그 의사결정과정에 이해당사자가 참여하는 것을 말한다. 그렇다면 의료공공성은 한마디로 의료의 시장화(민영화·영리화)를 저지하고 사회적 약자들의 의료접근성을 높이되 그 과정에 핵심적인 내부의 이해당사자로서 노동조합이 참여하는 것이라고 할 수 있다. 이때 참여의 수단으로서는 산업·업종 차원의 사회적 대화와 기업차원에서의 경영참가가 대표적이다.

마지막으로 보건의료노조가 추구하는 사회적 가치가 조합원의 경제적 가치와 만나는 접점에 인력의 충원이 위치한다. 노동자는 인력충원을 통해 노동강도의 완화와 일과 삶의 조화(work-life balance)를 얻는다면 사회적으로는 의료서비스 질의 향상과 더불어 일자리의 창출이라는 공공성을 획득한다. 병원에서 노사가 자발적으로 일자리 창출에 나선다면 그 대표적인 수단은 노동시간의 단축이다. 노동시간을 단축하는 과정에서 노동조합이 직면하는 딜레마는 그것이 총액임금의 삭감을 가져올 수 있다는 점이다. 임금삭감이 없이 노동시간을 단축하는 것이 원칙이나 이는 장기간에 걸친 노동시간의 단축과 생산성의 향상을 필요로 한다. 고용창출이 시급하다면 임금측면에서는 노사정 사이의 고통분담이 논의되어야 한다.

한국경제가 새로운 패러다임을 구축하는 과정에서도 산별의 역할은 필수적이다. 가령 수출과 부채가 아니라 내수를 성장의 동력으로 삼아야 한다면 내수를 늘리는 수단은 두 가지다. 노동소득 분배율을 높이고 임금의 격차(양극화)를 해소하는 것이 그 하나라면 다른 하나는 복지사회를 건설하여 사회보장지출을 늘리는 길이다. 많은 사람들은 이러한 역할을 '개혁적인 정권'이 '위로부터의 개혁'을 통해 달성할 수 있는 것으로 인식하여 왔다.

개혁이 위로부터의 노력만으로 가능하지 않다(김대중 정권이나 노무현 정권을 보라). 뿐만 아니라 그것이 실현되더라도 권위주의 내지 온정주의의 속성을 벗지 못한다. 아래로부터의 동원과 참여가 결여되었을 때 개혁은 좌절되거나 내용이 왜곡되어질 수 있다.

노동조합은 최대의 대중 단결체로서 아래로부터의 힘을 대표한다. 그렇다면 새로운 성장패러다임('임금주도성장론')은 물론 복지사회를 구축하기 위해서도 노동조합은 개혁의 주체로 자리 잡아야 한다. 산별체제가 사회경제적으로 의미를 갖는 것은 바로 이 지점이다. 특히 한국형 연대임금정책의 형성은 물론 복지사회를 위해 노동과 복지세력이 화해할 필요가 있다면 보건의료 노조는 노동과 복지를 잇는 징검다리로서 자리매김된다.

참고문헌

고용노동부. 2015. 『일·가정 양립실태조사(2015)』.
_____. 2016. 『전국노동조합 조직현황』.
구춘권. 2004. "독일의 노동시간 단축: 역사와 현황." FES(Friedrich Ebert Stiftung) Information Series.
국가인권위원회. 2015. 『보건의료분야 여성종사자 모성보호 등 인권실태조사』.
권양이. 2010. "한국 노동교육 실태와 정책적 함의." 『HRD 연구』, 12(3).
권현지. 1999. "조직률 급락과 노동조합의 대응." 『노동사회』. 제29권(1월호).
김교숙. 2011. "산업민주주의와 근로자 참여 및 협력증진에 관한 법률." 『노동법논총』. 제21집.
김동배·박우성·박호환·이영면. 2005. 『임금체계와 결정방식』. 한국노동연구원.
김동원·이규용·권순식·김영두·진숙경·김윤호. 2009. "한국적 노사관계모형의 개발을 위한 탐색적 시도." 『노동정책연구』 제9권 제2호.
김동춘. 2013. "노동자 정치세력화 운동이 지금 돌아봐야 하는 것." 한국노동사회연구소 『노동사회』 제163호(6월호).
김미영 외. 2016. "간호사의 시간선택제 근무에 대한 인식과 근무방안." *Journal of Korean Academia-Industrial Cooperation Society*. 7 No. 1.
김상곤. 2002. "공공부문 파업과 한국의 노사관계: 기간산업 3개 노조의 '민영화 저지 파업'을 중심으로." 『사회경제평론』. 제19호.
김성규·김성훈. 2010. 『EU국가의 노동조합 재구조화 과정 사례연구』. 한국노총 중앙연구원.
김수진. 2001. 『민주주의와 계급정치』. 백산서당.

김영범·박준식. 2011. "노동조합 조직률 변화분석: 고용 양극화의 영향을 중심으로." 『동향과 전망』. 제83호.
김영선. 2008.「한국사회 휴가의 담론과 현실: 최소 휴가와 불연속 휴가의 연속」. 『여가학연구』. 제5권 제3호.
____. 2013.『과로사회』. 이매진.
김영수·배성인. 2015.『민주노총정책연구원 기능과 역할 조정을 위한 기초조사 연구 최종보고서: 남아공, 영국, 독일 노동조합과 민주노총 산하 연구기관을 중심으로』. 전국민주노동조합총연맹.
김영순. 2011. "보편적 복지국가를 위한 복지동맹: 조건과 전망."『시민과 세계』. 19호.
김유선. 2016. "보건업 고용 및 노동조건 분석." 보건의료노조 제출문.
김인선. 2009. "일·가정 양립형 일자리 나누기 사례: 중소병원 간호인력의다양한 근무형태." 한국노동연구원.『월간 노동리뷰』(3월호).
김재훈. 2006.『근로시간·휴일·휴가제도의 합리적 운용을 위한 제도개선방안 연구』. 노동부.
김종진. 2010. "간호사 노동과정 속에 숨겨진 노동실태와 제도적, 입법적 해결과제 검토."『노동사회』제155호.
김창엽. 2013.『건강할 권리』. 후마니타스.
김태현. 2009. "민주노총 사회연대운동의 방향과 과제."『노동사회』(6월호).
김형배. 2016.『새로 쓴 노동법』(제25판). 박영사.
김홍영. 2011. "포괄임금제." 박제성·강성태 외.『장시간노동과 노동시간 단축 (Ⅱ): 장시간 노동과 노동법제』. 한국노동연구원.
나영명. 2011. "보건의료산별운동의 현황과 과제." 정동영 의원 외 공동주최.「산별노조의 사회적 역할과 산별교섭 제도화 방안을 위한 대토론회」. 발표문.
노동부. 2007.「산업별 노동조합과 단체교섭」.
노동전문가 33인. 2013.『왜 다시 산별노조인가』. 매일노동뉴스.
문재인. 2013.『1219 끝이 시작이다』. 바다출판사.
박명준. 2016. "포용적 노동시장개혁은 불가능한가? 시론적 유형화와 한국 상황 성찰."『경제와 사회』. 가을호(통권 111호).
박명준·김훈·어기구·채준호. 20134.『노동조합의 정책역량에 관한 연구: 한국과 주요국 노동조합총연맹의 탐색적 비교』. 한국노동연구원.
박명준·권혜원·유형근·진숙경. 2014.『노동이해대변의 다양화와 새로운 노사관계 형성과정』. 한국노동연구원.
박상훈. 2015. "한국사회의 불평등과 정치의 역할." 이정우·이창곤 외. 『불평등한 한국, 복지국가를 꿈꾸다』. 후마니타스.
박용철·곽상신. 2015. 『보건의료산업 종사자 인력정책 및 근로조건 개선방안』. 경제사회발전 노사정위원회.
박장현. 2009. "낡은 틀을 깨고 새 틀을 짠다(상)." 『노동사회』(7·8월호).
박제성. 2009. "산별제도 관련 법제도 분석." 조성재·은수미 외. 『산별교섭의 이론과 실제: 산업별·국가별 비교를 중심으로』. 한국노동연구원.
박종희. 2002. "독일 노동관계법 개요." 『노동과 법』. 금속연맹법률원.
박지순 외. 2010. 『근로시간 특례 사업 실태조사 및 개선방안 연구』. 고용노동부.
박지순 외. 2015. 『근로시간 특례업종 실태조사 및 개선방안 연구』. 경제사회발전 노사정위원회.
박태주. 2000. "여성과 노조민주주의." 『노동사회』. No.53.
_____. 2001. "현장으로부터 현장을 넘어: 영국 유니손(UNISON)의 상호결합 노조주의를 중심으로." 『산업노동연구』. 제7권 제1호.
_____. 2009. "금속산별 중앙교섭의 경과와 결정요인." 『경제와 사회』. 가을호(통권 제83호).
_____. 2010. "사회운동적 노동조합주의를 통해 본 노동운동 재생전략과 과제: 전국공무원노동조합의 사례를 중심으로." 『산업노동연구』. 제16권 제2호.
_____. 2016a. "공공서비스 노조주의 관점에서 살펴본 철도노조의 민영화 투쟁." 『산업노동연구』 제22권 제1호.
_____. 2016b. "한국에서 '근로자이사제'의 도입은 어떻게 가능한가: 서울시 투자·출연기관의 시도를 중심으로." 『노동법 포럼』. 제19호.
박태주·송태수·한만중·이명규·곽상신. 2013(미발간). 『교원노사관계 현장사례연구: 단체교섭을 중심으로』. 고용노동연수원.
박현미. 2011. 『노조의 여성간부 리더형성 과정연구: 선출직 노조 여성간부의 경력형성을 중심으로』. 한국노총 중앙연구원.
배규식 외. 2015. 『서울시 투자출연기관 참여형 노사관계 모델 도입방안 연구』. 서울특별시.
배규식. 2007. "노동개혁 시급하다." 복지국가 society 정책위원회 지음. 이성재 편저. 『복지국가 혁명』. 밈.

_____. 2008. "유럽국가들의 산별교섭의 성립조건과 교훈."『국제노동브리프』. 한국노동연구원.

보건복지부. 2016.『2015 보건복지 통계연보』.

선학태. 2011.『사회적 합의제와 합의제 정치』. 전남대학교 출판부.

송영섭. 2011. "산업별 교섭과 협약을 보장하기 위한 제도화 방안." 정동영의원 외 공동주최.「산별노조의 사회적 역할과 산별교섭 제도화 방안을 위한 대토론회」. 발표문.

신광영. 2013.『한국사회 불평등연구』. 후마니타스.

신경아. 2016. "'일·가정 양립 지원정책'을 다시 생각한다." 한국노동사회연구소 노동포럼 발제문(9월).

신영전. 2010. "'의료민영화'정책과 이에 대한 사회적 대응의 역사적 맥락과 전개."『상황과 복지』. 제29호.

신정완. 2010. "스웨덴 연대임금정책의 정착과정과 한국에서 노동자 연대 강화의 길."『시민과 세계』. 제18호.

안재홍. 2003. "스웨덴모델의 형성과 노동의 정치경제."『한국정치학회보』. 29집 3호.

양재진. 2009. "한국의 대기업 중심 기업별 노동운동과 한국복지국가의 성격."『한국정치학회보』. 39집 3호.

어기구 외. 2014.『통합거버넌스모델 확대 및 활성화 방안: 지역노사민정협의회를 중심으로』. 한국노총 중앙연구원.

어수봉 외. 2012.『인적자원 개발을 위한 사회적 대화 방안연구. 경제사회발전노사정위원회』.

오건호. 2008. "사회연대전략의 좌절 원인과 실천적 함의." 한국산업노동학회 2008 상반기 학술대회.

오계택·유규창 외. 2016.『초기업단위 직무평가 개발방안 연구』. 한국노동연구원.

유병홍. 2017. "보건의료산업 노사관계." 한국노동연구원.『노동리뷰』(1월호).

유형근. 2014. "노동조합 임금정책의 점진적 변형: 자동차 산업을 중심으로."『한국사회학』. 48(4).

윤영삼·심영옥·손헌일. 2010. 병원공공성에 대한 신경영인사제도의 영향.『산업노동연구』제16권 제2호.

윤진호·배규식·조효래. 2008. "노동조합의 조직구조, 역할, 그리고 전략." 배규식 외. 『'87년 이후 노동조합과 노동운동』. 한국노동연구원.
은수미. 2008. "산별교섭의 과제." 전국보건의료노동조합 창립 10주년 기념 대토론회. 「노동운동의 미래, 산별노조에게 길을 묻는다」 토론문.
_____. 2009. "보건의료 산별교섭 평가와 전망."『노동리뷰』. 한국노동연구원(2월).
은수미·권현지. 2007. 산별교섭과 사용자단체: 보건의료 및 금융산업을 중심으로.『노동리뷰』. 한국노동연구원(6월호).
이미애 외. 2015. "종합병원 간호사의 밤번고정제도와 이직의도에 관한 인식."『간호행정학회지』. vol 21, no. 5.
이상헌. "소득주도성장: 이론적 가능성과 정책적 함의."『사회경제평론』. 제43호.
이상호. 2009. "민주노총의 사회연대전략, 어떻게 볼 것인가?"
이성자. 2001. "밤번고정근무 간호사와 3교대근무 간호사의 피로도, 직업만족도, 간호업무수행 정도 비교." 연세대학교 교육대학원 석사논문. 2001. 6.
이승협. 2008. "독일 단체교섭체계의 구조와 변화." 배규식·이승협 외.『유럽의 산별 단체교섭과 단체협약 연구』. 한국노동연구원
이정희. 2013. "영국노총 의사결정시스템: 2013년 정기대의원대회 참관기."『국제노동브리프』. 한국노동연구원(10월호)
_____. 2014. "영국에서의 새로운 노동이해대변방식: 공동체 노조주의의 확산." 한국노동연구원『국제노동브리프』. 한국노동연구원(12월호).
이종선. 2016. "민간중소병원의 인력 수급난 현황과 개선방안." 고려대학교 노동문제연구소『노동연구』. 제32집.
이종탁·남우근·이혜수. 2008.「병원 사업장의 교대근무 개선방향 연구보고서」. 전국보건의료사업노동조합·(사)한국비정규노동센터.
이주호. 2015. "한국복지국가운동에 있어서 노조의 역할과 실천과제." 노사연포럼 발제문.
_____. 2016. "보건의료노조 산별운동 현황과 과제" 고려대 산별연구 워크숍 발표자료.
이주희. 2006.「보건의료 산별노조 조직편제 및 조직활동 개선을 위한 기초연구」. 전국보건의료노동조합.
_____. 2008a. "보건의료노조 10년, 성과와 고민 그리고 향후 과제." 전국보건의료노동조합 창립 10주년 기념 대토론회.「노동운동의 미래, 산별노조

에게 길을 묻는다」 토론문.
이주희. 2008b. "산별 조직화의 동력과 한국형 산별교섭 모형." 은수미·정주연·이주희.『산별노사관계, 실현가능한 미래인가?』. 한국노동연구원.
_____. 2010. "비정규직과 노동정치: 산업부문 간 비교연구."『한국사회학』. 44: 1.
_____. 2012.『고진로 사회권.』후마니타스.
_____. 2013. "여성노동과 노사관계: 평등한 노동의 미래를 위한 노동조합의 역할." 조성재·윤진호 외.『한국 노사관계 시스템 진단과 발전방향 모색』. 한국노동연구원.
이철승. 2016. "산별노조운동의 성과와 한계: 사업 내 그리고 산업 간 임금 및 사회보험의 불평등 추이." 전병유·신진욱 엮음.『다중격차: 한국사회불평등 구조』. 페이퍼로드.
임상훈. 2013. "산별교섭 연대임금 패러다임과 다양한 교섭전략 채택을 제안하며." 노동전문가 33인.『왜 다시 산별노조인가』. 매일노동뉴스.
임상훈·박종훈 외. 2012.『좋은 병원 만들기 모델연구: 보건의료 ISO 26000 실행기준 마련』. 전국보건의료노동조합.
임상훈·권현지·박용철·이상명. 2009. "한국적 유연조정 산별교섭의 양상과 전망."『산업관계연구』. 제19권 제2호.
장대업. 2009. "사회운동적 노동조합주의 비판: 다층적 가치전선과 사회적 노동운동의 가능성."『마르크스주의연구』. 제6권 제4호.
장지연. 2016. "노동시장과 성불평등." 지식협동조합 좋은 나라 이슈페이퍼(제155호).
전국민주노동조합총연맹 정책연구원. 2016.『2015년 민주노동운동 혁신전략 1차 보고서』.
전국보건의료노동조합. 2015.『2014년 보건의료 노동자 실태조사』.
_____. 2016a.『2015년 보건의료 노동자 실태조사』.
_____. 2016b.『제1차 중앙위원회 자료』.
_____. 2016c.『2015년 활동보고』.
_____. 2016d.『전국보건의료노동조합 "의료정책 자문회의" 1차 회의 및 전체 워커숍』자료.
전국보건의료노동조합 전략기획단. 2017.「2017 보건의료노조 산별전략과제: 종합과제와 우선과제」.

전인·서인덕. 2009. "금속 및 보건의료산업의 사용자단체 구성과 산별교섭 대응." 『산업관계연구』 제19권 제1호.
전지윤. 2008. "사회연대전략, 연대로 포장한 양보와 후퇴." 참세상(4.7).
  http://www.newscham.net/news/view.php?board=renewal_col&nid=47158 (2016.10.7. 검색).
정동관. 2015. 『산별직무급의 이론과 실제』. 한국노동연구원.
정민승. 2003. "노동교육, 다시 볼 때다." 『노동사회』 (3월호).
정원오. 2010. 『복지국가』. 책세상.
정이환. 2013. 『한국고용체제론』. 후마니타스.
_____. 2016. "산별노조와 노동시장 불평등: 보건의료노조의 노동시장 정책." 경노회 발제문(2016.8.27.).
정재찬. 2015. 『시를 잊은 그대에게』. 휴머니스트.
정주연. 2008. "산별교섭으로의 전환의 장애물들: 국제비교적 시각의 분석." 은수미·정주연·이주희. 『산별노사관계, 실현가능한 미래인가?』. 한국노동연구원.
조성재. 2009. "결론." 조성재·은수미 외. 『산별교섭의 이론과 실제: 산업별·국가별 비교를 중심으로』. 한국노동연구원.
조용만·박지순. 2006. 『노사관계 변화에 따른 단체협약 효력확장제도 연구』. 노동부.
통계청. 2016. 「2016 일·가정 양립지표」.
한국노동안전보건연구소. 2015. 『좋은 교대제는 없다』.
홍주환. 2014. "한국공무서비스노조운동에 관한 연구: 공무노동자의 사회적 지위-정체성 결합구조의 효과." 서울대학교 사회학과 박사학위논문.
황현일. 2012. "사회운동 노조주의 연구의 쟁점과 과제." 『산업노동연구』. 제18권 제1호.
HM&Company. 2016. 「성남시의료원 인사·보수체계 수립 연구」.

노이만, 엘리자베스 노엘레/김경숙 옮김. 2016. 『침묵의 나선』. 사이.
느뵈, 에릭 지음/손영우 옮김. 2015. 『사회운동』. 이매진.
달링턴, 랠프/이수현. 2015. 『사회변혁적 노동조합운동』. 책갈피.
둘리엔, 세바스티안·헤어, 한스외르그/켈러만, 크리스안/ 홍기빈 옮김. 2012. 『괜찮은 자본주의』. 한겨레출판.

라이시, 로버트/안진환·박슬라. 2011. 『위기는 왜 반복되는가』. 김영사.
러미스, C. 더글러스/김종철·최성현 옮김. 2011. 『경제성장이 안되면 우리는 풍요롭지 못할 것인가』. 녹색평론사.
레이코프, 조지/ 유나영 옮김. 『코끼리는 생각하지 마』. 삼인.
로이스, 에드워드/배충효 옮김. 2015. 『가난이 조종되고 있다』. 명태.
불러드, 니콜라. 2012. "모든 위기에서 세계를 구하는 방법." 노암 촘스키 외 지음/ 김시경 옮김. 『경제민주화를 말하다』. 위너스북.
슈피겔만, 폴·베렛, 브릿/ 김인수 옮김. 2014. 『환자는 두 번째다』. 청년의사.
스텐딩, 가이 지음/김태로 옮김. 2014. 『프레카리아트: 새로운 위험한 계급』. 박종철출판사.
웍스, 케이시/제현주 옮김. 2016. 『우리는 왜 이렇게 오래, 열심히 일하는가』. 동녘.
윌킨슨, 리처드 외/ 전재웅 옮김. 2016. 『평등이 답이다』. 이후.
쥬트, 토니/김일년 옮김. 2010. 『더 나은 삶을 상상하라: 자유시장과 복지국가 사이에서』. 플래닛.
켈리, 마조리 지음. 제현주 옮김. 2013. 『주식회사 이데올로기』. 북돋움.
크루그만, 폴/예상한 외. 2008. 『미래를 말하다』. 현대경제연구원.
폴라니, 칼/홍기빈 옮김. 2009. 『거대한 전환, 길』.
혹실드, 알리 러셀/백영미 옮김. 2001. 『돈 잘 버는 여자 밥 잘하는 남자』. 아침이슬.

Clegg, H. A. 1976. *Trade Unionism under Collective Bargaining: A Theory Based on Comparison of Six Countries.* Oxford: Basil Blackwell.
Cortina, L. M. 2008. Unseen injustice: incivility as modern discrimination in organizations, *Academy of Management Review,* 33:1.
Crouch, C. 1993. *Industrial Relations and European State Transitions.* Clarendon Press.
Cunnison, S, and Stageman, J. 1993. *Feminizing the Unions: Challenging the Culture of Masculinity*: Aldershot: Avebury.
Dahl. R. 1985. *A Preface to Economic Democracy.* Berkley: University of California Press(배관표 옮김. 『경제민주주의에 관하여』. 후마니타스).
Dawkins, C. 2009. Beyond Wages abd Working Conditions: A Conceptualization

of Labor Union Social Responsibility. *Journal of Business Ethics*. 95.
Elvander, N. 2002. The New Swedish Regime for Collective Bargaining and Conflict Resolution: A Comparative Perspective. *European Journal of Industrial Relations,* 8:2.
Fairbrother, P. 1996. Workplace TRade Unionism in the State Sector. Ackers, P. et al., eds. *The New Workplace and Trade Unionism,* Routledge.
Flanders, A. 1970. *Management and Unions: the theory and reform of industrial relations.* London: Faber.
Fosh, P. 1993. Membership Participation in Workplace Unionism: The Possibility of Union Renewal. *British Journal of Industrial Relations.* 31:4.
Frege, C., Heery, E. and Turner, L. 2004. The New Solidarity? Trade Union Coalition-Building in Five Countries. Frege, C. and Kelly, J. eds. *Varieties of Unionism: Strategies for Union Revitalization in a Globalizing Economy.* Oxford University Press.
Heery, E. 2009. The representation gap and the future of worker representation. *Industrial Relations Journal.* 40:4.
Heldman, D. C. 1990. Unions, politics, and public policy: A (somewhat) revisionist approach. *Harvard Journal of Law and Public Policy*.vol.13 issue 2.
Hockschild, A. R.(with Machung, A. R). 1989. *The Second Shift: Working Families and the Revolution at Home.* London: Penguin Books.
Hockschild, A. R. 1997. *The Time Bind: When Work becomes Home and Home becomes Work.* New York: Holt Paperbacks.
Hyman, R. 1979. The politics of workplace trade unionism: Recent tendencies and some problems in theory. *Capital & Class.* 8.
____. 1999. Imagined solidarities: Can trade unions resist globalization? Leisink, P. ed. *Globalization and Labour Relations.* Cheltenham: Elgar.
____. R. 2001. *Understanding European Trade Unions: Between market, class and society.* London: SAGE Publications.
ILO(International Labour Office). 2013. *Working time organization and its effect in the health service sector, Republic of Korea.* 시민건강증진연구소 옮김. 『한국보건의료부분의 근로시간 형태와 그 영향』.
Katz, H. C. and T. A. Kochan. 2000. *An Introduction to Collective Bargaining*

and *Industrial Relations*. second ed. Boston: McGrow-Hill.
Keller, B. 2005. Union?formatin through Merger: The Case of Ver.di in Germany. *British Journal of Industrial Relations*. 43:2.
Marginson, P. 2015. Coordinated bargaining in Europe: From incremental corrosion to frontal assault? *European Journal of Industrial Relations*. 21:2.
McBride, A. 1998. The Pursuit of Gender Democracy within UNISON. Warwick 대학교 경영대학 박사학위논문.
Messenger, J. C. 2006. Towards Decent Working Time, Boulin, J-Y et al. eds. *Decent Working Time*. Geneva: International Labour Office.
Morris, H. and Fosh, P. 2000. Measuring Trade Union Democracy: The Case of the UK Civil Public Services Association. *British Journal of Industrial Relations*. 38:1.
OECD. 2004. *Employment Outlook 2004*.
Offe, C. and Wisenthal, H. 1985. Two Logics of Collective Action. Offe, C. ed. *Disorganised Capitalism: Contemporary Transformations of Work and Politics*. Oxford: Policy Press.
Ross, A. 1948. *Trade Union Wage Policy*. Berkeley: University of California Press.
Rubery, J., Ward, K. Grimshaw, D. and Beynon, H. 2005. Working Time, Industrial Relations and the Employment Relationship. *Time & Society*. Vol. 14, No.1.
Schulten, T. 2002. A European Solidaristic Wage Policy? *European Journal of Industrial Relations*. 8:2.
Sisson, K. and Marginson, P. 2002. Co-ordinated Bargaining: A Process for Our Times? *British Journal of Industrial Relations*. 40:2.
Streeck, W. 2005. The Sociology of Labor Markets and Trade Unions. In Smeler N. J. and Swedberg R. *The Handbook of Economic Sociology*. Princeton NJ and New York: Princeton University Press.
Swenson, P. 1989. *Fair Shares: Unions, Pay and Politics in Sweden and West Germany*. Ithaca: Cornell University Press.
Teague. P. 2009. Path Dependency and Comparative Industrial Relations: The Case of Conflict Resolution Systems in Ireland and Sweden. *British*

Journal of Industrial Relations. 47:3.

Terry, M. 1996. Negotiating the Government of Unison: Union Democracy in Theory and Practice. *British Journal of Industrial Relations.* 34:1.

Traxler, F. 2000. Employers and employer organisations in Europe: membership strength, density and representativeness. *Industrial Relations Journal.* 31:4.

____. 2003. Coordinated bargaining: a stocktaking of its preconditions, practices and performance. *Industrial Relations Journal.* 34: 3.

____. 2004. Employer Associations, Institutions and Economic Change: a Crossnational Comparison. *Industrielles Beziehungen.* 11. 1/2.

Visser, J. 2012. The rise and fall of industrial unionism. *Transfer: European Review of Labour and Research.* 18:2.

____. 2013. *Wage Bargaining Institutions-from crisis to crisis.* Economic Paper 488. European Commission.

Wills, J. and Simms, M. 2004. Building reciprocal community unionism in the UK. *Capital & Class.* 82.

World Bank. 1993. *EAST ASIA MIRACLE : Economic Growth and Public Policy.* A World Bank Research Report.

Zagelmeyer, S. 2000. *Brothers in arms in the European car wars: Management-labour pacts in the context of regime competition.* MPlfg Working Paper 00/2.

찾아보기

(ㄱ)

가사노동　84, 226, 227, 228, 229,
경영참가　5, 17, 18, 24, 26, 95, 98,
　　113, 128, 153, 185, 205, 206,
　　213, 218, 256, 258, 259, 262,
경제민주화　24, 218, 259, 272
공공서비스 노조주의　29, 20, 26,
　　182, 184, 185, 189, 195, 199,
　　200, 212, 217, 259
공공성　17, 18, 19, 21, 23, 26, 62,
　　75, 87, 96, 106, 113, 121, 153,
　　181, 182, 183, 184, 187, 189,
　　190, 201, 202, 205, 210, 212,
　　215, 262, 268
공동체 노조주의　71, 77, 177, 199,
　　200, 201, 204, 211, 218
관료제　60, 63, 64
관료주의　64, 65, 88,
국립대 병원　21, 32, 34, 37
근로빈곤　196
금융노조　14, 16, 50, 81, 96
기업별 체제　14, 15, 16, 22, 30,
　　31, 49, 56, 86, 87, 112, 114,
　　118, 128, 143, 159, 160, 197,
　　206
기업별 협약　34
기업의 사회적 책임　24, 211, 259

(ㄴ)

내부노동시장　104, 114, 159, 160,
　　172, 236,
노동교육　90, 91, 109
노동시간 단축　25, 34, 84, 170,
　　172, 219, 220, 223, 224, 226,
　　228, 239, 245, 252, 256
노동시간 재배치　228
노동이사제　24, 25, 56, 59, 214,
　　216,
노사정위원회　24, 207, 209, 210,
　　212, 244
노조 민주주의　5, 59, 60, 64, 88,
　　108
노조의 여성화　102, 106

(ㄷ)

다산업노조　51
단체교섭　5, 17, 22, 28, 29, 30, 36,

찾아보기 ▌277

42, 44, 49, 58, 60, 65, 68, 71, 72, 76, 77, 87, 90, 95, 108, 112, 119, 126, 127, 133, 139, 141, 149, 163, 164, 170, 186, 205, 211, 214, 256
대산별 체제 47, 52, 53
독일 금속노조 56, 57, 62,
독일 통합서비스노조(ver.di) 74
돌봄노동 229

(ㅁ)

메르스 사태 87, 92, 121, 125, 192
모성보호 103, 104, 221, 223, 224, 226, 229, 236, 240,
민간영세병원 106
민간중소병원 21, 37, 77, 121, 124, 125, 135, 152, 154, 169, 172, 179, 225,

(ㅂ)

병노협 33, 118,
보건의료인력지원특별법 25, 221, 221, 254
분권화된 단체교섭 60
빅5 병원 41

(ㅅ)

사립대 병원 21, 37, 121, 170, 179, 231,
사무금융노조 50, 81, 83, 96
사용자 단체 117, 125, 132, 135, 139, 140, 141, 144, 145,

사회연대전략 120, 150, 151, 164, 189
사회임금 176, 177
사회적 대화 5, 17, 23, 26, 36, 52, 57, 95, 98, 113, 122, 128, 153, 164, 205, 207, 211, 218, 255, 258, 262
사회적 대화기구 36, 52, 53, 57, 205, 208,
산별교섭구조 16, 19, 22, 86, 90, 117, 121, 124, 125, 131, 132, 137, 144, 151, 260
산별중앙교섭 4, 16, 21, 37, 57, 62, 66, 72, 75, 105, 116, 119, 121, 123, 134, 144, 223, 255, 261,
산별협약 18, 21, 34, 59, 90, 119, 124, 147, 210, 214
상호결합 노조주의 63, 66, 88, 108
서비스부문 22, 52
시간선택제 251
신디칼리즘 47, 48

(ㅇ)

야간노동 84, 248, 252
여성할당제 98, 99, 101, 105, 109
연공급 159, 160, 163, 172, 261
연대 5, 14, 18, 20, 23, 25, 50, 68, 71, 77, 87, 97, 98, 106, 113, 147, 148, 150, 156, 159, 160, 161, 162, 165, 179, 185, 187, 196, 198, 199, 212, 218, 259,

연대임금정책　23, 113, 115, 148,
　　149, 151, 164, 166, 171, 178,
　　179, 196, 198, 263
연봉제　130, 161, 175
UNISON　57, 58, 68, 75, 99, 100,
　　102
유연근무제　249, 250, 251
의료공공성　18, 23, 24, 62, 75, 77,
　　87, 113, 121, 153, 182, 184, 188,
　　190, 193, 194, 198, 201, 202,
　　205, 210, 217, 262
의료의 공공성　17, 18, 21, 23, 62,
　　96, 106, 183, 188, 190, 192, 195,
　　205, 210, 215
일·가정 양립지원　240
1차 노동시장　114
2차 노동시장　114

(ㅈ)
작업장 노조주의　57, 88, 108,
전국공공운수노조　74
젠더 민주주의　101
젠더 분업　228, 229
조정된 교섭 구조　146, 261
지방의료원　21, 23, 37, 77, 121,
　　123, 124, 135, 154, 155, 169,
　　170, 200, 210, 225, 261

(ㅊ)
참여형 노사관계　216
체크오프제　81

(ㅌ)
특수목적 공공병원　21, 37, 77, 121,
　　154, 169, 170, 179,

(ㅎ)
현장참여주의　61
호봉제　160, 161, 162

노동학총서 4

한국형 산별노조
- 보건의료노조의 재도약 -

초판 제1쇄 펴낸날 : 2019. 10. 30

지은이 : 박 태 주
펴낸이 : 김 철 미
펴낸곳 : 백산서당

등록 : 제10-42(1979.12.29)
주소 : 서울 은평구 통일로 885(갈현동, 준빌딩 3층)
전화 : 02)2268-0012(代)
팩스 : 02)2268-0048
이메일 : bshj@chol.com

※ 저작권자와의 협의 아래 인지는 생략합니다.

값 22,000원

ISBN 978-89-7327-554-0 93330